データアーカイブ*SRDQ*で学ぶ
社会調査の計量分析

川端 亮 編著
Kawabata Akira

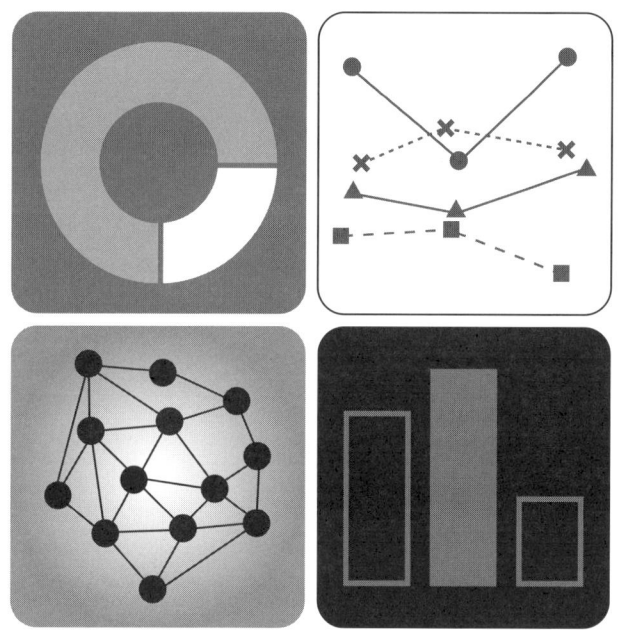

ミネルヴァ書房

はじめに

　本書は，社会学や関連する領域で社会調査データの計量分析を学びたい人のためのテキストである。この目的のためのSPSS（現IBM SPSS Statistics）の解説書やさまざまな統計分析の手法について書かれた教科書はすでに数多く出版されている。それらと比べて，本書は以下の2つの特徴をもつ。

1　分析手法の解説だけでなく，その分析手法を用いた論文や本などの研究事例を掲げ，その研究事例の良い点や特徴などの解説をつけたこと。

　計量分析はその手法を身につけないとできないのは確かであるが，計量分析の手法を身につけても，関連する専門分野の理論，先行研究について十分に理解していないと，データ分析の結果を正しく解釈し，意味のあるものとして理解することはできない。これは誰もがよく知っていることではあるが，これまでの計量分析のテキストは，分析手法についての解説だけに限定されることが多かった（もちろんこれだけで1冊のテキストの分量に収まりきらないくらいの分量になるからであるが）。本書は，いくつかの章を除いて，計量分析が行われているよい研究事例を取り上げて，その学問的な意義を含めた解説を各章の最初に掲げている。これによって，その分析手法の使い方を研究の理論的な背景も含めてよりよく理解できるであろう。

2　研究事例に掲げたデータを実際に分析してみることができること。

　よいデータ分析をまねることは，分析手法を身につけるうえで必須である。分析手法の本を読むだけでは計量分析ができるようにはならない。自分の手でパソコンを操作し，間違いながらもあれこれ試して，実際にデータ分析をしてみることが重要である。

　データに基づき，分析の練習を行える教科書もある。しかしデータが架空のサンプルデータである場合が多い。サンプルデータは，分析の結果が非常にクリアであり，美しい結果が得られるため，分析手法の有効性はわかりやすい。だがサンプルデータは現実社会から実際に得られたデータではないため，その分析から現実の社会の様子，実態を知ることができない。サンプルデータの分析では，社会を知るという学問的な知的好奇心はあまり刺激されることがないだろう。また，よい研究で実際に用いられたデータを同じように分析することで，研究分野のなかでその手法がどのように使われたときにすばらしい研究が生まれるのかを，よりよく理解できるだろう。

　この点で一番重要なことは，よい研究事例のデータを誰でもが容易に利用できる環境を整えることである。調査データは長らく，調査に直接関わった研究者以外は利用できない状況が続いてきた。毎年数多く行われている社会調査についてのデータを蓄積し，簡単に利用できるデータベースがあれば，同じような社会調査をする必要もなくなり，社会調査データをこのよう

な教育のためにも有効に活用することができるだろう。

このような考えに基づき，近年，いくつかの社会調査のデータベース（データアーカイブということが多い）がインターネットにより利用できる状況になってきた。その多くは研究者の研究上の利用を主たる目的としているが，本書は，データベース SRDQ（http://srdq.hus.osaka-u.ac.jp/）を用いて，データ分析を学ぶことを目的としている。

社会調査データベース SRDQ（Social Research Database on Questionnaires）では，さまざまな社会調査の標本設計や質問文・選択肢を集めて，データベース化している[1]。そして一部の利用価値の高い調査（「社会階層と社会移動」全国調査など）については，調査データが誰でもが直接利用できる。SRDQ の際だった特徴は，高価な統計ソフトウェアを各自で準備することなく，インターネット・エクスプローラーなどのブラウザだけで統計分析ができることである。しかも Web ページ上で単純集計だけでなくクロス集計や分散分析，重回帰分析などの多変量解析も行うことができる。また，SRDQ は，SPSS をベースに作られているため，SPSS と同じような操作方法でデータ分析が行える。また利用申し込みやデータ送付の手続きなしに，分析を即座に行うことができる。以上の利点をもつため，これから統計分析を学びたい人には利用しやすいデータベースといえるだろう。

SRDQ を活用すれば，本書のように既存の社会調査を参考にして社会調査法について学ぶことも，さらには研究として調査研究を発展させることもできるだろう。その手始めとして，本書で取り上げられている各章の分析例を，実際に行ってほしい。

本書の構成

本書は11章で構成されている。

第1章は，第2章以下のさまざまな統計分析の手法を学ぶために用いる SRDQ の使い方を解説したページである。SRDQ は基本的に SPSS の使い方と同じである。recode や if の定義の仕方が若干異なること，シンタックスが使えないことが，相違点であるが，SPSS の使い方に慣れた人は，容易に SRDQ を利用することができるだろう。また，初めての人でも，SPSS は操作が容易な統計ソフトウェアなので，本書にしたがって学んでいけば，操作法の習得はそれほど困難ではないだろう。

第2章では，クロス表の使い方，特に3重クロス表によるエラボレーションを中心に，性別役割分業意識を研究例に取り上げて解説する。変数が名義尺度や順序尺度などのカテゴリカルな変数の場合に用いられるクロス表は簡単な分析法であるが，その応用範囲は広く，またエラボレーションの考え方は，あとの章の多変量解析においては変数のコントロールとしてその考え方が使われるため，非常に重要である。

第3章は，階層論において基本的な社会移動の移動表の諸指標の求め方と，近年よく使われるようになったログリニアについての解説である。ログリニア・モデルは，階層論，特に社会移動を学ぶうえでは不可欠であるが，この章の実際のデータ分析は SRDQ 上ではできない。他の専門的なソフトウェアを必要とするため，初めて計量分析を学ぶ人は，第4章以下を先に

学習し，この章は最後に学ぶ方がよい。

　第4章は多元配置の分散分析についてである。分散分析は，連続変量である従属変数に対して，カテゴリカルな変数を独立変数として分析を行うものである。しかし，現在では連続変量も独立変数に加えることができるようになり，重回帰分析との違いはなくなっている。実験計画法を用いる心理学の研究では分散分析はよく用いられる手法であるが，社会学の研究ではあまり用いられてこなかった。そのため，実際に用いられた例は少ないが，多元配置の分散分析の特徴である，2つの要因が重なり合ってあらわれる交互作用効果が明瞭に出ている高齢者の家事分担の研究例をとりあげ，交互作用効果についての説明を行っている。

　第5章は重回帰分析，第6章はパス解析，第7章はロジスティック回帰分析であり，これらは一連のものである。連続変量である1つの従属変数を，多数の連続変量である独立変数で説明する重回帰分析の章においては，所得を決める要因を探索する研究例を取り上げ，独立変数を追加したり，取り除いたりしてよりよいモデルに改善するための試行錯誤の方法を説明する。カテゴリカルな変数（ダミー変数）の投入や交互作用項の投入方法などについて説明し，その結果得られたモデルの比較の仕方を解説している。

　この重回帰分析においては，従属変数に対する独立変数の影響の大きさを明らかにできるが，独立変数と従属変数の間を媒介する重要な変数がある場合には，それを明らかにすることができない。従属変数に影響を与える因果関係を，媒介関係を含めて示す手法が第6章のパス解析である。パス解析は，重回帰分析を複数回行うことなので，第5章を理解した読者には，分析手法上の難しさはないだろう。この章では，「中流意識」を取り上げた研究例の面白さを十分に理解してほしい。

　第7章のロジスティック回帰分析は，比較的最近になってよく使われるようになってきた分析法である。回帰分析ではあるが，従属変数が連続変量ではなく，カテゴリカルな変数の場合に用いられる。従属変数は「はい―いいえ」と答えるような2値に限らず，3つ以上の値をもつ変数も従属変数とすることができるが（多項ロジスティック回帰分析という），この章では従属変数が2値である基本的な2項ロジスティック回帰分析について，転職における学歴の影響の研究例を挙げて解説する。

　第8章から10章までは，因子分析についてとひとまとめにすることができる。因子分析は，多数の変数をいくつかのグループにまとめる手法であり，2値データやカテゴリカルな変数でも適用可能な方法ではあるが，本書では，量的データの因子分析について解説する。第8章では，因子分析の考え方，分析において分析者が判断しなければならないこと，結果の表の読み方などを丁寧に説明した後に，well-being（生活満足度，幸福感）について因子分析を行い，その結果を一元配置の分散分析に応用する。

　第9章では因子分析と主成分分析の違いを説明し，主成分分析を用いて階層意識の新たな次元を抽出した研究例を用いて，複数の因子（主成分）を抽出する意義を解説し，主成分分析の結果を重回帰分析に応用する例を実際に行う。

　第10章では検証的な因子分析について紹介する。この章は，近年使われるようになった共分

散構造分析の入門となっており，SRDQ 上だけでは実際に分析を行うことができず，Amos というソフトウェアが必要である。第3章と同じく，少し上級の分析法であり，最後の第11章を学んだ後に学習する方がよいかもしれない。

第11章はクラスター分析である。クラスター分析は，複数の変数を対象として，回答パターンの類似性から，ケースを分類する分析法である。変数の分類にも使うことができるが，本書では基本的なケースの分類を行う。分析法の教科書にはしばしば登場する分析法であるが，社会学のなかで実際に使われる例はかなり少ない。地位の非一貫性の研究例にもとづいてクラスター分析の使い方を学び，クロス集計を使ってクラスターの特徴を確かめてみる。

本書の使い方

本書の各章は，一部の章を除いて，「研究事例の紹介」「分析技法の説明」「分析シミュレーション」「課題」という構成になっている。

まず，研究事例に挙げられている論文や本[2]をあらかじめ読み，その理解に努めることから始めてほしい。研究の特徴，評価は限られた紙幅のなかで，各章の執筆者の理解であり，本書で十分に取り上げられなかった研究上の長所や研究の問題点もあるはずである。これらについて，まず十分に議論し理解してから，分析技法の説明にすすんでもらいたい。

「分析技法の説明」では，それぞれの技法について，必要最小限のことを解説している。それは，分析シミュレーションを行ううえで最小限のことであり，必ずしももっとも基本的なものとは限らない。本書は，「研究事例の紹介」や「分析シミュレーション」を含んでいる関係上，「分析技法の説明」の部分は少なくなっている。この点に関しては，参照できる類書が多いので，それらを参考にしていただきたい。

「分析シミュレーション」は，SRDQ と連動するこの教科書のサポートページ（http://srdq.hus.osaka-u.ac.jp/book/）で行う。

はじめに

　SRDQのトップページ（http://srdq.hus.osaka-u.ac.jp/）の左下に「Support Page」というバナーがあるので，そこをクリックすると，次頁に示すサポートページが開く。

データアーカイブSRDQで学ぶ社会調査の計量分析
川端 亮 編 〈ミネルヴァ書房〉

このページは川端亮編『データアーカイブSRDQで学ぶ社会調査の計量分析』
（ミネルヴァ書房）のサポートページです。
各章で紹介した分析手法について、ウェブ上で分析を行うことができます。

INDEX

▶ 第1章・・・・・SRDQの使い方
▶ 第2章・・・・・3重クロス集計表とエラボレーション
▶ 第3章・・・・・移動表の分析とログリニアモデル
▶ 第4章・・・・・多元配置分散分析
▶ 第5章・・・・・重回帰分析
▶ 第6章・・・・・パス解析
▶ 第7章・・・・・ロジスティック回帰分析
▶ 第8章・・・・・因子分析
▶ 第9章・・・・・主成分分析
▶ 第10章・・・・・検証的因子分析
▶ 第11章・・・・・クラスター分析

⇒分析対象データの一括ダウンロードはこちら

▶ 質問フォームはこちら

　ここから各章をクリックすると分析シミュレーションを行うことができる。ただし，SRDQは，同時に複数のアクセスを行うと，レスポンスが極端に悪くなる。したがって授業等で利用する場合は，サポートページの下のほうにある「分析対象データの一括ダウンロードはこちら」よりデータをダウンロードして，教室のSPSSで分析の練習を行ってほしい。
　そして最後に「課題」を掲げている（一部課題のない章もある）。「課題」は，本文で説明した「分析シミュレーション」で用いられた変数の一部を入れ替えるなどしたものである。「分析シミュレーション」と同じような分析であり，やらなくてもできると思われるかもしれないが，分析技法を身につけるためには繰り返し練習することが必要であり，是非「課題」にも取り組んでもらいたい。また，SRDQでは「分析シミュレーション」で用いた同じ調査の他の変数もすべて利用可能なので，それらを用いて，さらに自分で課題をたて，練習することも可能である。(3)このような分析を繰り返して練習することは，大学等の授業時間内だけでは十分に行えないだろう。SRDQとサポートページは，パソコンさえあればどこからでも利用可能で

あり，自宅で課題に取り組んで，復習や自習に活用することができる点も，計量分析を学ぶうえでの本書のメリットである。

　最後に本書の編集のきっかけ，経緯について記しておきたい。本書は直接には平成19年度に文部科学省の大学院教育改革支援プログラム（大学院GP）「人間科学データによる包括的専門教育」（代表者：川端亮）に採択されたことにある。そこでは，研究分野の学問的背景を踏まえたうえで，架空のデータではなく，研究に使われた質の高いデータを用いた実習によって，分析能力を高めることを目的の一つとした。データ分析技法の習得のみにとどまらず，データ分析の結果を，社会における人間の実際の行動の理解に結びつけるという解釈面の力をのばすことも主要な教育目的であった。そして平成21年度にはこのプログラムの成果を踏まえた計量分析の教科書を執筆することも目標に掲げた。本書は，この大学院GPに事業推進担当者，授業担当者，特任助教などとして関わりをもった教員とTA等を務めた大学院生によって執筆されている。

　本書は，SRDQがなければ成立しなかったであろう。SRDQは，平成15年度，直井優大阪大学教授（当時）により作成が始められ，樋口耕一立命館大学准教授のアイディアと尽力によって，調査の基本情報の提示，質問項目の検索，web上で調査データが直接分析できるシステムとして公開された。また多くの大学院生にデータの入力，修正などに協力してもらったおかげで，現在のSRDQがある。社会調査のデータアーカイブはいくつか存在するようになったが，SRDQ公開当時も今も，世界的に見ても，誰でもがブラウザだけで種々の統計分析が容易にできることがSRDQの特筆すべき特徴である。SRDQ開発当初より，適切な教科書を作成すれば，このデータアーカイブを利用して自宅においても学生が計量分析を自習でき，教育上の効果は大きいと考えていたが，なかなか実現できなかった。大学院GPというきっかけによって教科書の刊行が実現された。多くの方に利用していただければと思う。

　そして本書の刊行にあたってはミネルヴァ書房編集部の浅井久仁人氏にお世話になりました。ありがとうございました。

　　　2010年2月　　　　　　　　　　　　　　　　　　　　　　　　　　　　川　端　　亮

注
(1) SRDQには検索機能も備わっており，収録されているすべての調査にわたって，例えば「仕事」という言葉を含む質問文を検索することができる。既存の質問文を参考にしたい際には，こうした検索機能が役立つだろう。また個票データの分析を行う際にも，その調査に含まれている質問文の一覧を別の画面で表示したり，同じ質問文が他の調査にも含まれていないかどうか確認するといった形で，検索機能を活用できるだろう。
(2) 研究事例の引用については，一部原文から省略したところもある。
(3) SRDQにおいては，多重クロス表で列全体がゼロになるセルがあると表示がずれること，因子分析で20項目以上を投入すると正しい結果が出ないことなど，エラー表示はないが，SPSSと同じ分析結果が出ない場合があるので注意を要する。

データアーカイブ SRDQ で学ぶ 社会調査の計量分析 目 次

はじめに

第1章　SRDQ の使い方 …………………………………………………… 1
　　1　調査の選択と分析の準備　1
　　2　度数分布表とケースの選択　4
　　3　クロス集計表と値の再割り当て　8
　　4　独立性の検定と Cramer の V　10
　　5　ケースの要約と変数の計算　13
　　6　新しく作成した変数の保存について　15
　　7　課　題　16

第2章　3重クロス集計表とエラボレーション ………………………… 17
　　1　研究事例の紹介　17
　　2　分析技法の説明　20
　　3　分析シミュレーション　23
　　4　課　題　29

第3章　移動表の分析とログリニア・モデル …………………………… 31
　　1　社会移動に対する関心　31
　　2　社会移動表の分析　32
　　3　移動表分析とログリニア・モデル　36
　　4　移動表に関する諸仮説　38
　　5　SRDQ の操作　43

第4章　多元配置分散分析 ………………………………………………… 47
　　1　研究事例の紹介　47
　　2　分析技法の説明　48
　　3　分析シミュレーション　51

第5章　重回帰分析 ………………………………………………………… 61
　　1　研究事例の紹介　61
　　2　分析技法の説明　64
　　3　分析シミュレーション　73
　　4　課　題　77

第6章　パス解析 …………………………………………………… 79
　1　研究事例の紹介　79
　2　分析技法の説明　84
　3　分析シミュレーション　85
　4　課　題　93

第7章　ロジスティック回帰分析 ………………………………… 95
　1　研究事例の紹介　95
　2　分析技法の説明　99
　3　分析シミュレーション　101
　4　課　題　107

第8章　因 子 分 析 ………………………………………………… 109
　1　研究事例の紹介　109
　2　分析技法の説明　111
　3　分析シミュレーション　115
　4　課　題　125

第9章　主成分分析 ………………………………………………… 127
　1　研究事例の紹介　127
　2　分析技法の説明　132
　3　分析シミュレーション　134
　4　課　題　141

第10章　検証的因子分析 …………………………………………… 143
　1　検証的因子分析の考え方　143
　2　検証的因子分析の事例　143
　3　検証的因子分析の注意点　151

第11章　クラスター分析 …………………………………………… 157
　1　研究事例の紹介　157
　2　分析技法の説明　165
　3　分析シミュレーション　166
　4　課　題　170

索　引

第1章
SRDQ の使い方

はじめに

　この章では，SRDQ の基本的な使い方について説明する。具体的には度数分布表・クロス集計表の作成や，値の再割り当てを行う方法，データに含まれる一部のケースだけに注目して分析を行う方法などを取り上げる。SRDQ の分析画面は統計ソフトウェア「SPSS Statistics」の画面を模して作られているので，SPSS になじみのある読者であれば，SRDQ で分析を行うことは容易だろう。一方で，統計分析そのものや SPSS に不慣れな読者の方は，本章の内容を丁寧に追うことで次章以降に進む準備をするとよいだろう。

1　調査の選択と分析の準備

　SRDQ のトップページ（http://srdq.hus.osaka-u.ac.jp）を開くと，図1.1のような画面が表示される。はじめて SRDQ を利用される際には「はじめに」と「利用規約」に目を通しておかれたい。ここで万が一利用規約に同意できない場合は，利用を控えねばならない。多くの商用ソフトウェアやサービスには，とても読む気になれない長さの規約が添えられているが，SRDQ の規約はわずか6項目で，各項目には1文から2文しか含まれていないので，是非目を通しておきたい。

　そのうえで分析したい調査を選ぶのだが，分析を始める前に「調査概要」を確認しておこう。データの母集団，すなわち全国の成人が対象なのかそれとも大学生が対象なのかというように，どんな人の回答が集められているのかを確認しておかなければ，データ分析の結果から社会のありように想像をめぐらせることはできない。この章では「社会階層と社会移動」全国調査（SSM95・A票）のデータを扱うので，その「調査概要」をクリックする（図1.2 ②）。

　すると図1.2のような「調査概要」画面が表示され，この調査では日本全国の20歳から69歳までの男女を母集団としていることや，選挙人名簿をもちいてその母集団からランダムサンプリングを行っていること，1995年10月に訪問面接法で調査が実施されていることなどがわかる。また，その結果として，2653人（65.8％）から回答を得ている。なお，この「調査概要」画面の下段には，この調査と関連がある他の調査のリストや，この調査内の質問文を検索するための入力欄が用意されている。

図 1.1　SRDQ のトップページ

　母集団や調査実施時期などを確認したら，「関連リンク」部分の「質問項目リスト」（図 1.2 ②）をクリックしよう。これによって図 1.3 に示すような画面が開く。この画面では調査に含まれる質問文すべてを確認できるので，分析画面とは別にこの画面を開き続けておくと便利だろう。もしくは，「関連リンク」部分の「調査票（PDF）」を印刷して手元に置くのもよいだろう。なお，この画面の最下部でも，この調査に含まれる質問文を検索することができる。

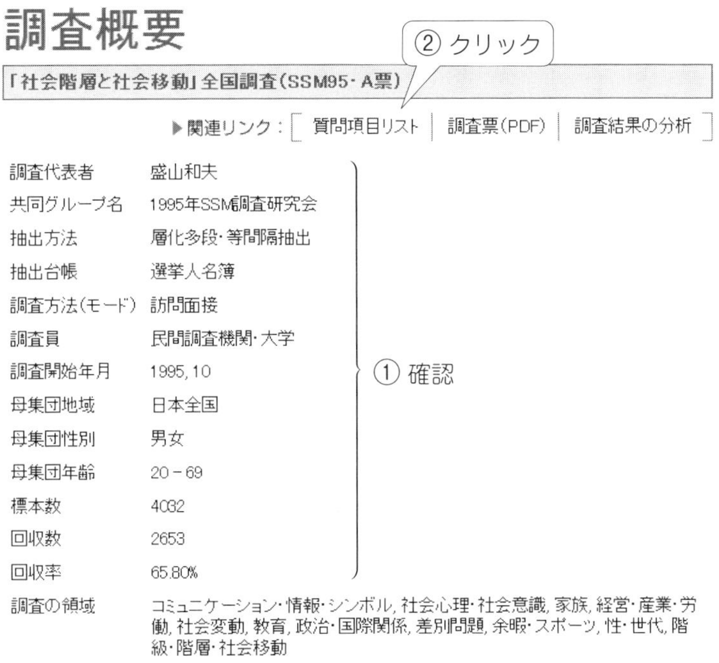

調査概要

「社会階層と社会移動」全国調査（SSM95・A票）

② クリック

▶関連リンク： 質問項目リスト　調査票(PDF)　調査結果の分析

調査代表者	盛山和夫
共同グループ名	1995年SSM調査研究会
抽出方法	層化多段・等間隔抽出
抽出台帳	選挙人名簿
調査方法(モード)	訪問面接
調査員	民間調査機関・大学
調査開始年月	1995.10
母集団地域	日本全国
母集団性別	男女
母集団年齢	20 – 69
標本数	4032
回収数	2653
回収率	65.80%
調査の領域	コミュニケーション・情報・シンボル, 社会心理・社会意識, 家族, 経営・産業・労働, 社会変動, 教育, 政治・国際関係, 差別問題, 余暇・スポーツ, 性・世代, 階級・階層・社会移動

① 確認

図1.2　調査概要のページ

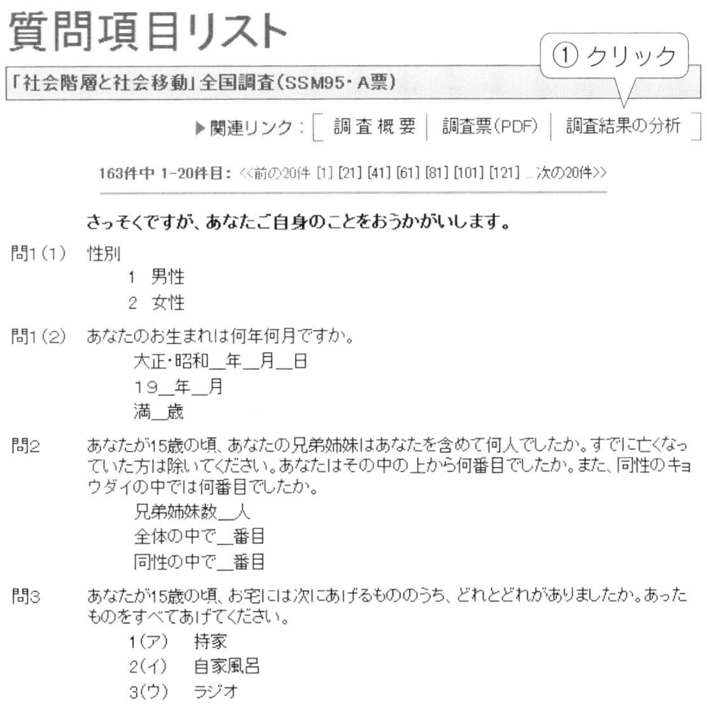

質問項目リスト

「社会階層と社会移動」全国調査（SSM95・A票）

① クリック

▶関連リンク： 調査概要　調査票(PDF)　調査結果の分析

163件中 1-20件目： <<前の20件 [1] [21] [41] [61] [81] [101] [121] ... 次の20件>>

さっそくですが、あなたご自身のことをおうかがいします。

問1(1)　性別
　　　　1　男性
　　　　2　女性

問1(2)　あなたのお生まれは何年何月ですか。
　　　　大正・昭和__年__月__日
　　　　19__年__月
　　　　満__歳

問2　あなたが15歳の頃、あなたの兄弟姉妹はあなたを含めて何人でしたか。すでに亡くなっていた方は除いてください。あなたはその中の上から何番目でしたか。また、同性のキョウダイの中では何番目でしたか。
　　　　兄弟姉妹数__人
　　　　全体の中で__番目
　　　　同性の中で__番目

問3　あなたが15歳の頃、お宅には次にあげるもののうち、どれとどれがありましたか。あったものをすべてあげてください。
　　　　1(ア)　持家
　　　　2(イ)　自家風呂
　　　　3(ウ)　ラジオ

図1.3　質問項目リストのページ

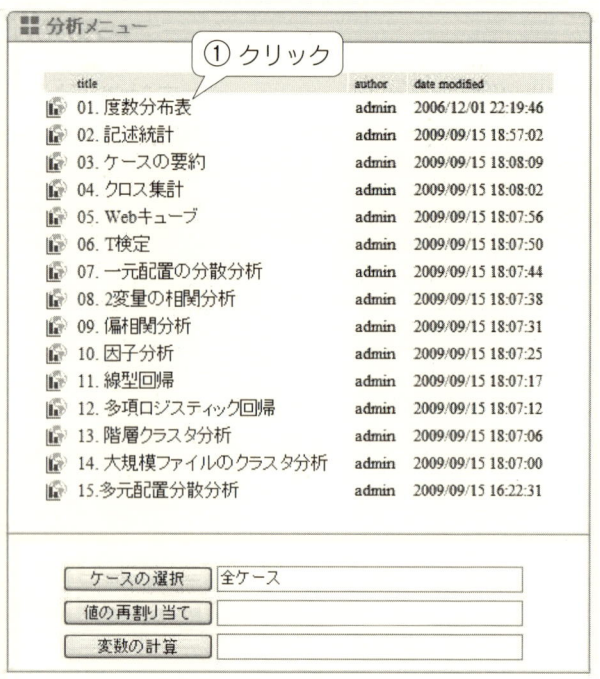

図 1.4　分析メニュー

　それでは，「調査結果の分析」をクリック（図 1.3 ①）して，いよいよ分析を行うためのページに移ろう。「セキュリティに関する警告」画面が出る場合は，かまわず「続行」をクリックする。すると，図 1.4 に示すような「分析メニュー」が表示される。このなかに列挙されているのが SRDQ で使える分析手法である。分析にはエス・ピー・エス・エス株式会社の SPSS WebApp を用いている。SPSS WebApp では SPSS Statistics Base と各オプションに含まれるすべての機能を利用することができる。しかし，それぞれの機能ごとに操作画面を準備するカスタマイズ作業が必要であり，現在の SRDQ においては「分析メニュー」に挙げられている度数分布表，クロス集計表，一元配置の分散分析などをはじめとする 15 の統計手法と，そのなかの一部のオプションが利用可能になっている。

2　度数分布表とケースの選択

　分析メニューで「度数分布表」をクリック（図 1.4 ①）すると，図 1.5-A の画面が表示される。ここには調査データに含まれる変数のリストが Q1 から番号順に表示されているので，適宜スクロールさせて，度数分布を確認したい変数をクリックすればよい。なお分析画面では一般に，それぞれの質問文への回答を「変数」と呼んでいる。ここでは「Q44(1)　支持政党」という変数をクリックしてみよう（図 1.5-A ①）。
　度数分布表を確認する際には，得られた回答のなかでの割合をあらわす「有効パーセント」の列を中心に確認する。図 1.5-B の「Q44(1)　支持政党」の場合には，「支持政党無し」と回

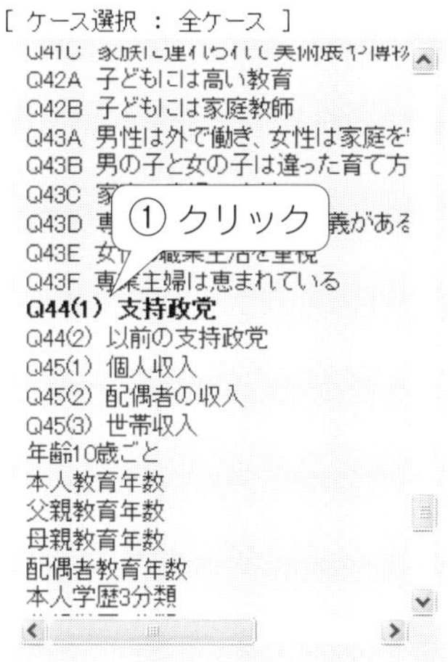

A　変数メニュー

Q44(1) 支持政党

		度数	パーセント	有効パーセント	累積パーセント
有効	自民党	583	22.0	22.6	22.6
	社会党	164	6.2	6.3	28.9
	新進党	174	6.6	6.7	35.6
	公明	49	1.8	1.9	37.5
	新党さきがけ	22	.8	.9	38.4
	共産党	55	2.1	2.1	40.5
	その他	5	.2	.2	40.7
	支持政党なし	1533	57.8	59.3	100.0
	合計	2585	97.4	100.0	
欠損値	DK, NA	68	2.6		
合計		2653	100.0		

B 「Q44(1)　支持政党」の集計結果

図 1.5　度数分布表

答した人が1,533人・59.3％と圧倒的に多く，1995年当時の与党であった自民・社会・さきがけを支持する人が比較的少ないことが読み取れる。

次に「ケースの選択」を行う。これは，データ中に含まれる一部の回答者（ケース）だけを取り出して分析を行うための手順である。ここでは20代と30代の若者だけを取り出して分析する手順を紹介する。まず，画面上部の「関連リンク」のなかから「分析メニューに戻る」をクリックする。そして「分析メニュー」の下の方にある「ケースの選択」をクリックすると新たなウィンドウが開くので，図 1.6 に示す①～⑤の操作を行う。このような操作によって，変数

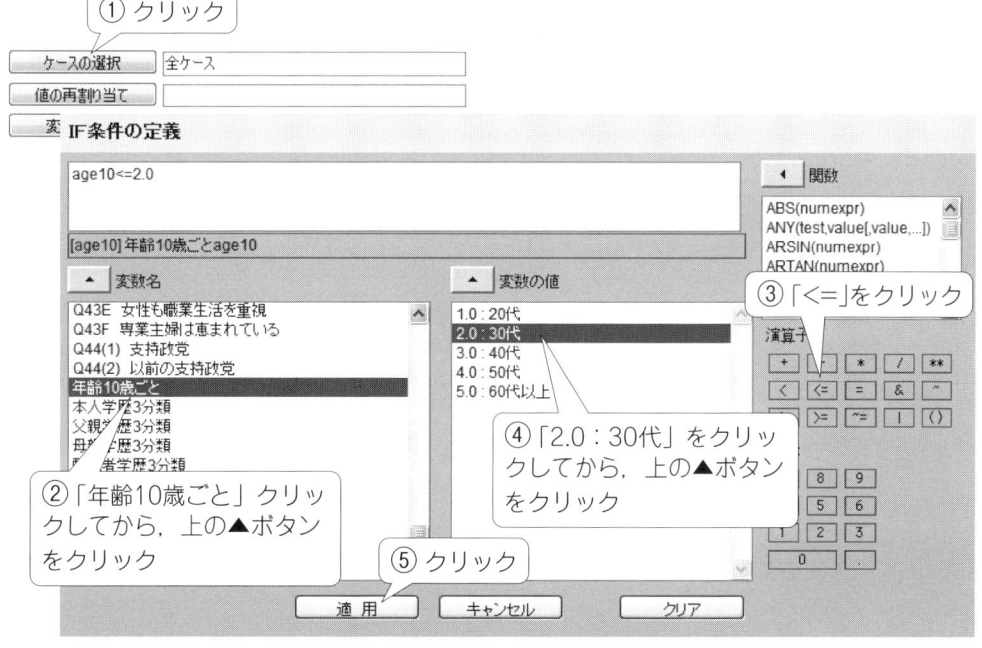

図 1.6　20代と30代のケースを選択

Q44(1) 支持政党		度数	パーセント	有効パーセント	累積パーセント
有効	自民党	75	8.9	(9.0)	9.0
	社会党	45	5.3	5.4	14.4
	新進党	45	5.3	5.4	19.8
	公明	14	1.7	1.7	21.5
	新党さきがけ	7	.8	.8	22.3
	共産党	12	1.4	1.4	23.8
	その他	1	.1	.1	23.9
	支持政党なし	634	74.9	(76.1)	100.0
	合計	833	98.5	100.0	
欠損値	DK, NA	13	1.5		
合計		(846)	100.0		

図1.7　20代と30代の政党支持

の値を使って条件を指定し，その条件に当てはまるケースだけを分析対象とすることができる。

なお，ここでは「age10＜＝2.0」という式によって，「年齢10歳ごと（age10）」という変数の値が2.0以下であること，すなわち20代（1.0）か30代（2.0）であることという条件を指定している。「age10」が変数名であり，変数の内容が何かをわかりやすく示すために「年齢10歳ごと」というラベルが付されている。同様に，データとしては「1.0」や「2.0」といった数値が入力されているのだが，それらの数値が何をあらわしているかを示すために「20代」「30代」といったラベルが付されている。これらはSPSSで「変数ラベル」「値ラベル」と呼ばれている仕組みである。

以上の操作を行ってから再び「Q44(1)　支持政党」の度数分布表を作成（図1.4・図1.5）すると，図1.7のような結果が得られる。全ケースを対象として作成した図1.5-Bと比べると，20代と30代だけを選択したことで，ケース数（最下段の合計）が846ケースに減少している。また，自民党支持が9％に減少している一方で，支持政党なしが76％に増加しているといった，若者の政党支持の特徴をうかがえる。

それでは次の分析に取りかかる前に，分析メニューに戻り，図1.8の手順に沿ってケースの選択を解除しておこう。必要が無くなったらすぐにケースの選択を解除することが好ましい。ケースの選択を行っていることをうっかり忘れてそのまま他の分析をはじめてしまうと，なぜこんなおかしな結果になるのだろうと悩んでしまうか，あるいは思いがけず「よい」分析結果が出たとぬか喜びをしてしまうことがある。

第 1 章　SRDQ の使い方

図 1.8　ケースの選択を解除

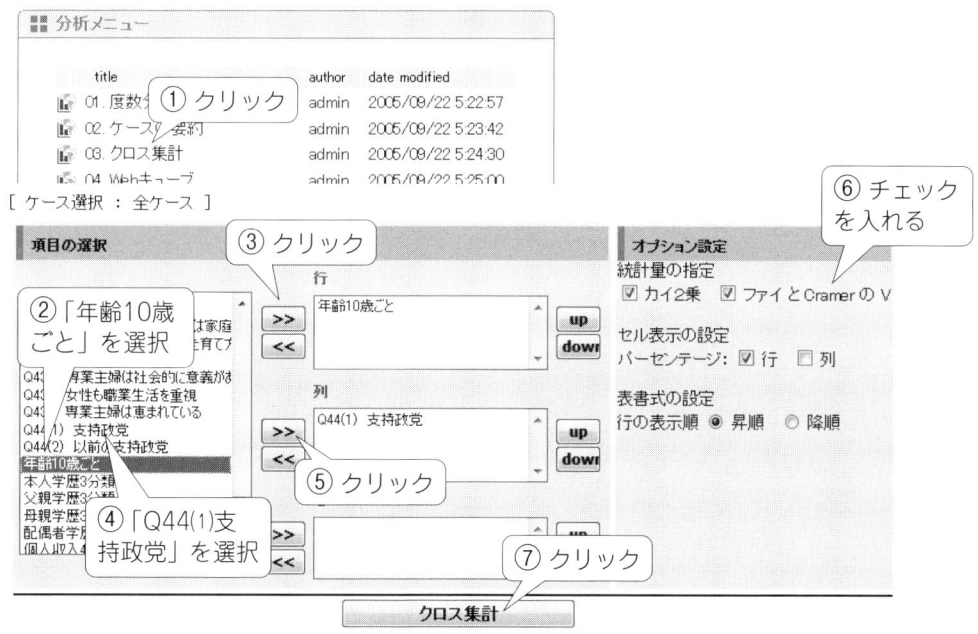

図 1.9　クロス集計の実行

7

3　クロス集計と値の再割り当て

　一部の回答者だけに注目する「ケースの選択」は，さまざまな形で応用することができる便利な機能である。しかし上の例のように，単に年代ごとに支持政党の違いを見たいといった場合には，クロス集計を行う方が簡便かつスマートである。

　クロス集計を行うにはいったん分析メニューに戻り，図1.9のように操作を行う。図1.9では②〜③の操作によってクロス集計表の「行」に「年齢10歳ごと」を選び，④〜⑤の操作によって「列」に「Q44(1)　支持政党」を選んでいる。これによって，図1.10のようなクロス集計表が得られる。

　図1.10を見ると，20代の355人については自民党支持が7.6%で支持政党なしが78.0%である。だが年代が上がるとともにその割合は変化し，60代以上になると自民党支持は35.8%に増加し，一方で支持政党なしが41.9%に減少している。このように，クロス集計を行うことでデータ全体を「年齢10歳ごと」といった形でグループ分けし，そのグループごとに変数の分布，図1.10の場合には支持政党の分布を見比べることができる。クロス集計に読者が十分に慣れるまでは，「年齢10歳ごと」のようなグループ分けを行う側の変数をクロス集計表の「行」に選択し，人数や割合を見比べたい変数を「列」に選択することをお勧めしたい。このように統一しておいた方が，個々の結果を確認したり，あるいは複数のクロス集計表を見比べたりすることが容易である。

　ここで図1.10の公明・新党さきがけ・共産党・その他の部分を見ると，度数・パーセントの非常に小さいセルが多く集まっている。こうした部分からは意味のある情報・解釈を引き出すことができないし，後述の独立性の検定に際しては統計学的にも都合が悪い。このような問題を避けるには，この場合，支持政党を与党・野党・無党派という3つのカテゴリーに分類し

年齢10歳ごとと Q44(1) 支持政党 のクロス表

			自民党	社会党	新進党	公明	新党さきがけ	共産党	その他	支持政党なし	合計
年齢10歳ごと	20代	度数	27	18	19	5	5	4	0	277	355
		年齢10歳ごとの %	7.6%	5.1%	5.4%	1.4%	1.4%	1.1%	.0%	78.0%	100.0%
	30代	度数	48	27	26	9	2	8	1	357	478
		年齢10歳ごとの %	10.0%	5.6%	5.4%	1.9%	.4%	1.7%	.2%	74.7%	100.0%
	40代	度数	131	42	45	14	8	14	1	421	676
		年齢10歳ごとの %	19.4%	6.2%	6.7%	2.1%	1.2%	2.1%	.1%	62.3%	100.0%
	50代	度数	186	35	43	11	4	8	1	254	542
		年齢10歳ごとの %	34.3%	6.5%	7.9%	2.0%	.7%	1.5%	.2%	46.9%	100.0%
	60代以上	度数	191	42	41	10	3	21	2	224	534
		年齢10歳ごとの %	35.8%	7.9%	7.7%	1.9%	.6%	3.9%	.4%	41.9%	100.0%
合計		度数	583	164	174	49	22	55	5	1533	2585
		年齢10歳ごとの %	22.6%	6.3%	6.7%	1.9%	.9%	2.1%	.2%	59.3%	100.0%

図1.10　クロス集計表（値の再割り当て前）

第1章　SRDQの使い方

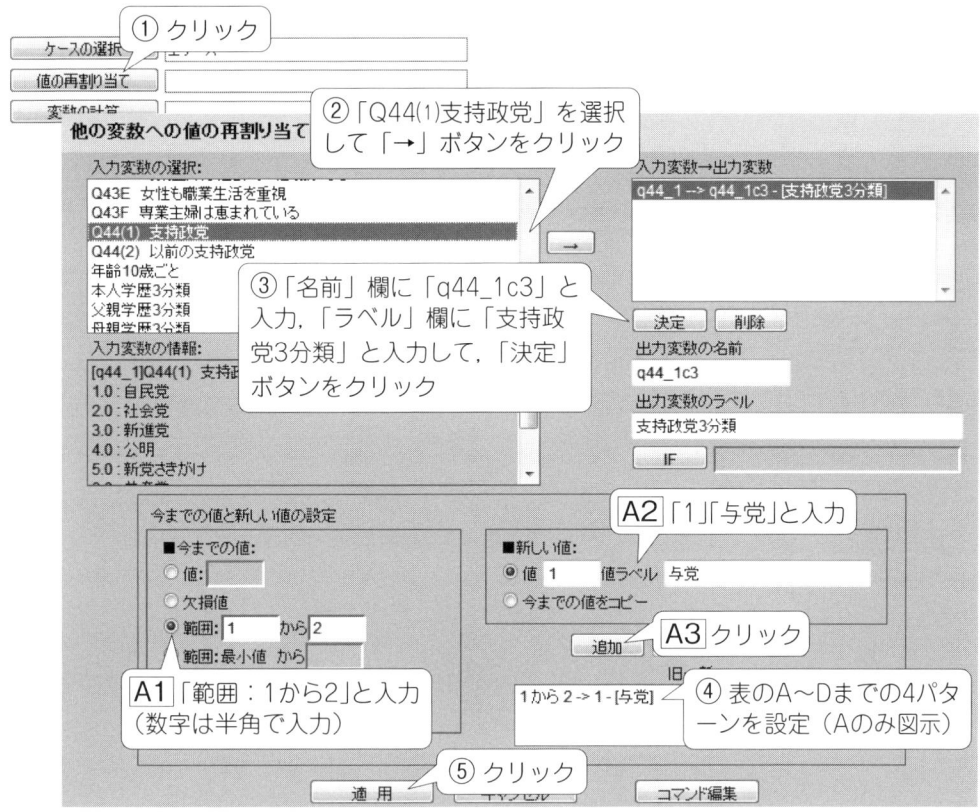

図1.11　値の再割り当て

表1.1　今までの値と新しい値

パターン	今までの値	新しい値	値ラベル
A	範囲：1から2	1	与党
B	値：5	1	与党
C	値：8	3	無党派
D	その他の全ての値	2	野党

直すことが考えられる。

　そこでSRDQの「値の再割り当て」機能を使って，「Q44(1)　支持政党」という変数をもとに，与党・野党・無党派の3カテゴリーからなる新しい変数「支持政党3分類」を作成する。そのためには，まず分析メニューから，図1.11の①～③までの操作を行う。その後に表1.1のAからDの4つのパターンにしたがって，図1.11のA1からA3までの操作を行い，そして⑤の「適用」をクリックする。

　なお図1.11③の操作によって，新しい変数の名前として「q44_1c3」を指定し，変数の内容を示すためのラベルとして「支持政党3分類」を指定している。ここでは任意の変数名や変数ラベルを指定してかまわないが，SPSSの制約から，変数名の1文字目に数字を用いてはいけない。またスペース・ハイフン・ピリオドなどのpunctuation記号も変数名には使えない。さ

9

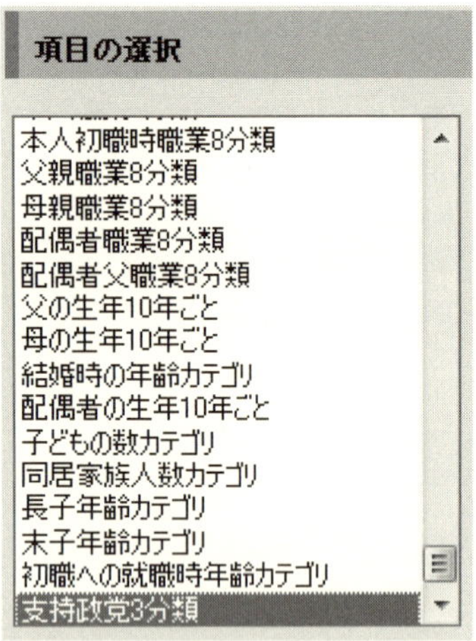

| A 追加された変数 | B 「支持政党3分類」を用いた集計 |

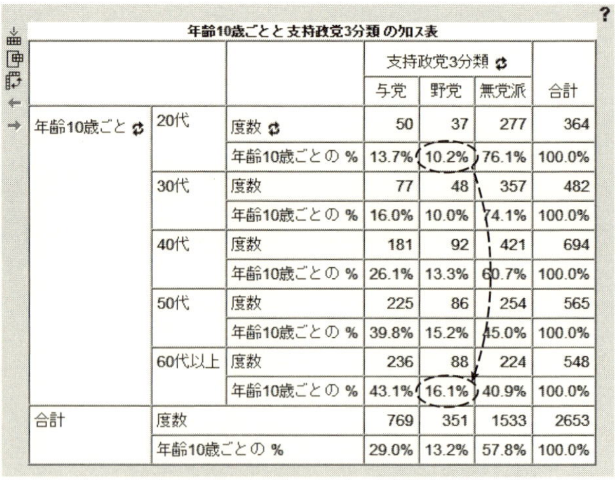

図1.12 クロス集計表（値の再割り当て後）

らに，問題が生じるケースは希であると思われるが，既存の変数と同じ名前も使えないし，ALL, AND, BY, EQ, GE, GT, LE, LT, NE, NOT, OR, TO, WITH なども変数名としては使用できない。次に図1.11④および表1.1の操作では，元になる変数の値が1（自民党），2（社会党）または5（新党さきがけ）の場合，新しい変数には1（与党）という値を割り当てること，といった設定を行っている。ここで元になる変数の1，2，3といった値がそれぞれどの政党を示しているのかについては，「値の再割り当て画面」（図1.11）の「入力変数の情報」欄に表示されるので，これを参考にすればよい。

以上のような「値の再割り当て」操作によって，変数リストの末尾に「支持政党3分類」が追加されるので（図1.12-A），これを用いて再度クロス集計を行った結果が図1.12-Bである。図1.12-Bを見ると，野党を支持する人の割合が，20代・30代では約10％なのに対して60代では16.1％と増加している。与党支持者の割合ほど急激にではないが，年代が上がるとともに野党支持者の割合も増加していることがわかる。

4 独立性の検定とCramerのV

図1.12-Bのクロス集計表の下には，図1.13および図1.14のような表が作成・表示されているはずである。このうち図1.13には独立性の検定を行った結果が示されている。年代ごとに分けて集計した結果，支持政党の割合が年代ごとに異なっていたかどうかが，独立性の検定によって調べられている。わざわざ検定などしなくても，図1.12-Bを見れば年代ごとに割合に違いがあるのは一目瞭然と思うかもしれない。だが図1.12-Bはあくまでランダムサンプリングによって取り出された標本の集計結果であり，母集団（日本全国の20歳から69歳までの男女）においても，年代ごとの違いがあったといえるのかどうかはわからない。もしかすると，図1.12-Bにあらわれている年代ごとの差異は，あくまで誤差の範囲内の差異かもしれないた

カイ2乗検定			
	値	自由度	漸近有意確率 (両側)
Pearson のカイ2乗	218.678 [a]	8	.000
尤度比	225.061	8	.000
線型と線型による連関	203.457	1	.000
有効なケースの数	2653		

[a] 0 セル (.0%) は期待度数が 5 未満です。最小期待度数は 48.16 です。

図 1.13　カイ 2 乗検定の結果

めだ。そこで母集団にも違いがあったといえるかどうかを，計算によって明らかにしてくれるのが独立性の検定である。

　図 1.13 で行われている独立性の検定は，カイ 2 乗値を用いたものであり，カイ 2 乗検定とも呼ばれる。この検定では，母集団には年代ごとの違いがなかったという仮説，すなわち図 1.12-B にあらわれている年代ごとの違いは誤差の範囲であるという仮説を立てる。これを帰無仮説と呼び，この仮説が成り立つ確率を求めている。この確率のことを「有意確率」と呼び，図 1.13 からはこの確率が 0.000 であったことがわかる（この「0.000」という数値は小数点第 3 位まで四捨五入した値であり，実際の確率は「0」ではなく，「0.001」よりも小さい数値である）。有意確率は，誤差の範囲であったという確率であるから当然小さい方がよく，一般に，有意確率が 5 ％未満であれば「統計学的に有意」な差異があったという。また，有意確率が 5 ％未満であれば「5 ％水準で有意」，さらに小さくて 1 ％未満であれば「1 ％水準で有意」といういい方をする。したがって図 1.12-B の場合には，「支持政党の分布を年代ごとに分けて見た結果，年代間に 1 ％水準で有意な差異があった」と報告できる。

　以上から明らかなように，独立性の検定の「独立」とは，クロス集計に用いた 2 つの変数が互いに独立であるかどうか，すなわち 2 つの変数の間に関連が無いのかどうかという意味である。図 1.12-B で扱った 2 つの変数間に何の関連もなければ，年代ごとに分けても，各年代間に差が見られないはずである。実際には差があるという結果なので，図 1.12-B の場合には，「『年齢 10 歳ごと』と『支持政党 3 分類』の間に 1 ％水準で有意な関連がある」と報告してもよい。

　カイ 2 乗検定の結果は，通常，クロス集計表の内容について説明するよりも先に報告することが望ましい。また自分で集計を行う段階でも，まず検定の結果を確認するべきである。というのも，検定の結果が「誤差の範囲」であれば，クロス集計表の内容を見ても意味がないためである。また，カイ 2 乗検定の結果を報告する際には，有意水準だけでなく，途中経過であるカイ 2 乗値（218.678）と自由度（8）も報告しておくとよいだろう。もちろん，これらの値は必ずしも文章中に書かなくとも，クロス集計表の下に書き添えるといったかたちでかまわない。

　次に図 1.14 からは Cramer の V の値が 0.203 であったことを読み取れる。Cramer の V は，クロス集計に用いた 2 変数の関連の強さをあらわす数値である。上述のカイ 2 乗検定はあくまで母集団にも差異があったかどうかを推測するものであり，差異の大きさ，ないしは 2 変数の

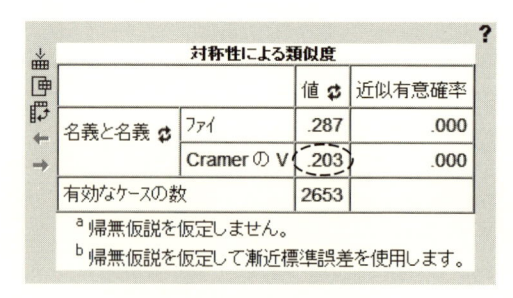

図1.14 Cramer の V

関連の強さを示すものではない。カイ2乗値の算出にはケース数Nが用いられており，どんな小さな差異であっても，どんなに弱い関連であっても，ケース数さえ十分に大きければ「有意」という結果になる。これはカイ2乗検定に限らず，統計学的仮説検定そのものの性質である。よって，どんな分析方法を使うときでも，検定の結果だけを示すのではなく，関連の強さを示す数値を添えるべきである。この意味で，クロス集計の場合にはCramerのVを添えることが望ましい。

CramerのVの値については，およそ相関係数の大きさと同様の読み方をしてよいだろう。すなわち，ごく大まかな基準としては，0.1程度であればごく弱いながらも関連があるといえるし，0.3以上あれば相当に強い関連があったといえる。こうした数値の読み方は学問分野によって異なっており，1つの現象に対してさまざまな要因が影響を及ぼす社会的現象を扱う際には，上述のような一見小さいと思われる値であっても，関連があったと見なす場合が多い。

表1.2には，クロス集計表の書き方の例を示した。論文やレポートにクロス集計表を載せるときには，表1.2のようなかたちで書くとよい。カイ2乗検定の結果が「1％水準で有意」であるということは，カイ2乗値，自由度とともに「$p<0.01$」というかたちで示す。また自由

表1.2 年齢10歳ごとと支持政党3分類のクロス表

	支持政党3分類			
	与党	野党	無党派	合計
20代	50 13.7%	37 10.2%	277 76.1%	364 100.0%
30代	77 16.0%	48 10.0%	357 74.1%	482 100.0%
40代	181 26.1%	92 13.3%	421 60.7%	694 100.0%
50代	225 39.8%	86 15.2%	254 45.0%	565 100.0%
60代以上	236 43.1%	88 16.1%	224 40.9%	548 100.0%
合計	769 29.0%	351 13.2%	1533 57.8%	2653 100.0%

カイ2乗値(自由度) = 218.678(8), $p<0.01$, CramerのV = 0.203

度は，「df」(degrees of freedom) と表記されていることも多い。なお，本書ではカイ2乗値やCramerのVをもとめるための算出方法までは解説しないので，そうした詳細については土田 (1994) やBohrnstedt and Knoke (1988=1990) を参照するとよいだろう。

5 ケースの要約と変数の計算

　支持政党のように，各選択肢間の大小・高低を比べられないような質的変数を扱う場合には，上述のクロス集計が有効である。その一方で，数値として計算できるような量的変数を扱う場合には，クロス集計とは異なる形でもグループ間の比較を行うことができる。

　ここでは「Q3〈15才時の財産〉自家風呂」という変数を例として，上で行ったクロス集計と同様「年齢10歳ごと」の違いを見てみよう。分析メニューから「03. ケースの要約」をクリックして図1.15-Aのように操作を行うと，図1.15-Bのような結果が得られる。この変数では，15歳時の自宅に自家風呂があったと答えた人に1，無かったと答えた人に0が値として割り当てられている。したがって，60代の平均が0.75ということは，75%の人が自家風呂ありと回答したことになる。それに対して20代の平均は0.95 (95%) となっており，時代が進むとともに自家風呂の普及が進んだことがわかる。

　15歳時の財産をたずねる一連の質問では自家風呂に限らず，持ち家・別荘などの不動産や，テレビ・冷蔵庫などの家電製品を含めて，14種類の財産についてたずねている。そこで，これら14種類のうち何種類を持っていたのかをあらわす変数を，新たに作成してみよう。持っていれば1，持っていなければ0という値がこれらの変数には割り当てられているので，これら14

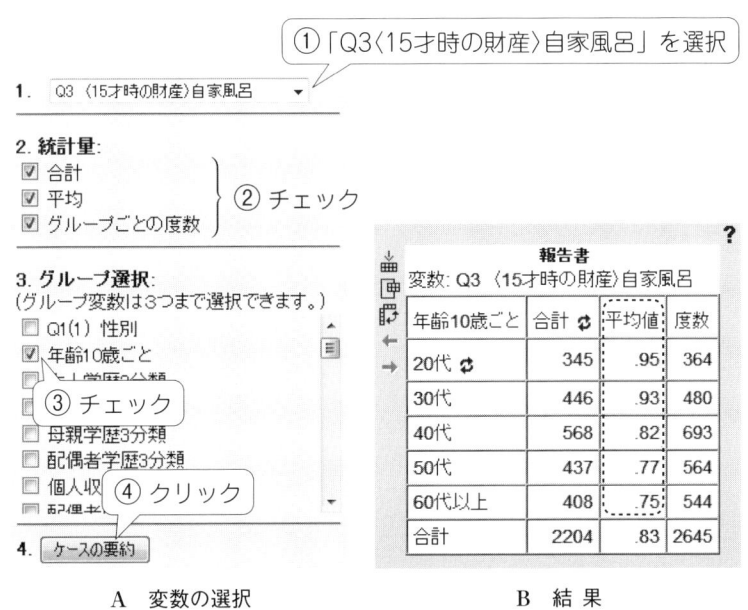

A　変数の選択　　　　　B　結　果

図1.15　ケースの要約

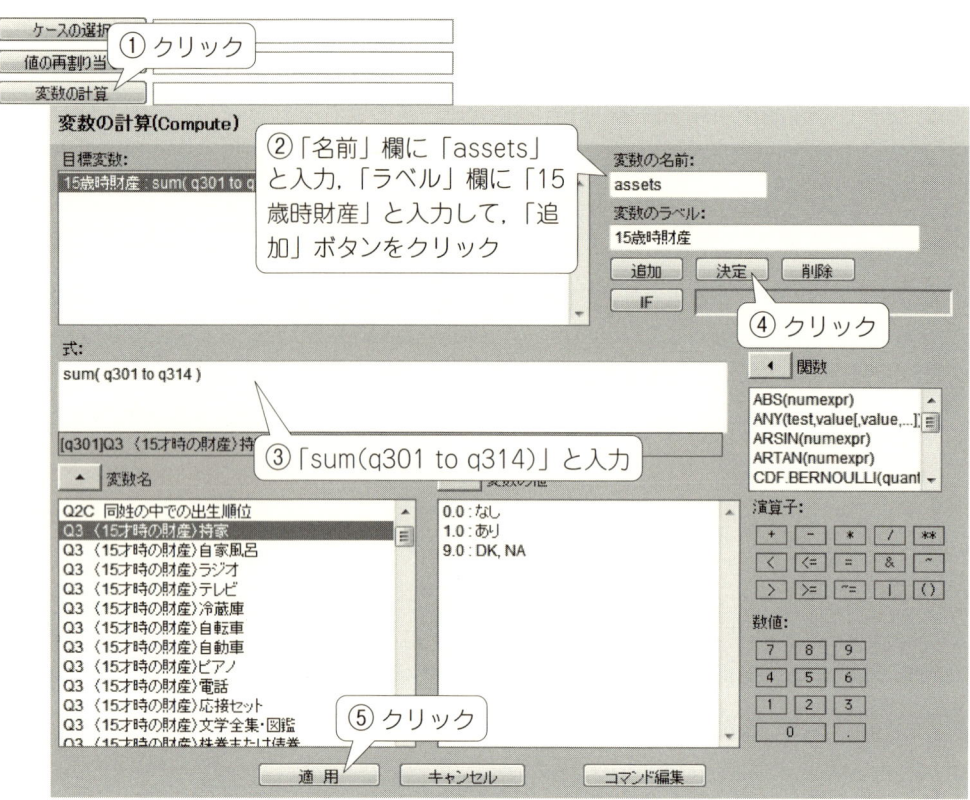

図 1.16 変数の計算

の変数を合計すれば，目的の変数を作成できる。SRDQ の「変数の計算」機能を用いてこのような変数を作成するには，分析メニューから図 1.16 の手順に沿って操作すればよい。

図 1.16 では②の操作によって，新しい変数の名前を「assets」，ラベルを「15歳時財産」と指定している。値の再割り当ての場合と同様，変数名の 1 文字目には数字を使ってはいけないし，1 文字目に限らずスペース・ハイフン・ピリオドなどの punctuation 記号は使えないという制限がある。図 1.16 の③の操作では，「q301 から q314 までの合計」という意味の式として，「sum(q301 to q314)」を入力している。ここで用いている「sum( )」は，カッコ内のものをすべて合計するという関数である。「sum(q301, q302, q303, q304, q305, …, q314)」というようにすべての変数を列挙しても同じ意味になるが，このような続き番号がついている変数を扱う場合には，「to」というキーワードを使って「A to B」と記述することで，「変数 A から変数 B までの全て」という指定を行うことができる。

このようにして作成した「15歳時財産」を用いて，図 1.15 と同様の集計を行った結果が図 1.17 である。60代以上の世代では平均して約 4 種類であるが，若い世代ほど値が大きくなり，20代では平均して約 9 種類となっている。15歳時点に注目する限りでは，若い世代になるにしたがって，物質的に豊かになっていることがわかる。なおクロス集計の場合と同様に，母集団においても平均値に差があったといえるかどうかを検定することができるし（F 検定），Cra-

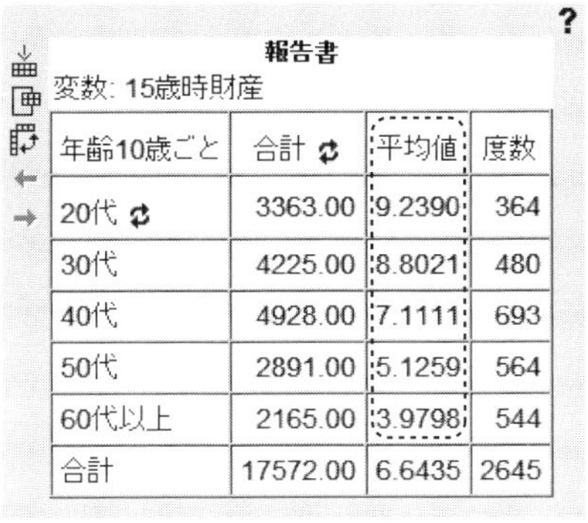

報告書

変数: 15歳時財産

年齢10歳ごと	合計	平均値	度数
20代	3363.00	9.2390	364
30代	4225.00	8.8021	480
40代	4928.00	7.1111	693
50代	2891.00	5.1259	564
60代以上	2165.00	3.9798	544
合計	17572.00	6.6435	2645

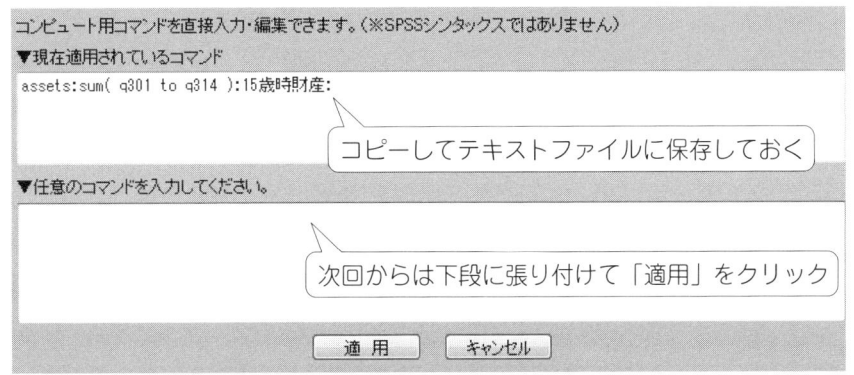

図1.17　15歳時財産を用いた集計

merのVと同じ役割を果たす値としてイータがある。ここで詳しくは触れないが，SRDQでは分析メニューから「一元配置の分散分析」に進めばこの検定を行うことができる。検定の詳細についてはBohrnstedt and Knoke（1988＝1990）を参照するとよい。

6　新しく作成した変数の保存について

SRDQの「値の再割り当て」機能や「変数の計算」機能によって新しく作成した変数は，いつまでも保存されているわけではない。具体的には，インターネットのブラウザを終了した時や，ブラウザを終了しなくても長時間分析を行わなかった時には，これらの変数は失われてしまう。その場合には，再び「値の再割り当て」（図1.11）や「変数の計算」（図1.16）を行うことになるのだが，これらのマウス操作はいくぶん煩雑であり，何度も繰り返したくはないものである。そこで，最初の一度だけこのようなマウス操作を行っておけば，次回からは容易に同じ変数を作成できる機能をSRDQに備えた。それが「コマンド編集」の機能である。

この機能を使うには，図1.16の操作を行って「15歳時財産」という新しい変数を作成してから，図1.16の画面を再度開いて画面下の右側にある「コマンド編集」ボタンをクリックする。すると図1.18の画面が開くので，「▼現在適用されているコマンド」をコピーしてテキス

図1.18　コマンド編集画面

トファイルに保存しておけばよい。そうすれば次回からは，その内容を貼り付けて「適用」ボタンをクリックするだけで，新しい変数を作成することができる。すなわち，あちこちをクリックしなければならない煩雑なマウス操作（図1.16）が次回からは不要になる。もちろんこの機能は「変数の計算」だけでなく，「値の再割り当て」（図1.11）でも使うことができる。

以上がSRDQの基本的な使い方の解説である。基本的な使い方とはいえ，独自の変数を作成する手順や，一部のケースだけに注目して分析を行う手順なども含まれている。したがって，ここまでの内容を使うだけでもさまざまな応用，さまざまな分析を試みることができるだろう。特にSPSSを使った分析に不慣れな読者の方は，自分なりのクロス集計やケースの要約を試みることでここまでの内容に習熟し，そのうえで以降の章に進まれるとより理解しやすいだろう。

7 課　題

1. SSM95・A票のデータセット内にある「Q10(1) 最終学歴」から，「学歴3分類」（初等，中等，高等）という新しい変数を作成しよう。なお，「初等」＝旧制尋常小学校，旧制高等小学校，新制中学校，「中等」＝旧制中学校・高等女学校，実業学校，師範学校，旧制高校，「高等」＝旧制高校・専門学校・高等師範学校，旧制大学，新制短大・高専，新制大学，新制大学院とすること。次に「学歴3分類」の度数分布表を作成し，その分布を確認しよう。
2. 男性だけのケースを選択し，「学歴3分類」と「Q40I〈余暇生活〉社会的活動」のクロス表を作成してみよう。
3. 女性だけのケースを選択し，「学齢3分類」と「Q40I〈余暇生活〉社会的活動」のクロス表を作成してみよう。
4. 2，3の検定の結果から，学歴と社会的活動の関連を読みとろう。
5. 「Q32〈財産〉」の14個の変数を用いて，それらを合計した新しい変数（「財産」）を作成しよう。
6. 「Q1(1) 性別」による「財産」のケースの要約をしよう。
7. 「学歴3分類」による「財産」のケースの要約をしよう。

参考文献

Bohrnstedt, G. W. and D. Knoke, 1988, *Statistics for Social Data Analysis, 2nd ed.*, F. E. Peacock Pub.（＝1990, 海野道郎・中村隆訳『社会統計学——社会調査のためのデータ分析入門』ハーベスト社。）

土田昭司, 1994,『社会調査のためのデータ分析入門——実証科学への招待』有斐閣。

（樋口　耕一）

第2章
3重クロス集計表とエラボレーション

> 【研究事例】
> 木村邦博,2000,「労働市場の構造と有配偶女性の意識」盛山和夫編『日本の階層システム4 ジェンダー・市場・家族』東京大学出版会,177-192。

1 研究事例の紹介

1.1 意識による説明の否定

　既婚女性の働き方を見ると,我が国ではおおむね学歴の高い人ほど,専業主婦になる割合が高い(図2.1)。なぜこうした傾向が生じるのだろうか。高い学歴を得ながら専業主婦になるのは,どのような女性たちだろうか。こうしたことを考えるときに日常的な感覚から思い起こされるのは,教養を得るために大学に進んだ「良家の子女」や,裕福な家庭の「有閑マダム」かもしれない。そうした女性像が描かれる際には,多くの場合,働きたいけれどやむを得ず専業主婦になったというよりも,専業主婦になることを自ら望んだ女性と見なされるだろう。

　社会科学的な議論においても,有配偶女性は自らの希望にそって専業主婦になるかどうかを選択しているという考え方が,しばしば提示されてきた。もちろん,社会生活のなかで性別役割規範をすり込まれたり,家父長制のような文化の影響を受けることで,専業主婦になることを望むのかもしれない。あるいは規範を内面化しないまでも,女性役割を担うことで利益が得

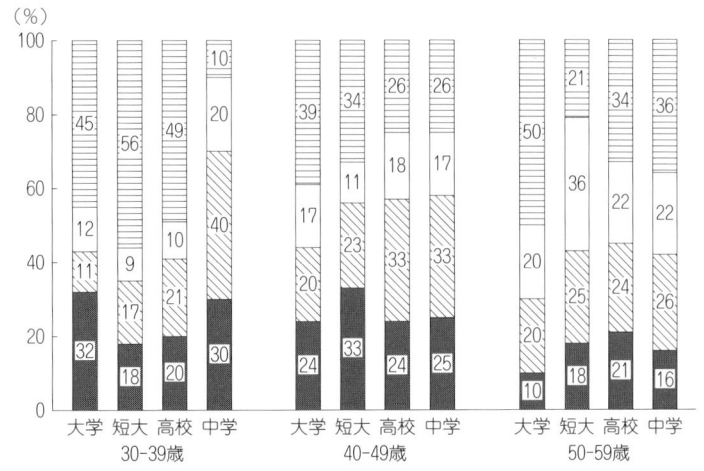

図2.1　有配偶女性(30-59歳)の学歴と就業形態
【出典:木村(2000, p. 180), 図9−1】

られると計算するのかもしれない。ただ，いずれにおいても女性が専業主婦になる直接の原因を，女性自身の希望ないし意識にもとめているといえるだろう。

　以上に挙げたような考え方に強く反発しているのが，本章で取り上げる木村邦博の研究である。この研究では「社会階層と社会移動」全国調査（SSM95）の分析を通じて，働くのか専業主婦になるのという就業形態の選択を，既婚女性が自らの希望通りには行いにくいことを示している。

1.2　一見すると「不思議」な傾向

　それでは，どのような分析を通じて，女性自身の意識が就業形態を規定しているという理論が否定されているのだろうか。この研究で最初に示されているのは図2.1で，ここからは，おおむね学歴が高いほど専業主婦の割合が高いことを読み取れる。この結果だけを見るのであれば「就業ではなく子育てのための教養を目指して進学する」とか，「大卒で高収入の男性と結婚するチャンスを得るために進学する」といった解釈も可能である。

　しかし木村は次に「男性は外で働き，女性は家庭を守るべきである」という性別役割意識に注目することで，そうした解釈ではつじつまが合わなくなることを示す（図2.2）。もし，子育てのための教養や，高収入の男性と結婚するチャンスを目的として進学するのであれば，進学する女性ほど「男は仕事，女は家庭」に賛成するはずである。だが実際には，学歴が高い女性の方が「男は仕事，女は家庭」に賛成する割合が低い。図2.2を見ると例外的な箇所を除いて，同じ年齢層・就業形態であれば，「大学・短大」の方が賛成の割合が低いことを読み取れるだろう。大学に進学する女性に，「女は家庭」と考える人は少ないことがわかる。

　ここで，もう1つ図2.2から読み取れることとして，①専業主婦ほど「男は仕事，女は家庭」に賛成する割合が大きいということがある。こうしてみると，②学歴が高いほど「男は仕事，女は家庭」に反対する割合が大きいのに，③学歴が高いほど専業主婦になる割合が大きい

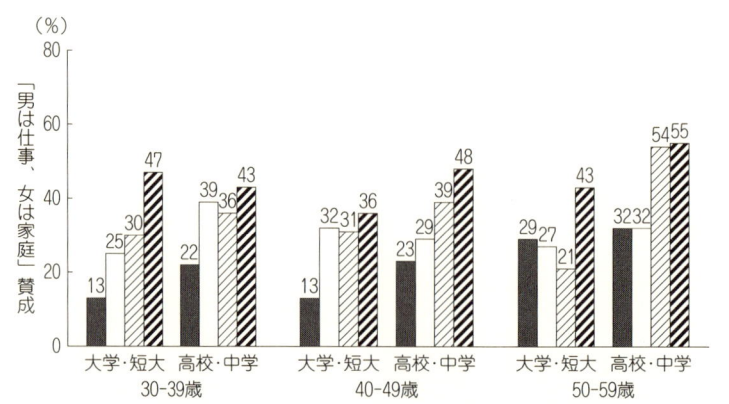

図2.2　有配偶女性（30-39歳）の性別役割意識
（「男は仕事，女は家庭」賛成者の％：年齢層・学歴・就業形態別）
【出典：木村（2000, p. 182），図9-2】

というのは，一見すると「不思議」な傾向である。①から③までの「不思議」な傾向からすれば，子育てのための教養や，高収入の男性と結婚するチャンスを目的として進学するといった考え方・理論は成り立たない。それだけでなく，これらの3つを上手く説明できるような既存の理論は見あたらないことを木村（1998）は指摘している。

1.3 独自の解釈とその意義

ここまでの分析と指摘を踏まえたうえで，この一見「不思議」な傾向を上手く説明できるような独自の考え方を提示している所に，この論文のポイントがあるといえるだろう。この考え方は「労働市場の分断のもとでの合理的選択と認知的不協和」というもので，概略は以下のようなものである。

> 女性も（…）進学が職業的地位達成の手段であると見なしており，性別役割分業に否定的な女性が大学・短大に進学しようとする。しかし，フルタイムの労働市場とパートタイムの労働市場との「分断」が存在する。フルタイムの労働市場では女性が結婚・出産後も就業を継続しにくい環境があり，多くの女性が結婚・出産を機に退職する。（…）その後，有配偶女性が再就職しようとしても，フルタイム労働市場には戻りにくい。これに対してパートタイム労働市場では，企業が学歴や配偶関係にかかわらず女性を安価な労働力として採用しようとする。ここに引きつけられるのは，高校・中学卒業者の方である。高校・中学卒の女性は，高校・中学卒の男性と結婚することが多く，夫の収入がそれほど高くないので，家計補助のために働きに出る必要がある場合が多いからである。こうして，大学・短大卒よりも高卒・中学卒の方が専業主婦の比率が小さくなり，志望していたのとは異なる就業形態にいたる有配偶女性が多いことになる。そのような有配偶女性（とくに大学・短大卒で就業継続を希望していたにもかかわらず専業主婦になった者）は，認知的不協和を経験する。認知的不協和を低減しようとする圧力の結果として，現在の自分の就業状態を合理化するような方向に性別役割意識が変化する。　　　（木村 2000, pp. 184-185）

さらに，この考え方の傍証として高校生を対象とした調査データを紹介するとともに，SSM95データの分析結果がこの考え方に適合することを示している。

この研究では以上の分析結果とその解釈から，女性自身の意識ではなく，パートタイム労働市場とフルタイム労働市場とが分断されている状況に，女性の就業形態の規定因をもとめている。すなわち，労働市場のありようゆえに，もともと就業に積極的であった高学歴女性が，フルタイムの職に戻れずに専業主婦となる。そして，むしろ就業に積極的でなかった高校・中学卒の女性が，パートタイムで就労することが多くなる。女性の意識や希望ではなくて，労働市場のありようが問題なのである。したがって，性別役割分業の改革を目指すならば，教育を通しての意識変革が必要なのではなく，むしろ労働市場の変容について議論しなければならないことを主張して，木村はこの論文を締めくくっている。

以上の紹介から明らかなように，この研究の評価すべき点は，一見すると「不思議」な傾向

を正面から取り上げ，その傾向を説明できるような理論的解釈を示した点にある．この「不思議」な傾向そのものは以前から知られていたものだが，上手くこの傾向を説明することはこれまでなされていなかった．なぜそんな結果になったのか，容易には想像がつかないような分析結果に注目したうえで，「労働市場の分断のもとでの合理的選択と認知的不協和」という優れた理論的解釈を示した点を，まずは評価すべきであろう．

有配偶女性自身の意識によって就業形態が決まっているのではないという考え方は，おそらくこの書籍（盛山編 2000）の執筆者陣の間で，ある程度共有されていたのであろう．この書籍のなかで，たとえば中井美樹・赤地麻由子（2000）は，高学歴女性ほどボランティア活動や消費者運動などに参加するという分析結果を示し，次のような解釈を加えている．すなわち高学歴女性はいったんキャリアを中断すると「それ相応」の仕事に就くのは難しくなるために，労働市場に戻らず，そうした社会活動を選ぶという．また田中重人（2000）は就労するかどうかを決める要因として，意識だけではなく，通勤時間の長さという物理的な状況に触れている．尾嶋史章（2000）も条件付きではあるが「女性の就業選択も，労働市場側の要因や就業をサポートする条件に大きく依存する状況が生まれてくる」可能性を示唆している．

これらの見解から，社会意識ないしは女性自身の意識を規定因として強調してきた90年代半ばまでの研究とは一線を画そうとする執筆陣のスタンスがうかがえよう．これはいうまでもなく，労働市場の構造を，女性の就業形態の規定因と見なすスタンスである．すなわち，自らの希望通りに「有閑マダム」の地位を得た人が存在しないとはいわないまでも，やむをえず専業主婦に甘んじている人が少なくないという見方である．本章で取り上げた木村の論文は，女性自身の意識を重視する考え方を明確な根拠のもとに否定することで，こうしたスタンスの形成に大きく寄与しているといえよう．

なおこの研究は，本書の序盤・第2章で取り上げていることからもわかるように，決して統計学的な意味で高度な分析技法を駆使したものではない．また，この研究で扱われているような分析の場合，「統計学的に高度な技法を使えば使うほど，優れた理論的解釈を思いつきやすくなる」などということは考えにくい．これは，分析技法の進歩が問題を解決してくれないケース，すなわち分析対象への深い理解や洞察をもってしか問題を解決できないケースである．そうしたケースが現に存在するということ，そして，分析対象への十分な理解と洞察があれば基本的な統計技法で論文がかけるということを，この研究から学ぶことができよう．

2 分析技法の説明

2.1 なぜサンプルを分割するのか

図2.1では，あらかじめ30代・40代・50代の3つのグループにサンプルを分割して，それぞれの年代ごとに学歴と就業形態のクロス集計を行っている．結果として得られる3つのクロス集計表を，帯グラフの形であらわしたものが図2.1である．3つの結果のうち40代・50代を見ると，一番上の横線部分すなわち専業主婦の割合が，一番左の大卒層で大きいことがわかる．

30代では短大卒の層で専業主婦の割合が大きい。これらを総合すると，おおむね学歴が高いほど専業主婦の割合が大きいといえるだろう。

ここで，なぜ図2.1では年代別にサンプルを分割しているのだろうか。第1章で扱ったクロス集計をそのまま行うだけでは，なにか不都合があるのだろうか。その答えは，おそらく学歴と年代の関連にある。我が国では戦後，若い世代になるにつれて高学歴化してきた経緯がある。そのために「学歴が高い人ほど，Aである割合が高い」という見た目の関係がある場合には，同時に「若い世代ほど，Aである割合が高い」という関係も成り立つことが多い。そうなると，第1章で扱ったクロス集計を行うだけでは「学歴が高い人ほど，また若い世代ほど，Aである割合が大きい」ということしかわからない。

そしてこの状態では，「学歴とAに関連がある」と主張することができない。なぜなら，学歴とAの関連は，世代の違いが原因となって生じた擬似的な関連かもしれないためだ。若い世代ほど学歴が高く，若い世代ほどAであるという場合を考えてみよう。この場合，学歴とAの間に直接的な関連がまったく無かったとしても，見た目の上では，学歴が高いほど（若い世代なので）Aである割合が大きくなる（図2.3）。これを学歴とAの擬似的な関連，もしくは擬似相関と呼ぶ。

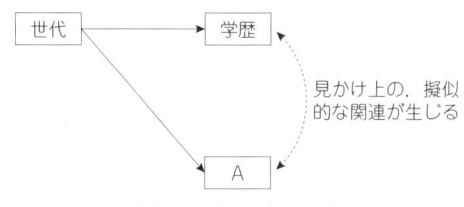

図2.3 擬似的な関連

世代の違いによって生じた擬似的な関連なのか，あるいは，学歴とAの間に直接的な関連があったのかを考えるために役立つのが，図2.1のようにサンプルを分割するという方法である。例えば30代の人だけを取り出すことで，分析対象とするサンプルの世代を固定することができる。世代が固定されていれば，当然，世代による影響は出ないはずである。よって，この状態でも「学歴が高いほど，Aである割合が大きい」という関連が見られれば，学歴とAの間には直接的な関連があったと推測できる。もしくは，少なくとも世代差によって生じた擬似的な関連ではなかったと断言できる。その逆に，もし世代を固定したことで，学歴とAとの関連が見られなくなったならば，この2つの関連は擬似的なものであったことがわかる。

図2.1に関しては，30代・40代・50代といった同じ世代の人だけを取り出した場合も，学歴による就業形態の違いが見られたことから，世代差によって生じた擬似的な関連では無かったことがわかる。もちろん，世代差以外の何らかの要因によって生じた擬似的な関連であるという可能性を，完全に否定することは不可能である。よって，その「何らかの要因」が新たに理論的に示唆されたり，経験的に発見されたりしない限りにおいて，学歴と就業形態の間には直接的な関連があったと図2.1から推測するのである。

この考え方を少し応用して，仮に世代と就業形態の関連が，学歴の違いによって生じた擬似

的なものかどうかを確認したいとしよう。この場合には学歴によってサンプルを分割すればよい。高卒の人だけ，あるいは大卒の人だけを取り出して分析を行えば，学歴の影響を取り除いたうえで，世代の違いによって生じる変化を見ることができる。

2.2　エラボレーション

　以上のように，学歴と就業形態のような2変数間の関連を見るにあたって，3つ目ないし4つ目の変数を用いてサンプルを分割し，より詳細に関連を調べる方法を P. F. ラザースフェルドはエラボレーションと呼んだ。図2.1ではエラボレーションによって世代の影響を取り除き，世代差に起因する擬似的な関係でないかどうかを確認しているが，このような操作のことを「世代の影響をコントロールする」ともいう。3つ目ないし4つ目の変数を分析に持ち込むエラボレーションは，初歩的なものとはいえ多変量解析の一種である。

　エラボレーションが成功するパターンとしては，複数のものが考えられる。図2.1のように①擬似的な関連では無いことを確認したい場合には，3つ目の変数でコントロールしてもサンプル分割前と変わらず，2変数間に関連があれば成功である。それに対して，②擬似的な関連であったことを確認したい場合もあるだろう。その場合には，3つ目の変数でサンプルを分割することで，2変数間の関連が無くなれば成功である。その他にも，③例えば男性と女性との間で，あるいは若年層と高齢層の間では，2変数の関連の仕方が違うことを示したい場合もあるだろう。この場合には，サンプルを分割してできたグループの間で，関連の内容やその有無が異なっていれば成功である。また，④サンプル全体では2変数間に関連が見られなくても，サンプルを分割して整理することで，関連があることを発見できることもあるだろう。①の場合を除くと，サンプルを分割することで，サンプル全体を分析した場合と異なる結果が得られれば，何らかの成功の可能性があることになる。

　他の分析技法と比べると，エラボレーションの利点は変数の種類を問わない点にある。値の大小を比べられないような質的変数を扱えるし，量的変数もいくつかのカテゴリに分割してあれば扱える。重回帰分析や分散分析では，少なくとも従属変数に関しては量的な変数でなければならないが，エラボレーションにはそういった制約がない。一方で，一度に扱える変数の数という点を見ると，エラボレーションは不利である。例えば3つ目の変数として世代を使い，30代の人だけを取り出して分析するという場合，30代の人だけでも分析に耐えるようなサンプルサイズが必要になる。さらに，4つ目の変数として性別を持ち込み，30代の女性だけを取り出すといった場合，ますますサンプルサイズによる制約は厳しくなる。そのため，4つ5つ以上といった多くの変数を同時に扱うことに関しては，重回帰分析や多元配置の分散分析の方が有利になる。

3 分析シミュレーション

3.1 変数の準備

サンプルを分割する際に，あまりに細かいグループ分けをすると，1つのグループに入る人の数が極端に少なくなってしまう。例えば，ちょうど35歳の人だけを取り出すといったことをすると，分析対象となる人があまりに少なくなってしまう。よって，サンプル全体を数個のグループに分ける程度にしておくのが現実的である。そのようなグループ分けを行いやすいように，エラボレーションを行う際には，サンプル全体を2つから4つ程度に分けられるような変数を準備しておくとよい。

そうした変数として「学歴4分類」「年齢10歳ごと」など，本章の分析シミュレーションに必要な変数は，そのほとんどがあらかじめ用意されている。ただし，「就業形態（主婦専業度）」という変数だけは各自で作成しなければならない。以下，まずはこの変数を作成することで，木村（2000）の分析シミュレーションを行う準備，すなわち図2.1と図2.2を自分自身で作成するための準備を行う。

SRDQトップページの左下から教科書用の「サポートページ」をクリックして，さらに「第2章　3重クロス集計表とエラボレーション」というリンクをたどる。すると「『社会階層と社会移動』全国調査（SSM95）」という調査データの「分析メニュー」が表示される（図

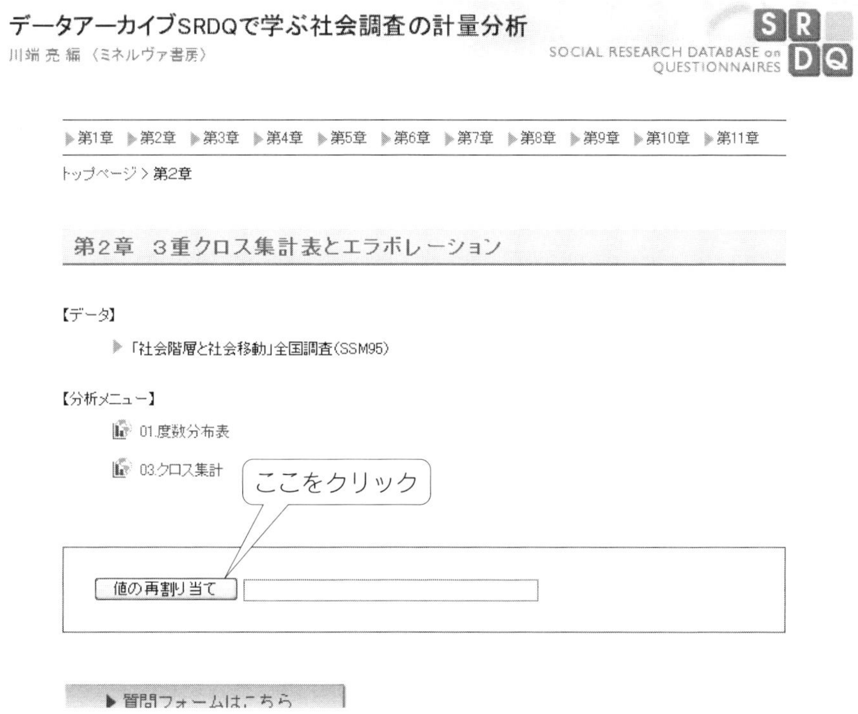

図2.4　分析メニュー

2.4)。このデータは SSM95 の A 票と B 票のデータを統合したうえで，30代から50代までの有配偶女性だけを取り出したものである。

　図2.4の「分析メニュー」で「値の再割り当て」をクリックして，既存の「従業上の地位」をもとに，新しい変数「就業形態（主婦専業度）」を作成する。「従業上の地位」という変数では働き方が9種類に分類されており，エラボレーションのことを考えると分類が少し細かすぎる。そこで木村（2000）と同様に，働き方を4つに分類する変数として，「就業形態（主婦専業度）」を作成する。「値の再割り当て」画面では，図2.5および表2.1のように設定を行えばよい。新しい変数を作成したら，その都度，度数分布表を確認しておこう。「分析メニュー」から「01. 度数分布表」へ進み，変数リストの一番下に追加されている「就業形態（主婦専業度）」をクリックする。これによって表示される度数分布が表2.2と同じであることを確認すれば準備は完了である。

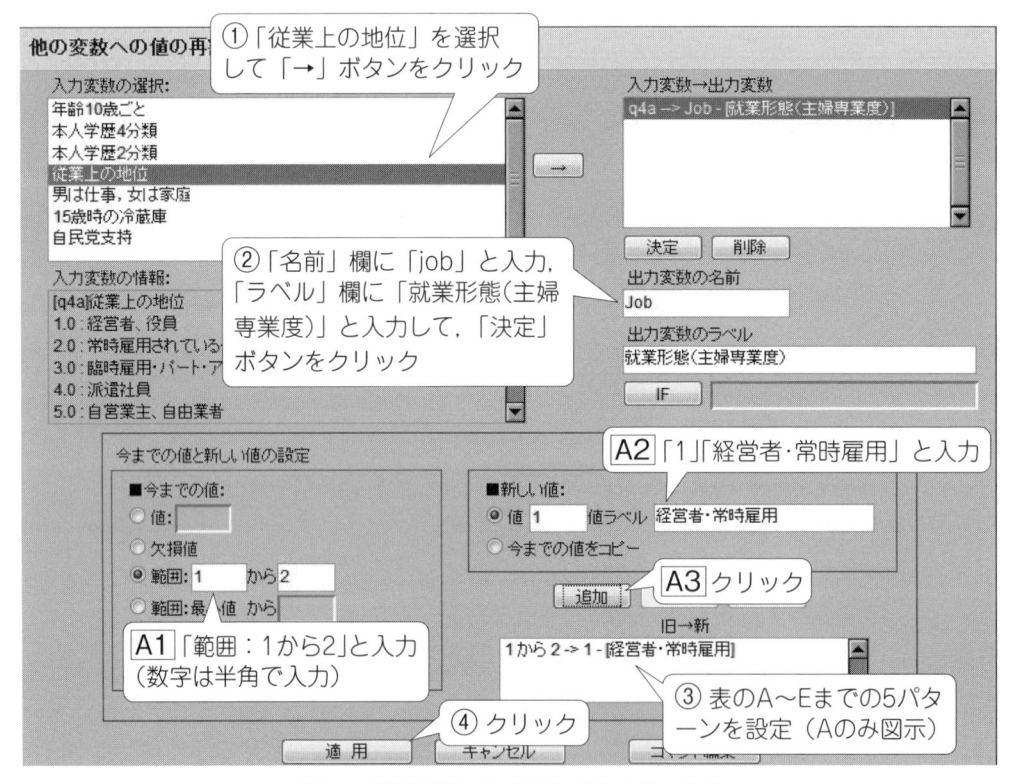

図2.5　「就業形態（主婦専業度）」変数の作成

表2.1　今までの値と新しい値

パターン	今までの値	新しい値	値ラベル
A	範囲：1から2	1	経営者・常時雇用
B	範囲：3から4	2	臨時雇用・パート・アルバイト
C	値：7	2	臨時雇用・パート・アルバイト
D	範囲：5から6	3	自営業主・家族従業者
E	値：9	4	専業主婦

表 2.2 就業形態（主婦専業度）の度数分布

	度数	パーセント	有効パーセント	累積パーセント
経営者・常時雇用	375	21.9	21.9	21.9
臨時雇用・パート・アルバイト	435	25.3	25.3	47.2
自営業主・家族従業者	285	16.6	16.6	63.8
専業主婦	621	36.2	36.2	100.0
合計	1716	100.0	100.0	

3.2 サンプル全体での分析

　サンプルを分割してエラボレーションを行うのに先だって，まずサンプル全体で2変数間の関連を調べておくのが通常の手順である。もちろんその結果を論文で必ず報告するとは限らないのだが，あらかじめサンプル全体での分析結果を確認しておかないと，サンプルを分割することで傾向が変化したかどうかもわからないためだ。

　そこで図2.1の作成に先立って，上で作成した変数「就業形態（主婦専業度）」を使い，学歴と就業形態の関連をサンプル全体で確認しておこう。「分析メニュー」から「03. クロス集計」をクリックし，図2.6の①〜④の操作を行う。なお，ここでは図2.6のAおよびBの操作は行わないことに注意してほしい。この操作によって，図2.7に示すような集計結果が得られる。なお，ここで扱っているデータは，あらかじめ30代から50代までの有配偶女性を取り出したものである。したがって，ここでいうサンプル全体とは，30代から50代までの有配偶女性のことである点に注意が必要である。

　図2.7を見ると，サンプル全体では学歴が上がって行くにつれて専業主婦の割合が大きくな

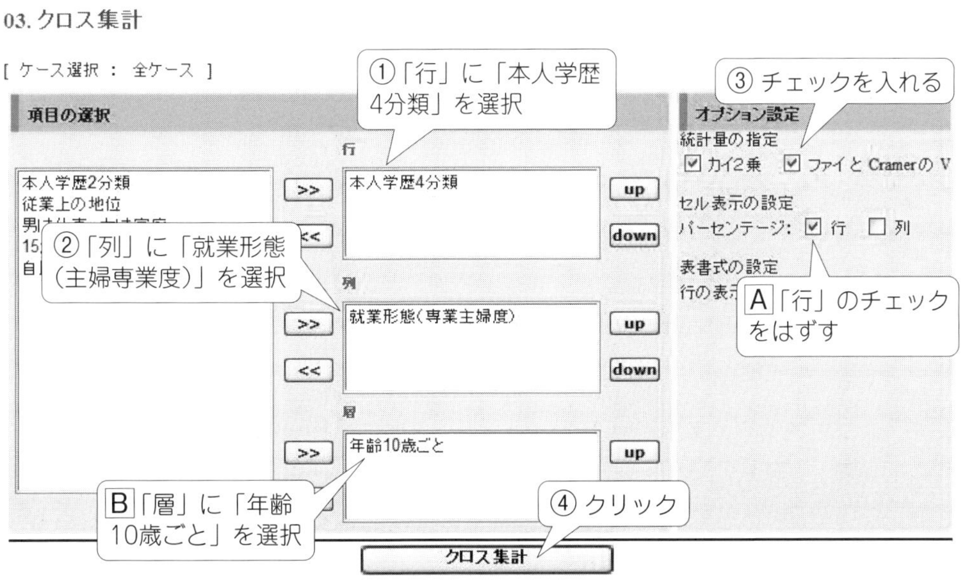

図 2.6　クロス集計の手順

			就業形態（専業主婦度）				合計
			経営者・常時雇用	臨時雇用・パート・アルバイト	自営業主・家族従業者	専業主婦	
本人学歴4分類	中学	度数	65	97	68	107	337
		本人学歴4分類 の %	19.3%	28.8%	20.2%	31.8%	100.0%
	高校	度数	219	271	167	352	1009
		本人学歴4分類 の %	21.7%	26.9%	16.6%	34.9%	100.0%
	短大	度数	54	47	30	100	231
		本人学歴4分類 の %	23.4%	20.3%	13.0%	43.3%	100.0%
	大学	度数	36	20	20	60	136
		本人学歴4分類 の %	26.5%	14.7%	14.7%	44.1%	100.0%
合計		度数	374	435	285	619	1713
		本人学歴4分類 の %	21.8%	25.4%	16.6%	36.1%	100.0%

図 2.7 学歴と就業形態の関連（サンプル全体）

っていくことがわかる。中学校卒の人では専業主婦の割合が 31.8% であるのに対して，学歴が上がるにつれて割合は大きくなり，大学卒では 44.1% に達している。なお SRDQ の分析画面では図 2.7 の下方に，前章で触れたカイ二乗検定の結果と Cramer の V の値が表示されているはずである。ここでは特に，Cramer の V の値が .071 となっていることを確認しておこう。

3.3 クロス集計表のグラフ表現

図 2.7 のようなクロス集計表を見ても，学歴と就業形態の間の関連を十分読み取ることができるが，さらに見やすさ・わかりやすさを追求したい場合には図 2.1 のようなグラフを作成するとよい。図 2.7 の結果を例として用い，SRDQ で作成したクロス集計表をもとに，Excel 2007 でグラフを作成する手順を以下に示す。まず，SRDQ で再度クロス集計表を作成するのだが，その際には図 2.6 の①〜②の後に，Aの操作を行ってから③に進む。そうすると，パーセントが表示されていない，度数だけのクロス表が作成されるので，左上のアイコンをクリックして，この表を自分の PC にダウンロード・保存する。

ダウンロードしたファイルは CSV 形式なので，一般的な PC ではこのファイルをダブルクリックすると Excel が起動する。Excel 2007 では図 2.8 のように操作を行えばよい。図 2.8 の①〜④までの操作を行うとグラフが作成され，自動的に「デザイン」タブが選択される。ここで⑤に示すように，「デザイン」タブ内の「データ」という箇所にある「行 / 列の切り替え」ボタンをクリックする。以上の操作によって作成されたグラフに，Excel 上で書式・デザイン等の設定を加えたものが図 2.9 である。

図 2.9 を見ると，学歴が上がるにつれて専業主婦の割合が大きくなるといった図 2.7 と同様の内容を，より視覚的に読み取ることができるだろう。この形のグラフを Excel では「100% 積み上げ縦棒」と呼んでいるが，一般的には「帯グラフ」ともいう。クロス集計表をグラフで示したいときには，この形のグラフを作成すると割合の変化を読み取りやすいし，スペースの消費も一定程度内に抑えられてよいだろう。

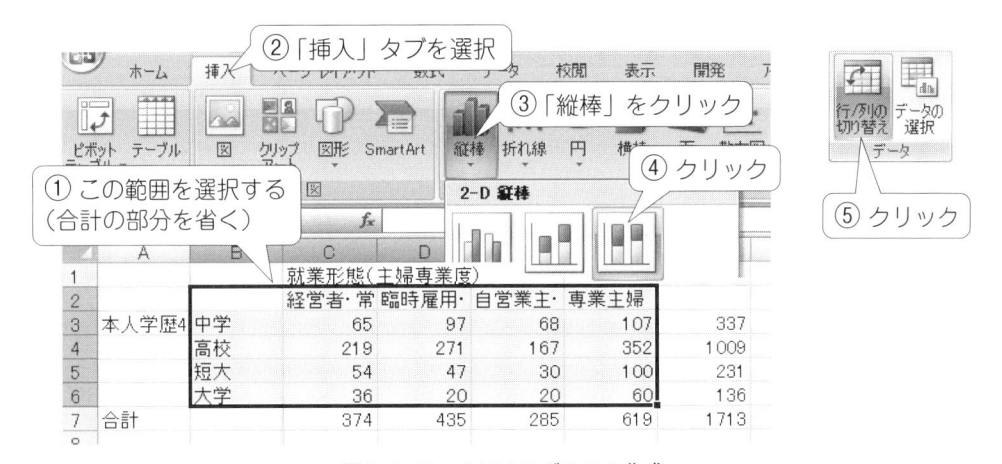

図2.8 Excel によるグラフの作成

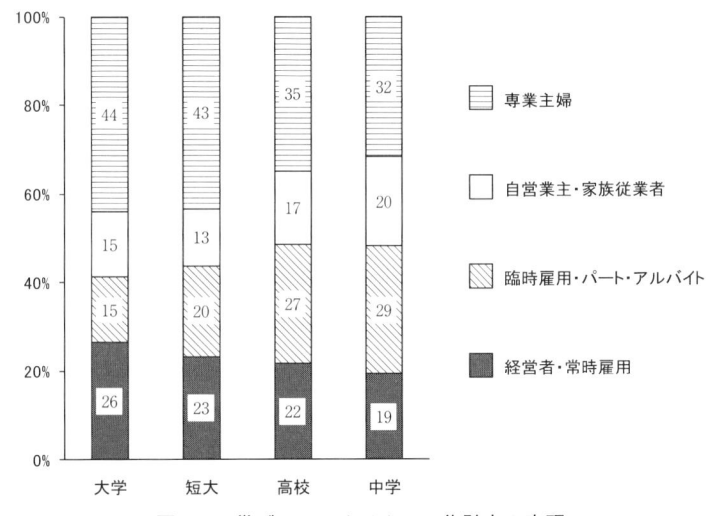

図2.9 帯グラフによるクロス集計表の表現

3.4 3重クロス集計表とエラボレーション

30代から50代までの有配偶女性全体を見ると，学歴が高いほど専業主婦の割合が高いことを図2.9および図2.7から確認できた。また，学歴と就業形態の関連の強さをあらわすCramerのVは.071であった。いよいよここから，年代別にサンプルを分割して，エラボレーションを行っていく。図2.1と同じ結果が得られるのを確認するとともに，関連の強さをあらわすCramerのVが変化するかどうかということにも注目してみよう。

実際の手順だが，すでに第1章でSRDQの「ケースの選択」機能を扱っているので，この機能を使って30代の人だけを取り出すといった方法でも，エラボレーションを行うことができる。ただ，クロス集計表に「年代」のような3つ目の変数を持ち込むことは，一般に「3重クロス集計」と呼ばれ，統計ソフトにはこの操作を簡単に行えるような機能が備わっていることが多い。もちろんSRDQでも3重クロス集計を行えるので，ここではケースの選択ではなく，

3重クロス集計の機能を使ってエラボレーションを行う。

3つ目の変数としては,「30代」「40代」といった値をもつ変数「年齢10歳ごと」があらかじめ準備されている。これを用いて3重クロス集計を行うには,図2.6の①～②の後に,Bの操作を行ってから③に進む。すなわち,「層」に3つ目の変数を加えるというBの簡単な操作で,3重クロス集計表を作成することができる。これによって図2.10のような結果が得られたはずである。

図2.10を見ればわかるように,3重クロス集計表というのは,3つ目の変数によってサンプルを分割したうえで,通常のクロス集計を行った結果のことである。「年齢10歳ごと」の値によってサンプルを分割し,30代の人だけでクロス集計を行った結果が上段に,40代の人だけの結果が中段に,50代の人だけの結果が下段に示されている。3つのクロス集計が行われているので,図2.10の下方には,カイ2乗検定の結果とCramerのVも3セット表示されている。CramerのVの値はいずれも.07程度であるので,年代別にサンプルを分割しても,学歴と就

本人学歴4分類 と 就業形態(専業主婦度)と 年齢10歳ごと のクロス表

年齢10歳ごと				就業形態(専業主婦度)				合計
				経営者・常時雇用	臨時雇用・パート・アルバイト	自営業主・家族従業者	専業主婦	
30代	本人学歴4分類	中学	度数	3	4	2	1	10
			本人学歴4分類の %	30.0%	40.0%	20.0%	10.0%	100.0%
		高校	度数	57	60	29	142	288
			本人学歴4分類の %	19.8%	20.8%	10.1%	49.3%	100.0%
		短大	度数	21	20	11	65	117
			本人学歴4分類の %	17.9%	17.1%	9.4%	55.6%	100.0%
		大学	度数	24	8	9	34	75
			本人学歴4分類の %	32.0%	10.7%	12.0%	45.3%	100.0%
	合計		度数	105	92	51	242	490
			本人学歴4分類の %	21.4%	18.8%	10.4%	49.4%	100.0%
40代	本人学歴4分類	中学	度数	27	36	18	28	109
			本人学歴4分類の %	24.8%	33.0%	16.5%	25.7%	100.0%
		高校	度数	104	143	77	116	440
			本人学歴4分類の %	23.6%	32.5%	17.5%	26.4%	100.0%
		短大	度数	28	20	9	29	86
			本人学歴4分類の %	32.6%	23.3%	10.5%	33.7%	100.0%
		大学	度数	10	8	7	16	41
			本人学歴4分類の %	24.4%	19.5%	17.1%	39.0%	100.0%
	合計		度数	169	207	111	189	676
			本人学歴4分類の %	25.0%	30.6%	16.4%	28.0%	100.0%
50代	本人学歴4分類	中学	度数	35	57	48	78	218
			本人学歴4分類の %	16.1%	26.1%	22.0%	35.8%	100.0%
		高校	度数	58	68	61	94	281
			本人学歴4分類の %	20.6%	24.2%	21.7%	33.5%	100.0%
		短大	度数	5	7	10	6	28
			本人学歴4分類の %	17.9%	25.0%	35.7%	21.4%	100.0%
		大学	度数	2	4	4	10	20
			本人学歴4分類の %	10.0%	20.0%	20.0%	50.0%	100.0%
	合計		度数	100	136	123	188	547
			本人学歴4分類の %	18.3%	24.9%	22.5%	34.4%	100.0%

図2.10 3重クロス集計表によるエラボレーション

業形態の関連が弱まっていないことを読み取れる。

　図2.10の内容を見ると，どの年代でも大学・短大卒といった学歴が高い人々の方が，専業主婦の割合が大きいことを読み取れる。ここから，年代別に分けることで，年代の影響を取り除いても，学歴と就業形態（専業主婦割合の大きさ）には関連があったことを確認できる。なお，例えば30代大学卒の人では専業主婦が45％，自営業主・家族従業者が12％といった数値が，すべて図2.1と一致していることを確認して欲しい。この結果を，前節に示した手順でグラフにしたものが図2.1である。

　次に，図2.2についても簡単に触れておこう。図2.2は就業形態と「男は仕事，女は家庭」意識とのクロス集計表に，3つ目の変数として学歴を，4つ目の変数として世代を持ち込んだものである。4つ目の変数まで持ち込む場合，1グループあたりのサンプルサイズが小さくなってしまいがちである。そこで学歴については4分類ではなく，大学・短大か高校・中学かという2分類の変数が用いられている。SRDQで図2.2と同じ分析を行うには，まず「ケースの選択」で30代の人だけを取り出して3重クロス集計を行えばよい。「行」に「就業形態」，「列」に「男は仕事，女は家庭（2分類）」，「層」に「学歴2分類」を指定する。そして40代の人だけ，50代の人だけを選択して同様に3重クロス集計を行えば，図2.2と同じ結果が得られる。

　以上に行ってきた技法の解説と分析シミュレーションからもわかるように，本章で取り上げた木村（2000）の分析は，決して統計学的な意味で高度なものではない。そうした基本的な技法を用いながらも，この研究が論文として成り立っているポイントは，エラボレーションを行いつつ丁寧に分析を進めていることと，優れた理論的解釈とにある。なぜそんな結果になったのか，容易には説明できないような分析結果に着目したうえで，「労働市場の分断のもとでの合理的選択と認知的不協和」という優れた理論的解釈を示したからこそ，論文となったのである。

　なお，ここで少し違う角度から見ると，なぜそんな傾向が生じるのか一見「不思議」な結果に出会えたならば，それは，理論的洞察を活かして論文を書くチャンスなのかもしれない。「なるほど」「予想通り」という結果よりも，「なぜだろう」と頭を抱えてしまうような分析結果の方が，理論的な発見につながる可能性が高い。そうした「不思議」な結果に出会えたなら，いたずらに技法の高度化を目指すだけでなく，先行研究を幅広く整理しつつ，理論的な解釈を試みるとよいだろう。

4　課　題

4.1　復習と確認

1. 図2.10の結果をもとに，Excelを用いて図2.1と同様のグラフを作成してみよう。
2. サンプル全体で，就業形態と性別役割意識の関連を確認してみよう。「行」に「就業形態（主婦専業度）」を，「列」に「男は仕事，女は家庭」を選んでクロス集計を行うことで確認できる。

3．SRDQ上でのエラボレーションによって，図2.2と同様の分析結果が得られることを確認しよう。

4.2 エラボレーションの応用

1. 学歴が低い人の方が，自民党を支持する割合が大きいことを確認しよう。「行」に「本人学歴2分類」を，「列」に「自民党支持」を選んでクロス集計を行うことで確認できる。
2. 15歳時に家に冷蔵庫がなかった人の方が，自民党を支持する割合が大きいことを確認しよう。「行」に「15歳時の冷蔵庫」を，「列」に「自民党支持」を選んでクロス集計を行うことで確認できる。
3. なぜ上記のような関連が生じるのか，少しの間考えてみよう。学歴が高くなると，なぜ自民を支持しなくなるのだろうか。また，15歳時に家に冷蔵庫があることは，何を示すのだろうか。生まれた家の裕福さだろうか。
4. 年代を使ってエラボレーションを行い，上記2つの関連がいずれも擬似的なものであったことを確認しよう。「層」に「年齢10年ごと」を選択すると，（ケース数が極端に少ないところを除いて）行ごとの割合の差がわずかなものになり，関連の強さをあらわすCramerのVも小さくなること確認できる。ここから，学歴も15歳時の冷蔵庫も，自民党支持と直接の関連はなく，世代の差がもたらした擬似的な関連であったことがわかる。※ただし以上の結果はSSM95における30代から50代までの既婚女性についてのものである。

参考文献

木村邦博，1998，「既婚女性の学歴・就業形態と性別役割意識」尾嶋史章編『1995年SSM調査シリーズ14 ジェンダーと階層意識』1995年SSM調査研究会，23-48。

木村邦博，2000，「労働市場の構造と有配偶女性の意識」盛山和夫編『日本の階層システム4 ジェンダー・市場・家族』東京大学出版会，177-192。

中井美樹・赤地麻由子，2000，「市場参加／社会参加——キャリア・パターンの多様性とその背景」盛山和夫編『日本の階層システム4 ジェンダー・市場・家族』東京大学出版会，111-128。

尾嶋史章，2000，「『理念』から『日常』へ——変容する性別役割分業意識」盛山和夫編『日本の階層システム4 ジェンダー・市場・家族』東京大学出版会，217-236。

田中重人，2000，「性別役割分業を維持してきたもの——郊外型ライフスタイル仮説の検討」盛山和夫編『日本の階層システム4 ジェンダー・市場・家族』東京大学出版会，93-110。

（樋口 耕一）

第3章
移動表の分析とログリニア・モデル

> 【研究事例】
> 原純輔・盛山和夫, 1999, 『社会階層』東京大学出版会。

1 社会移動に対する関心

　本章では，社会学における伝統的な研究テーマの1つである世代間社会移動の分析を取り上げ，その研究分野と密接な関連をもつログリニア・モデル（対数線形モデル）について解説する。

　日常の世界で「移動」というと，人やモノが地理的な空間を移動することをさしているが，社会学では，人々が社会的地位を上昇したり，下降したりすることを社会移動（social mobility）と呼んでいる。社会移動は，個人のキャリアでの地位の変化をとらえる世代内移動と親子間での地位の異同を問題にする世代間移動に大別することができる。特に後者の世代間移動を分析するための手法として移動表分析が発展してきた。

　現代社会では，人の生育環境によって社会的地位の獲得機会が制約されてはならないと考えられている。現代のように産業や交通が発達すると，たしかに地域間の移動だけでなく，社会的地位における人々の移動も活発となってくる。しかし，それによって社会的地位の獲得機会が自動的に平等化するわけではない。社会学の移動研究は，事実としての移動の多さをあらわす「流動性」とは区別された意味で，社会の「開放性」（移動機会の平等性）を定義し，世代間移動を国ごとに，あるいは歴史的に比較して，その状態を測定・評価してきたのであった。

　移動研究が注目する社会的地位は，職業，学歴，所得，財産，社会的威信などの多くの要素で構成されている。したがって，原理的には所得移動や学歴移動などいろいろな種類の世代間移動が考えられるが，実際の移動研究では，親と子の職業を比較するのが一般的となっている。それは第一に，職業が社会的活動の中心として位置づき，人々の生活機会に長期にわたって多様な影響を及ぼしているからである。第二に，職業であれば1回の調査からでも正確な情報が容易に入手できるという利点がある。実際，親の職業を答えることは難しくないが，親の収入や財産について尋ねられても正確に答えることはできない。こうした地位指標としての妥当性と情報の精度から，職業を比較するのがもっとも合理的であるとみなされている。

　このように親と子の職業に注目することから，社会の「開放性」は前近代社会の一般的なイメージである職業世襲の状態からどれだけ離脱したかという形で検討されている。江戸時代のように身分制のもと，職業世襲が当たり前の社会なら，職業移動の自由が乏しいので，社会の開放性は相当に低いとみなされる。明治以降の日本社会が江戸時代に比べて世代間移動の開放

性を高めたのはあきらかだろう。では，19世紀よりも20世紀，さらに20世紀よりも現代の21世紀と，時代が進むほど社会の開放性が高まってきたとみてよいだろうか。あるいは，アメリカや中国など体制や慣習の異なる世界の国々と比べて，現在の日本社会の開放性は高いだろうか，低いだろうか。

こうした関心から，世界各国で同じように調査対象者とその親について職業や学歴を問う調査が繰り返し実施され，20世紀の半ばから今日まで共通の分析枠組みで，世代間移動が調査・分析されてきたのであった。日本では，1955年から2005年までの6回にわたる「社会階層と社会移動全国調査」（SSM調査）がこの問題に取り組んできた。社会学の計量的分析は，こうした移動研究を通して発展してきたといっても過言ではない。パス解析やログリニア・モデルといった技法も，この分野の研究関心に応える目的で導入され，移動データの吟味を通して社会調査データを扱う一般的な方法として彫琢されてきたといえる（Blau and Duncan 1967, Featherman and Hauser 1978, Erikson and Goldthorpe 1992）。なによりも，単純な分析枠組みでありながら社会構造について重要な情報が引き出せること，定型的なデータの蓄積から本格的な趨勢分析や国際比較が可能なことが，この研究分野の大きな魅力となっている。

以下では，まず移動表の傾向を要約する伝統的な移動指標を取り上げ，つづいてログリニア・モデルを用いた近年の移動表分析について解説する。

2　社会移動表の分析

2.1　現実の移動表

社会移動の研究は，通常，表3.1のような移動表（mobility table）の分析をもとに進められる。まずこの表の読み方について説明しよう。

これは2005年SSM調査から作成されたもので，2005年の調査時点における対象者（20-69歳男子）の現在の職業と父親の主な職業が組み合わせられている（三輪・石田 2008）。職業分類はSSM総合8分類が使用されており，それは専門職（専門），大企業に勤めるホワイトカ

表3.1　世代間移動表（2005年SSM調査）

父職業	本人現職								
	専門	大W	小W	自W	大B	小B	自B	農業	計
専門	60	25	16	5	6	10	2	3	127
大W	43	78	43	8	19	25	17	2	235
小W	19	29	32	11	7	33	4	4	139
自W	32	40	30	91	10	39	20	3	265
大B	12	20	11	7	19	25	3	5	102
小B	25	42	36	12	49	115	19	7	305
自B	31	43	30	19	21	51	83	4	282
農業	25	60	41	27	29	147	42	98	469
計	247	337	239	180	160	445	190	126	1924

ラー（大W），中小企業に勤めるホワイトカラー（小W），ホワイトカラーの自営業（自W），大企業に勤めるブルーカラー（大B），中小企業に勤めるブルーカラー（小B），ブルーカラーの自営業（自B），農業（農業）の8つである。表側の行変数が親の職業（出身階層に対応する），表頭の列変数が対象者本人の現在の職業（到達階層とみなせる）である。

たとえば，この表の1行目からは，親が専門職であった者のうち子も専門職についている者が47.2%（60/127），同じ出身で大企業ホワイトとなった者が19.7%（25/127），中小企業ホワイトが12.6%（16/127），……といった親と子の職業対応について読み取ることができる。そうした対応で特に重要な意味をもつのは，親の職業と子の職業が一致する（つまり親と子どもが同じ職業に就いている）対角線上のセル（網掛け部分）である。この主対角のセルに度数が集中すればするほど，職業の世代間継承性が強く，世代間の流動性は低いとみなされる。そこで，もっとも単純な移動指標として（1）の粗移動率（事実移動率）が定義される。粗移動率は全セル度数に占める移動者の割合である。

$$\text{粗移動率} = \frac{N - \sum_{i=1}^{I} f_{ii}}{N} \qquad (1)$$

通常，第 i 行，第 j 列に対応するセル度数は添え字 i, j を用いて f_{ij} とあらわされる。たとえば1行2列目，すなわち父職業が専門で，本人現職が大Wである人は，25人であり，それを $f_{12} = 25$ とあらわす。ただし，粗移動率を計算するには対角セルのみあれば十分なのでここでは f_{ii} と表記している（$f_{11} = 60$，$f_{22} = 78$ である）。I は全カテゴリー数で，ここでは総合8分類を用いているため $I = 8$ である。また，行と列の周辺度数は $f_{i\cdot}$，$f_{\cdot j}$ といった形であらわされる（$f_{i\cdot} = \sum_{j=1}^{I} f_{ij}$，$f_{\cdot j} = \sum_{i=1}^{I} f_{ij}$ であり，より具体的には $f_{1\cdot} = 127$，$f_{\cdot 1} = 247$ である）。行および列の総和は $f_{\cdot\cdot}$ とあらわせるが，それは全体のサンプル数であるのでここでは N と表記している。

また，各セル度数の行周辺度数に占める割合と列周辺度数に占める割合をそれぞれ出移動率（outflow rate），入移動率（inflow rate）と呼ぶ。主対角線上の非移動セルにおけるこれらの指標は，それぞれ同職率および世襲率として移動研究では特別な意味が与えられている。

$$\text{出移動率} = \frac{f_{ij}}{f_{i\cdot}} \qquad (2a), \qquad \text{入移動率} = \frac{f_{ij}}{f_{\cdot j}} \qquad (2b)$$

たとえば，表3.1の専門職に注目すると同職率（出移動）は47.2%（60/127）となる。半数近くの子が親と同じ専門職についていることから，現代の職業移動の様子をとらえたものとしてはかなり閉鎖的な印象を受ける。しかし，専門職の世襲率（入移動）をみると24.3%（60/247）に過ぎず，子の世代で専門職についている人の4人に3人が他の職業層の出身者であることがわかる。これとは対照的に農業の場合は同職率が20.9%（98/469），世襲率が77.8%（98/126）となる。当然のことながら農業の方が他からの参入者が少ないという意味でずっと閉鎖的である。

つぎに注目したいのは，それぞれの職業カテゴリーが拡大傾向にあるか，それとも縮小傾向

にあるかの違いである。これは行と列の周辺度数を比較して判断される。たとえば，農業は親の周辺度数が全体の24.4％（469/1924）を占めるのに対し，子の周辺度数は全体の6.5％（126/1924）でしかないので明らかに縮小カテゴリーである。つまり，親の時代には24％の人々が農業に従事しており，農業は主要な産業の1つであったが，第二次産業や第三次産業の発展にしたがって，工場で働くブルーカラー労働者や会社で働くホワイトカラー労働者が増加し，子どもの世代では，農業従事者が6.5％まで低下したのである。したがって，社会全体の職業分布（たとえば農業従事者の割合）が個人の職業選択に先立って与えられているとするなら，すなわち社会の側の条件によって就業可能な職業のサイズが決まっているとするなら，子どもの世代における126人の農業従事者枠を親が農業の人たちが独占したとしても，残りの343人は必ず他の職業に転出していかなければならない。主な転出先となるのは専門職やホワイトカラーの拡大カテゴリーである。拡大カテゴリーでは，縮小カテゴリーである農業の場合とは逆に，かりに子全員が親と同じ職業に就いたとしても周辺度数にあらわれた社会の必要数を満たすことができず，他の出身層からも一定数を吸収しなければならない。

このように周辺度数の変化によって必然的に生じる移動は構造移動（強制移動）と呼ばれ，(3)のように定義される。

$$\text{構造移動率} = \frac{\sum_{i=1}^{I} |f_{i\cdot} - f_{\cdot i}|}{2N} \tag{3}$$

縮小カテゴリーからは一定数の構造的流出が，拡大カテゴリーには一定数の構造的流入が生じるが，その規模は周辺度数の絶対差から評価することができる。すべての職業カテゴリーについてその差を合計すると構造移動による流出量と流入量が2重に数えられることになるので，式の分母には2が加えられている。なお，この定義式は，親の職業分布と子の職業分布について非類似性指数ID（Index of Dissimilarity）を求めるのと同じである。

20世紀後半の日本社会のように急激な産業化を経験した社会は，世代間移動でみるときわめて流動的な様相を呈する。しかし，ここでの移動の多くは産業構造の変化によっていわば強制的に引き起こされたものであるため，流動性の増大がただちに社会の開放性を意味するわけではない。開放性を評価するには，全体の移動（粗移動）から構造移動に対応する部分を取り除く必要がある。これを循環移動（または交換移動）と呼ぶ。机上の計算であるが，構造移動のみが生じた状態を出発点とし，そこからさらに移動が発生していくとしたら，それは対角セルから非対角セルに度数が流出していく場合に限られる。周辺度数を一定に保ちながらそうした流出が可能となるのは，複数の職業カテゴリーの間で移動事象が交換的，あるいは3つ以上の職業カテゴリーの間で循環的に生じる場合である。

$$\text{循環移動率} = \frac{\sum_{i=1}^{I} \{\min(f_{i\cdot}, f_{\cdot i}) - f_{ii}\}}{N} \tag{4}$$

循環移動率の定義式は(4)のようにあらわされる。これは $\sum[\max(f_{i\cdot}, f_{\cdot i}) + \min(f_{i\cdot}, f_{\cdot i})]$

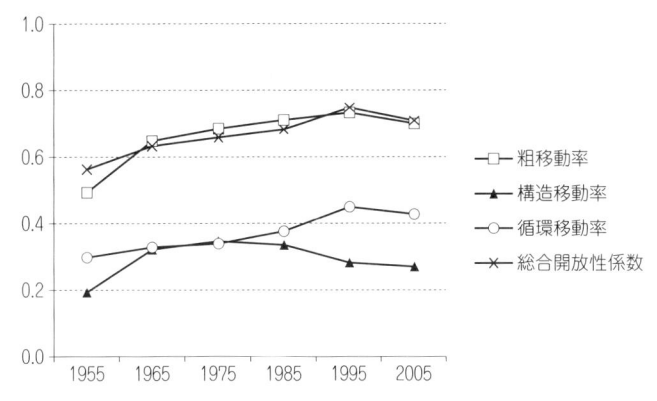

図3.1　各種の移動指標の推移（SSM調査1955–2005年より）

$=2N$ の関係を利用して（3）の絶対値を外し，（1）から引いただけに過ぎない。

他方，安田三郎（1971）はこの循環移動を（強制移動という不純物が混じらないという意味で）純粋移動と呼び，それをもとに（5）の開放性係数（Y係数）を考案している。ここで分母に置かれたのは，出身（父職）と到達（子職）が完全に無関連であるときに期待される循環移動量である。移動研究では，その状態を完全移動（perfect mobility）と呼ぶ。F_{ii} は独立性の検定で用いられる期待度数（$F_{ii}=f_{i\cdot}\,f_{\cdot i}/N$）である。

$$総合開放性係数 = \frac{\sum_{i=1}^{I}\{\min(f_{i\cdot},\,f_{\cdot i}) - f_{ii}\}}{\sum_{i=1}^{I}\{\min(f_{i\cdot},\,f_{\cdot i}) - F_{ii}\}} \tag{5}$$

安田は完全移動を近代社会の理想状態をあらわすとみなし，現実がその状態にどこまで到達しているかを評価しようとしたのだった。そうした規範的な観点は多くの不平等指数に共通にみられるものといえる。なお，開放性係数は個々の階層分類 i に対しても定義することが可能で，そこでも理想状態からの乖離という同じ意味が与えられる（詳しくは原・盛山（1999）を参照）。

2.2　世代間移動のトレンド

6時点のSSM調査について，これまで説明してきた移動指標の推移をグラフにしたのが図3.1である。

これによると，粗移動率，循環移動率，総合開放性係数がほぼ同じトレンドを示し，1955年から1995年まで上昇ぎみに推移してきたのがわかる。これに対して構造移動率は1975年をピークに減少に転じている。これは，高度成長期を通して第一次産業から第二次・第三次産業への構造転換がほぼ完了し，それ以降，農業就業者の規模が世代的に安定してきたからである。

開放性係数 Y を考案した安田は，近代化仮説に与しつつ「純粋移動は少なくとも近代以降においては，徐々にではあっても増大の方向に向っている」と述べている（安田 1971，p. 191）。ひとたび強制移動によって社会移動が生じると，身分社会の秩序が破壊されて社会移動を肯定する価値体系を育み，それが純粋移動に対する人々の要求を高め，強制移動がピークをすぎて

も開放性係数を増大させるからだというのがその理由である。2005年の結果をみると，1995年までに比べて純粋移動が構造移動とともに減少し，安田の予想を裏切っているようにみえるが，はたしてどうだろうか。

3　移動表分析とログリニア・モデル

3.1　オッズ比と相対的移動

　安田の開放性係数のアイデアは世界の移動研究者の注意をひき，世代間移動の評価において周辺度数が重要な意味をもつことに気づかせた。しかし，彼が提案した指標も定義のなかに周辺度数が含まれている以上，その影響を免れることはできない。実際，Y係数の分母は周辺度数のみで定義されており，明らかに社会の職業構造の変化に影響されやすいと想像できる。つまり，図3.1にあらわされたグラフの傾向は職業構造の変化を多分に反映したもので，社会の開放性を正しくとらえていないのではないかという疑念がつきまとうのである。これは移動指標による伝統的アプローチに共通の問題といえる。

　この問題を回避するために，1980年代以降の移動研究ではログリニア・モデルによる分析が好んで行われるようになった。その方法を紹介する前に，まずはログリニア・モデルと関係の深いオッズ比についてみておく必要がある。

　オッズ比は基本的に2×2のクロス表に対して定義される関連の指標であり，前の添字を行，後ろの添字を列の番号としてつぎのようにあらわされる。

$$\theta = \frac{f_{11}/f_{12}}{f_{21}/f_{22}} = \frac{f_{11}f_{22}}{f_{12}f_{21}} \tag{6}$$

移動表についても，任意の行（iとk）と列（jとl）についてこれと同じようにオッズ比を定義することができる。

$$\theta_{ij,kl} = \frac{f_{ij}f_{kl}}{f_{il}f_{kj}} \tag{7}$$

この指標は，世代間移動の文脈で具体的につぎのような意味をもっている。

$$\text{オッズ比} = \left(\frac{\text{出身}i\text{の人が到達}j\text{に属する確率}}{\text{出身}i\text{の人が到達}l\text{に属する確率}} \Big/ \frac{\text{出身}k\text{の人が到達}j\text{に属する確率}}{\text{出身}k\text{の人が到達}l\text{に属する確率}} \right)$$

先に説明した完全移動の状態であれば分母と分子は等しくなり，オッズ比は1となる。それに対して出身iの方が出身kよりも，到達jとlの比較で，ずっと到達jになりやすければオッズ比は1よりも大きくなる。少し煩雑であるが，オッズ比による把握が移動機会の状況をとらえているのは間違いないだろう。さらに，社会の開放性を体現しているとされる純粋移動は，概念的に「周辺度数の影響（構造移動）を取り除いた後のセルどうしの交換的あるいは循環的な移動」と理解されるので，このオッズ比による把握が適合している。そこでは，周辺度数の変化の影響を免れたセルどうしの関係がとらえられているとみなせるのである。実際，オッズ比の構造から，行iに属するセルを一律にa倍，列jに属するセルを一律にb倍してもオッズ

比はもとのままにとどまる。

$$\theta_{ij,kl} = \frac{(ab \cdot f_{ij})f_{kl}}{(a \cdot f_{il})(b \cdot f_{kj})} = \frac{f_{ij}f_{kl}}{f_{il}f_{kj}}$$

移動研究者たちはオッズ比がもつこの性質に注目し、世代間移動を評価するときは周辺度数の変化に影響を受ける移動率の差や比ではなくオッズ比を用いるべきだと考えるようになり、オッズ比でとらえた移動の様子を「相対的移動」(relative mobility) の言葉で概念化するようになった。なぜならオッズ比は、先に示したように社会移動の文脈において出身階層による有利・不利を相対的に評価する指標だからである。ここから、移動表に現われたさまざまな関係をオッズ比で表現し、それをログリニア・モデルで定式化するといった研究スタイルが確立されてくることになる。実際、つぎにみるログリニア・モデルの λ パラメータは、このオッズ比と1対1の対応関係をもつようにつくられている。

3.2 移動表におけるログリニア・モデルの定式

ログリニア・モデルは、クロス表のセル度数(対数変換が施される)に関する理論度数を各種の効果パラメータの和として表現する方法で、たとえば移動表のような2元クロス表であれば式 (8a) のようにあらわされる。なお、O は出身階層 (Origin)、D は到達階層 (Destination) を意味する。F はモデルの期待度数(理論度数)である。

$$\log F_{ij}^{OD} = \lambda + \lambda_i^O + \lambda_j^D + \lambda_{ij}^{OD} \tag{8a}$$

$$\log F_{ij}^{OD} = \lambda + \lambda_i^O + \lambda_j^D \qquad (H_0 : \lambda_{ij}^{OD} = 0) \tag{8b}$$

λ_i^O は出身 i にのみ関係する効果パラメータ、λ_j^D は到達 j にのみ関係する効果パラメータ、λ_{ij}^{OD} は出身と到達の関連に対応する交互作用パラメータである。各々、推定上の理由から $\sum_i \lambda_i^O = 0$、$\sum_j \lambda_j^D = 0$、$\sum_i \lambda_{ij}^{OD} = \sum_j \lambda_{ij}^{OD} = 0$ の条件が付される。また、添字のない λ は全体平均に対応するパラメータである。

(8b) のように、交互作用パラメータがすべて 0 であると仮定できるなら、そのときの移動の様子は完全移動の期待に一致するものとなる。なぜなら、どのセルの組合せをとっても対数オッズ比はつぎのように 0 となるからである。

$$\log \theta_{ij,kl} = \log \frac{F_{ij}F_{kl}}{F_{il}F_{kj}} = (\lambda + \lambda_i^O + \lambda_j^D) + (\lambda + \lambda_k^O + \lambda_l^D) - (\lambda + \lambda_i^O + \lambda_l^D) - (\lambda + \lambda_k^O + \lambda_j^D) = 0$$

逆に、完全移動からの逸脱は交互作用パラメータによって評価され、そのときのオッズ比はつぎの (9) であらわされる。

$$\log \theta_{ij,kl} = \log \frac{F_{ij}F_{kl}}{F_{il}F_{kj}} = (\lambda_{ij}^{OD} - \lambda_{il}^{OD}) - (\lambda_{kj}^{OD} - \lambda_{kl}^{OD}) \tag{9}$$

到達 j と l の比較で、出身階層 i の方が出身階層 k よりも到達 j になりやすい関係があれば、この値は正となり、推定される交互作用パラメータもその関係に見合うものとなる。このように、すべての交互作用を仮定したモデルは飽和モデル (saturated model) といい、理論度数が観測度数に一致する。他方、交互作用の存在を仮定しないモデルは不飽和モデルという。不

飽和モデルは交互作用効果を検定する際の帰無仮説（$H_0 : \lambda_{ij}^{OD} = 0$）として利用される。

こうして，移動表分析の関心はログリニア・モデルの普及とともに周辺度数の分布の違い（λ_i^O と λ_j^D）を考慮したうえで，セルどうしの関係（λ_{ij}^{OD}）を吟味するという方向に移っていった。ただし，(8a) を i または j で合計してみればわかるように，λ_i^O と λ_j^D は対応する行または列の周辺度数に一致するわけではない。それは，同じ行または列に属するセル度数の和ではなく積に関連するのである。したがって，ログリニア・モデルによる移動表分析は，厳密にいえば安田のいう強制移動の概念を継承しているわけではない。従来の移動表分析とは異なる多様で柔軟なアプローチが可能となることから，そうした意味の違いを棚上げして新しいパラダイムに移行したのである。

4　移動表に関する諸仮説

4.1　出身と到達の関連に関する仮説

ログリニア・モデルによる移動表の分析は，交互作用パラメータ λ_{ij}^{OD} に対して理論仮説を表現することにより行われる。交互作用項をすべて0とした完全移動はもっとも単純な仮説といえる。実際には，完全移動と飽和モデル（観測度数に一致）の間にさまざまな関連パターンを仮定しつつ移動表分析が行われる。仮説として検討される，代表的な関連パターンを図で示そう（便宜的に4×4の移動表としている）。

ここでは完全移動以外に，カテゴリーの序列を仮定しないで検討できる3つの代表的な仮説を示している。1つは擬似独立性（quasi-independence）の仮説で，対角セルを除外すれば出身と到達の間には何の関連もないと仮定するものである。2つめのブロック独立性は，移動表全体に集合的な構造があり，ブロックを適切に区別すればブロック内のセルどうしは統計的に独立であると仮定している（観点を換えるなら，ブロック間に明確な移動障壁があるとの仮定になる）。3つめの擬似対称性（quasi-symmetry）は，周辺度数の違いを考慮したなら出移動と入移動の大きさは同じであるとする仮説である。この仮説のように対角セルを意図的に除外してクロス表を扱うときに「擬似」（quasi）の表現が用いられる。

表3.1の世代間移動表に対してこれらの仮説に対応するログリニア・モデルを当てはめ，観

1	1	1	1
1	1	1	1
1	1	1	1
1	1	1	1

完全移動

	1	1	1
1		1	1
1	1		1
1	1	1	

擬似独立性

1	1	2	2
1	1	2	2
3	3	4	4
3	3	4	4

ブロック独立性

	1	2	3
1		4	5
2	4		6
3	5	6	

擬似対称性

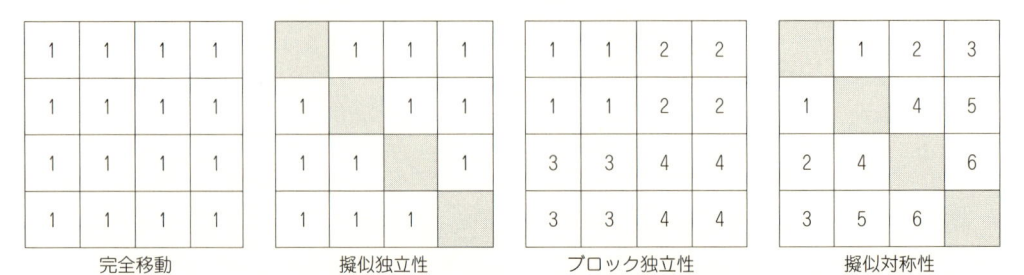

図3.2　移動表に関する諸仮説と λ_{ij}^{OD} パラメータのパターン

（注）数字は交互作用パラメータを識別するためのもので，それ以上の意味はない。番号の最大値から1を引いたものが相互作用パラメータの個数となる。網掛けのセルは分析において考慮されないことをあらわす。

表3.2 仮説に対応するログリニア・モデルの適合度（N＝1,924）

	モデル	G^2	df	p	ID
M_1	完全移動モデル	717.1	49	0.00	0.229
M_2	擬似独立モデル	157.0	41	0.00	0.094
M_3	ブロック独立モデル	480.1	46	0.00	0.187
M_4	擬似対称モデル	33.6	21	0.04	0.034

（注） ID は非類似性指数。

測度数との間の適合をみてみよう。

　表3.2がその結果をまとめたものである。まず，G^2 は尤度比統計量といい，モデルによる理論度数（F_{ij}）と観測度数（f_{ij}）との乖離を次の定義式で測定したものである。

$$G^2 = 2\sum_{i=1}^{I}\sum_{j=1}^{J} f_{ij} \ln\left(\frac{f_{ij}}{F_{ij}}\right) \tag{10}$$

　G^2 は漸近的に各自由度の χ^2 分布に従うとされ，そのときのモデルの自由度が「全セル数－自由パラメータ数」で与えられる。M_1 の完全移動モデルの自由度は，全セル数64（8×8）からパラメータ数15（λ が1，λ_i^O と λ_j^D が各7）を引いた49である。自由度49の χ^2 分布に照らして $G^2 = 717.1$ は出現確率（p）がほとんど0であり，完全移動の仮説はデータにまったく当てはまっていない。非類似性指数の値も0.229と大きく，全サンプルの22.9％を動かさなければ理論度数と観測度数を一致させることができないことを示している。

　つぎに，その状態から8つの対角セルに対して交互作用パラメータ λ_{ii}^{OD} を追加したのが M_2 の疑似独立モデルとなる。このモデルは，自由度を8減らしただけで $\Delta G^2 = 560.0$ と適合度を大幅に改善している。(2)このことから移動表における関連の中心が対角セルにあることが改めて確認される。M_3 のブロック独立モデルは出身と到達に同じ集合的構造を仮定するものだが，ここでは単純にホワイトカラー層とブルーカラー層の2分割で検討している。追加した交互作用パラメータは3つだけだが，これも完全移動モデルに比べて適合度を大幅に改善している（自由度3に対し，$\Delta G^2 = 236.9$）。

　最後に，M_4 の擬似対称モデルは適合度検定では5％水準で棄却されるものの，非類似性指数 ID はわずかに3.4％と，相対的にあてはまりのよいモデルとなっている。また，この疑似対称モデルは疑似独立モデルと比べても適合度を有意に改善している（自由度20に対し，$\Delta G^2 = 123.4$）。表3.1の移動表は少しも対称的にみえないが，それは各セル度数に親と子の周辺度数の違いが反映されているからである。その影響を取り除いてやれば（つまり λ_i^O と λ_j^D によって構造移動に関係する成分が除去されたとしたら），セルどうしの関係はかなり対称的な構成になっているとみてよいことを，この結果は示している。

4.2　関連の趨勢に関する仮説

　今度は，複数の移動表を比較する場面をとりあげよう。時点間で趨勢分析を行ったり，複数の国の調査データから国際比較を行ったりする場合である。そこでは3次元のクロス表がつく

られるが，ログリニア・モデルの定式には（11a）に示すように3次の交互作用効果をあらわす λ_{ijk}^{ODT} が加えられる。それは出身と到達の関連が第3変数 T の水準で異なるという意味になる。この交互作用が（11b）のように0であるときは，出身と到達には一定の関連（λ_{ij}^{OD}）が存在するが，その関連のパターンは第3変数 T の水準で同じであるという意味になる。そのモデルは，移動研究の文脈で社会流動性不変（Constant Social Fluidity: CnSF）モデルと呼ばれている。変数 T が時点をあらわす場合は，出身と到達の関連に時間的な変化がないという主張になり，変数 T が国をあらわす場合は，どの国の移動表も周辺構成の差異を考慮すれば出身と到達の関連はまったく同じだという主張になる。

$$\log F_{ijk}^{ODT} = \lambda + \lambda_i^O + \lambda_j^D + \lambda_k^T + \lambda_{ik}^{OT} + \lambda_{jk}^{DT} + \lambda_{ij}^{OD} + \lambda_{ijk}^{ODT} \tag{11a}$$

$$\log F_{ijk}^{ODT} = \lambda + \lambda_i^O + \lambda_j^D + \lambda_k^T + \lambda_{ik}^{OT} + \lambda_{jk}^{DT} + \lambda_{ij}^{OD} \quad \left(H_0: \lambda_{ijk}^{ODT} = 0\right) \tag{11b}$$

他方，この2つの式の中間で探索される代表的なモデルとして一様差異（Uniform Difference: Unidiff）モデルがある（Erikson and Goldthorpe 1992; Breen ed. 2004）。このモデルの意味は，出身と到達の関連パターンは同じだが，その強度が第3変数 T の水準で異なるというものである。その仮説は，つぎの式（12）であらわされる。x_{ij}^{OD} が T のすべての水準に共通の関連パターン，β がその強度である。

$$\log F_{ijk}^{ODT} = \lambda + \lambda_i^O + \lambda_j^D + \lambda_k^T + \lambda_{ik}^{OT} + \lambda_{jk}^{DT} + \beta_k x_{ij}^{OD} \tag{12}$$

これらのモデルをもとに，1955年から2005年 SSM 調査の6つの世代間移動表を用いて趨勢分析を行ってみよう。原・盛山（1999）では，調査時点とコーホートの重なりをなくすために調査対象を25〜34歳に限定した分析が行われた。また，そのようにするとサンプル数が少なくなるので，職業はホワイトカラー（専門，管理，事務），グレーカラー（販売，サービス），ブルーカラー，農業の4分類としている。彼らの結論は，「日本社会の世代間移動の構造は基本的に変化していない」というものであった。これと同じ条件で，ログリニア・モデルによる趨勢分析を行ってみよう。

表3.3が，ログリニア・モデルにより趨勢を吟味した結果である。出身と到達に何の関連も仮定しない M_1 の独立モデルは非現実的なモデルであり，分析の出発点に過ぎない。そのモデルに，すべての時点に共通の交互作用パラメータ λ_{ij}^{OD} を追加した M_2 の CnSF モデルは，適合度を大幅に改善している。この CnSF モデルは，移動研究において特別な意味が与えられている。実際，この3，40年に行われた移動表の趨勢分析や国際比較分析は，かつての近代化仮説や産業化仮説が予測した開放性の高まりを見出すことができず，出身と到達の関連が長期にわたり安定していることを繰り返し確認してきた。その発見を支えたのが，「出身 i による到達 j への移動機会はどの時点でも同じである」とする，この CnSF モデルである。[3]

他方，CnSF モデルが適合しないときに検討されるのが，つぎの Unidiff モデルである。それは，出身と到達の関連が変化していることを認めつつ，その変化にできるだけ単純なパターンを与えようとするものである。その分析が，CnSF に近いところで現実を記述しようとしていることはいうまでもない。実際，このときのオッズ比の変化は式（13）のようにあらわされ，オッズ比の違いは関連の変化ではなく全体の強度の変化からもたらされていると解釈される。

第3章 移動表の分析とログリニア・モデル

表3.3 ログリニア・モデルによる趨勢分析の結果（N=2,854）

モデル		G^2	df	p	ID	ΔG^2	p
M_1	独立モデル	1638.2	84	0.000	0.290		
M_2	CnSF モデル	60.8	45	0.058	0.045		
M_3	Unidiff モデル（直線）	55.3	44	0.118	0.042	5.5	0.02
M_4	Unidiff モデル（時点）	51.0	40	0.115	0.040	9.8	0.08
	Unidiff パラメータ						
	直線変化	-0.051					
	時点ごと	1955	1965	1975	1985	1995	2005
		1.000	0.822	0.728	0.754	0.777	0.716

（注） ΔG^2 は M_2 との比較。ID は非類似性指数。

$$\log\left(\frac{F_{ijk}^{ODT}/F_{ij'k}^{ODT}}{F_{i'jk}^{ODT}/F_{i'j'k}^{ODT}} \bigg/ \frac{F_{ijk'}^{ODT}/F_{ij'k'}^{ODT}}{F_{i'jk'}^{ODT}/F_{i'j'k'}^{ODT}}\right) = (\beta_k - \beta_{k'})(x_{ij}^{OD} - x_{i'j}^{OD} - x_{ij'}^{OD} + x_{i'j'}^{OD}) \tag{13}$$

表3.3によると，M_2 の CnSF モデルは統計的な基準で十分な適合度を示しており，流動性不変仮説がここでも当てはまるようである。しかし，出身と到達の関連について強度の変化を仮定した M_3 の Unidiff（直線）をみると，CnSF モデルとの比較において，自由度1で $\Delta G^2 =$ 5.5と統計的に有意な改善が認められる。したがって，この間に出身と到達の関連のパターンに変化がなかったとしても，その強度については傾向的に変化してきたとみなしてよさそうである。強度パラメータの値は -0.051 であるので，関連は徐々に低下してきたという解釈になる。

さらに，M_4 の Unidiff（時点）は，強度の変化が6つの時点で異なると仮定した場合である。これも適合度を改善するが，M_3 と比較すると，自由度4で $\Delta G^2 = 4.4$ とわずかな変化でしかない。したがって，そうした複雑な変化を仮定するよりも，1つのパラメータで直線的な変化を表現した節約的なモデルの方が，データに対する適合はよいと判断される。ちなみに，時点ごとの強度パラメータの値をみると，1985年と1995年データで直線的傾向からの逸脱がやや大きいようである。

4.3 再び世代間移動の趨勢について

こうしたログリニア・モデルによる分析結果をもとに，安田の開放性係数 Y に対応する指標をつくるとしたら，つぎのものが1つの候補となるだろう。

$$H = \frac{\left(\prod_{i=1}^{I} F_{ii}\right)^{1/I}}{\left(\prod_{x \neq y=1}^{I} F_{xy}\right)^{1/I(I-1)}} \tag{14a}$$

$$H^* = \mathrm{Log}H = \frac{1}{I}\sum_{i=1}^{I}\lambda_{ii} - \frac{1}{I(I-1)}\sum_{x \neq y=1}^{I}\lambda_{xy} = \frac{1}{I-1}\sum_{i=1}^{I}\lambda_{ii} \tag{14b}$$

これは，もともとは同類婚指標（Homogamy Index）と呼ばれるもので，夫と妻の社会的属性の関連の強さを移動表と同様に対角セルに注目して測定したものである（Birkelund and Heldal 2003）。対角セルと非対角セルの所属に関するオッズ比なので，同類婚の傾向が皆無で

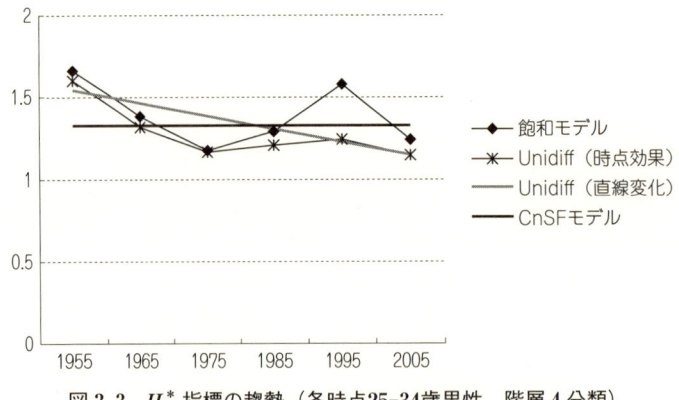

図 3.3　H^* 指標の趨勢（各時点25-34歳男性，階層4分類）

あれば $H=1$（$H^*=0$），同類婚の傾向が多少とも存在すれば $H>1$（$H^*>0$）となる。対角セルへの集中を問題にしているので安田の開放性係数とは方向が逆になるが，周辺度数の影響を考慮したうえで（非）移動セル全体を問題にしている点，完全移動を理想状態としてそこからの乖離を評価している点が共通している。計算は，期待度数から直接求めてもよいが，(14b)のように対角セルに対応するログリニア・モデルの交互作用パラメータの単純な和として求めることもできる。趨勢分析の場合も，各年度の期待度数や関連するパラメータの推定値から H^* が容易に計算される(4)。つぎの図3.3が，飽和モデル，Unidiff モデル，CnSF モデルから求めた H^* の推移である。

　飽和モデルにおける H^* の値は上下動がやや大きいが，Unidiff（時点）モデルはその飽和モデルの動きをかなりよくとらえている。それをさらに単純化し，傾向を直線であらわしたものが Unidiff（直線），さらに変化を仮定せずに共通の関連のみ残したものが CnSF モデルである。表3.3の結果は，1つの直線で傾向を要約するなら，変化を仮定しない CnSF モデルよりも低下傾向を加味した Unidiff（直線）の方が適当であることを示していたが，この図からもそのことが了解される。ただし，どのモデルの H^* も1.33（CnSF の場合の値）前後の水準で推移しており，変化があったとしてもそう大きなものではない。

　さて，原・盛山による7時点の分析では，1955年を除けば流動性不変モデルが当てはまるという結果が得られていた(5)。調査年データが一致しないので厳密な比較はできないが，1955年を起点に2005年のデータまで加えた本章の分析では，親子間の職業関連はどちらかというと弱まっているとの結果になった。他方，ここでと同じ調査年データを用いた三輪・石田（2008）の分析は，Unidiff モデルが CnSF モデルを改善することはなく，「趨勢なき変動（trendless fluctuation）」が支配的なパターンであると結論づけている。こうした結果の違いは，本章の場合は時点間で重なりのない年齢層を取り上げたのに対し，三輪・石田では時点間で重なりが生じる全年齢層が用いられたことが原因であると考えられる。世代（出生コーホート）に重なりがあれば，それだけ時点間の変化は検出しにくくなる。また，全年齢層を用いることによって何らかの年齢効果が相殺された面もあるかもしれない。

　ここでの分析が示すように，若年層において世代間の職業連関が弱まっているとするなら，

その背景として教育制度の発達による影響が考えられる。それは，学歴と職業の結びつきを通して直接的な職業継承の機会を減らすとともに，学歴インフレの進行により自らの地位配分力も弱めてしまう傾向をもつ。教育機会にも出身の影響が反映されるので話はそう単純ではないが，若年層の就業機会を教育との関連で吟味することは，現代の世代間移動について有意義な知見をもたらすだろう。また，若年層において出身と到達の関連が弱まっているのが確かだとしても，三輪・石田が示したように全年齢で流動性不変が成り立っているのであれば，世代内（キャリア）移動によって親子間の連関が再び強化されるのかもしれない。この点を確かめるには，年齢層の違いも考慮した4重クロス表で分析してみなければならない。

このように変数を4つ，5つと増やしていっても，状況が少し複雑になるだけで，基本的にはこれまでと同じログリニア・モデルの考え方があてはまる。

5　SRDQの操作

本書のサポートサイトには，1955年から1995年までの5時点のSSM調査の職業8分類（旧8分類：専門，管理，事務，販売，熟練，半熟練，非熟練，農業）と総合8分類（新8分類）が用意されている（ただし男性のみ）。移動表の作成は，通常のクロス表の手続きとまったく同様で（第2章を参照），「行」に「父：総合8分類」，「列」に「本人：総合8分類」を指定し，「セル表示の設定」の「行」のチェックをはずしたうえで，「層」に「調査年」を選択して「クロス集計」のボタンをクリックすると，1955年から1995年までの世代間移動表が作成される（層変数を指定しなければ5時点が足された移動表になってしまう）。この結果をクロス表の左上のアイコン🔲をクリックして，ダウンロード・保存する。ダウンロードしたファイルはCSV形式なので，エクセル等で開くことができる。移動指標の計算もエクセルで行うことができる。なお，本章で行った移動指標の計算については，「分析メニュー」ページの上部の「データ」のところにエクセル・ファイルがあるので，適宜ダウンロードして確認されたい。

SRDQ上でログリニア・モデルを実行することができないため，分析にはフリーソフトの*LEM*（Vermunt 1996）を用いた。市販のSPSSでもAdvanced Statisticsモジュールを購入すればログリニア・モデルを実行できるが，慣れれば*LEM*の方が柔軟にモデルを作ることができる。また，*LEM*であれば，クロス表を直接入力して2次分析を行うことができるという利点もある。付属のマニュアル（英文）に加えて，Exampleフォルダには多くのサンプル・プログラムが含まれているため，試行錯誤しながら自習することができる。日本語でのインストール方法や簡単な操作方法は太郎丸（2005）を参照されたい。

【付記】　SRDQでは1955〜95年の5次のSSM調査を利用できる。2005年SSM調査の公開時期は未定。本章作成のためのデータ使用について2005年SSM調査研究会の許可を得た。

注

(1) この分類は，専門，ホワイトカラー（W），ブルーカラー（B），農業という狭義の職業情報に，従業上の地位（雇用か自営の別）と企業規模（300人以上および官公庁を大企業，それ以外を中小企業）を加えたもので，多元的な地位指標であるため総合分類と呼ばれる（具体的な構成については原・盛山（1999, p. xix）参照）。

(2) モデルの比較は，通常，自由度の差（Δdf）に対する尤度比の差（ΔG^2）のカイ2乗検定によってなされ，統計的に有意でないパラメータを除外した節約的なモデルがより適合度のよいモデルとして採用される。ただし，大規模サンプルの場合には，すべてのパラメータが統計的に有意となり，飽和モデルしか適合しない場合がある。そのような場合は，サンプル数を考慮したBIC（ベイズ情報量規準）が参照される。また，非類似性指数IDも0.03未満であれば，モデルはデータをよくあらわしているとみなされる（Agresti 1996＝2003）。

(3) 社会移動研究は，産業化が世代間移動を促進するのか否かという問いに多大な関心を寄せてきた。その観点から1950年代の研究をまとめたLipset and Zetterberg（1959）は，移動指標（粗移動率）の分析から「産業社会における世代間移動の水準は同程度である」（LZ命題）ことを明らかにした。これに対して，Treiman（1970）は，地位達成研究の成果に基づいて「産業化によって交換移動は増大する」（Treiman命題）と主張し，またFeatherman et al.（1975）は，移動表の分析から「一定の産業化を達成した社会では移動機会の構造はほぼ共通である」（FJH仮説）との理解を提示した。この主張は，ログリニア・モデルによるCnSFモデルとして定式化され，Featherman and Hauser（1978）やErikson and Goldthorpe（1992）らによって，多くの国で検証が試みられた。詳しくは，原・盛山（1999）を参照のこと。

(4) CnSFモデルの場合は，各時点とも同じ値なので（14b）が当てはまる。Unidiffモデルでは，$H^* = \frac{\beta}{I-1}\sum_i x_{ii}^{OD}$，飽和モデルでは $H_k^* = \frac{1}{I-1}\sum_i (\lambda_{ii}^{OD} + \lambda_{iik}^{ODT})$ となる。

(5) 原・盛山は，仮に1935年，1945年にも調査が行われたとしたら得られたであろう移動表を1955年調査の職歴データを用いて作成しているが，本章ではこの部分は再現していない。

参考文献

Agresti, A., 1996, *An Introduction to Categorical Data Analysis,* John Wiley & Sons.（＝2003, 渡邉裕之ほか訳『カテゴリカルデータ解析入門』サイエンティスト社。）

Birkelund, G. E. and J. Hendal, 2003, "Who Marries Whom?: Educational Homogamy in Norway," *Demographic Research,* 8(1): 1-29.

Blau, P. M. and O. D. Duncan, 1967, *The American Occupational Structure,* New York: Wiley.

Breen, R. ed., 2004, *Social Mobility in Europe,* Oxford: Oxford University Press.

Erikson, R. and J. H. Goldthorpe, 1992, *The Constant Flux: A Study of Class Mobility in Industrial Societies,* Oxford: Clarendon Press.

Featherman, D. L. and R. M. Hauser, 1978, *Opportunity and Change,* New York: Academic Press.

Featherman, D. L., F. L. Jones, and R. M. Hauser, 1975, "Assumptions of Social Mobility Research in the U. S.: The Case of Occupational Status," *Social Science Research,* 4: 329-60.

原純輔・盛山和夫, 1999,『社会階層——豊かさの中の不平等』東京大学出版会。

Lipset, S. M. and H. Zetterberg, 1959, "Social Mobility in Industrial Societies," S. M. Lipset and R. Bendix eds., *Social Mobility in Industrial Society,* California: University of California Press, 11-77.（＝1969, 鈴木広訳『産業社会の構造——社会的移動の比較分析』サイマル出版会。）

三輪哲・石田浩, 2008,「戦後日本の階層構造と社会移動に関する基礎分析」三輪哲・小林大祐編『2005年 SSM 日本調査の基礎分析——構造・趨勢・方法』2005年 SSM 調査研究会, 73-93。

太郎丸博, 2005,『人文・社会科学のためのカテゴリカル・データ解析入門』ナカニシヤ出版。

Treiman, D. J., 1970, "Industrialization and Social Stratification," E. O. Lauman ed., *Social Stratification,* Indianapolis: Bobbs-Merrill, 207-34.

Vermunt, J. K., 1997, *LEM : A General Program for the Analysis of Categorical Data,* Tilburg: Tubingen University.（URL：http://spitswww.uvt.nl/web/fsw/mto/lem/manual.pdf）

安田三郎, 1971,『社会移動の研究』東京大学出版会。

（吉田　崇・近藤　博之）

第4章
多元配置分散分析

> 【研究事例】
> 岩井紀子・稲葉昭英，2000，「家事に参加する夫，しない夫」盛山和夫編『日本の階層システム4　ジェンダー・市場・家族』東京大学出版会，193-215。
> 岩井紀子，1998，「高年齢層の夫婦における夫の家事参加：夫婦の就業，世帯構成，性別役割分業観に関する分析」渡辺秀樹・志田基与師編『階層と結婚・家族』1995年SSM調査研究会，43-69。

1　研究事例の紹介

　日本の夫は家事をあまりしないことで知られている。しかし，ワーク・ライフ・バランスをとるうえでも，女性の雇用促進のためにも，夫が家事を分担することは重要な問題であると考えられている。それではどのような要因が夫の家事分担を促進するのだろうか。

　著者らは6つの仮説を紹介しているが，サンプル・データである程度検証可能な5つの仮説（時間制約仮説，相対的資源仮説，ニーズ仮説，代替資源仮説，イデオロギー仮説）をここでは紹介しよう。時間制約仮説によれば，仕事に時間を取られる人ほど家事を分担しにくくなる。相対的資源仮説では，「相対的に多くの資源（学歴，収入，職業威信など）を保有しているほうは，それらを利用して家事の分担から免れようとする」（岩井・稲葉　2000, p. 196）と考える。つまり，家事はできるだけやりたくない面倒な仕事であり，勢力を行使することで，分担を減らそうとするものと考えられている。たとえば，夫が妻よりも多くの収入を得ていれば，夫は家事をしなくなりやすい，と予測される。ニーズ仮説は，「家事や育児のニーズが大きければ夫の家事参加が増す」（岩井・稲葉　2000, p. 197）と考える。代替資源仮説とは，かわりに家事をやってくれる人（同居の母や娘）がいると，夫が家事を分担しにくくなるとする仮説である。イデオロギー仮説によれば，「性役割に関して平等志向を持つ男性や女性は，伝統的な性役割意識を持つ男性や女性に比べて，家事をより平等に分担しようとする」という（岩井・稲葉　2000, p. 196）。これらの仮説は，現代日本の夫婦にどの程度当てはまっているのだろうか。

　著者らは，子育て期とポスト退職期（夫が60歳以上）に関して，回答者が夫か妻か（そして妻の場合は夫の年齢が70歳以上かどうか）に分けて詳細な分析を展開しているが，ここでは，ポスト退職期の女性回答者の分析結果の一部について紹介しよう。用いられているデータは1995年のSSM調査B票である。この調査では，夫がどの程度「食事の支度や後かたづけ」と「掃除や洗濯」をしているのか尋ねている。選択肢は「3　いつもする」「2　ときどきする」「1　ほ

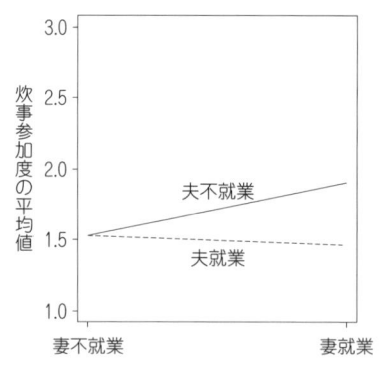

```
                 3.0
炊
事  2.5
参
加
度  2.0
の
平         夫不就業
均  1.5 ─────────────
値              夫就業
                              
     1.0
          妻不就業        妻就業
```

図 4.1 60歳以上の夫の炊事参加度の平均値
(1995年 SSM 調査 B 票)

とんどしない」の3つである。これらにそれぞれ、3点、2点、1点の得点をふり、それぞれ「炊事参加度」「掃除参加度」と呼んでおく。妻と夫が就業しているかどうかにわけて、炊事参加度の平均値を示したのが図4.1である（オリジナルの論文では、夫が60〜69歳と、70歳以上で分けて分析してあるが、ここでは夫60歳以上をすべてまとめて計算してある。以下でも同様）。この図をみると、夫が不就業で、妻が就業している場合だけ、夫の家事参加度は1.9と高めになり、それ以外の場合は1.5、つまり「1 ほとんどしない」と「2 ときどきする」の中間あたりであることがわかる。

つまり、単純に「夫が就業していないと時間に余裕があるので炊事参加度が上がる」のではなく、妻が就業しているために夫の家事へのニーズが高まり、なおかつ夫に時間がある場合にだけ炊事参加度が高まることがわかる。このように複数の要因が重なってはじめて生じる効果を交互作用効果と呼ぶが、詳細は後述する。分散分析の結果、このような交互作用効果が有意であることが確認されている。

このほかにもさまざまな分析がなされているが、結果は錯綜しているので割愛する。分析結果をまとめると、夫が60歳以上の女性サンプルに関しては、上述の5つの仮説のうち、時間制約仮説、ニーズ仮説、代替資源仮説、イデオロギー仮説の4つが支持されている。ただし、これらの諸要因の間には上述のような交互作用効果が存在している場合があり、単独で効果をもつとは限らない点が強調されている。

2 分析技法の説明

2.1 分散分析

ここでは分散分析を概説するが、分散分析の基本は別の教科書ですでに学んでいる読者を想定している。分散分析とは被説明変数の分散を、個々の説明変数で説明できる部分と、できない部分に分割する分析法である。元来は3つ以上の母集団の平均値の差の検定のための手法であったが、複数の説明変数を用いることが可能になり、さらに連続変数も説明変数に用いることができるようになった。分散分析では、カテゴリカルな説明変数は因子（factor）、数値型

の説明変数は共変量（covariate）と呼ばれる。分散分析は，回帰分析とは別の分析法として発展したが，どちらも OLS（Ordinary Least Square 通常の最小二乗法）でパラメータを推定できることがわかり，両者を区別する理由は現在では存在しない。SPSS Statistics 16.0 の場合，REGRESSION と UNIANOVA で OLS が可能であるが，同じデータに同じモデルをあてはめれば，どちらを使っても同じ結果が得られる。REGRESSION のアウトプットに分散分析表が出てくるのもこのような事情からである。説明変数がカテゴリカルな変数だけからなる場合や分散の分割に注目する場合には分散分析と呼ばれ，それ以外の場合は回帰分析と呼ばれることが多い。共分散分析，一般線形モデル[1]といった呼び方をする場合もあるし，単に「OLS で推定した」というだけの場合もしばしばあるが，実質的にはすべて同じものである。この章では呼称を分散分析に統一する。

分散分析は，次のような5つの条件を満たす場合にのみ最良線形不偏推定量（Best Linear Unbiased Estimate）を得る。言い換えれば，以下の5つの条件が満たされなければ，モデルを修正するか，分散分析とは別の分析法を用いるか，あるいはデータを集めなおすことを考えたほうがよい。

1. 被説明変数は数値。間隔尺度でも比率尺度でもよいが，被説明変数は平均値や分散を計算することに意味があるような変数でなければならない。被説明変数が名義尺度や順序尺度の場合は，ロジスティック回帰分析などを用いるか，被説明変数を何らかの方法（例えば双対尺度法や潜在特性モデル）で数量化すべきである。
2. 残差分散の均一性。残差の分散が，説明変数の値にかかわらず一定である。残差分散が均一でない場合，被説明変数を対数変換するなどの対策が有効な場合もある。
3. 残差の不偏性。残差の期待値が説明変数の値にかかわらず0になる。この条件が満たされない場合，モデルの特定を誤っている可能性が高い。
4. 残差の独立性。i 番目のケースの残差は j 番目のケースの残差と独立でなければならない。ランダム・サンプリングされたデータの場合は，残差の独立性は必ず満たされるはずである。
5. 残差と説明変数の独立。残差と説明変数が相関していてはならない。被説明変数に強い影響を与え，なおかつ説明変数と強く相関するような変数がモデルに投入されていない場合，残差と説明変数が相関する。このような変数はモデルに投入すべきである。

さらに残差が正規分布している場合，OLS で推定されたパラメータは最尤推定値にもなる。
　決定係数が大きいほどパラメータ推定値の標準誤差は小さくなるし，分散分析の際の F 値が大きくなるので，検定力（対立仮説が正しいときに帰無仮説が棄却される確率）が高まる。そのため，原則的には被説明変数に影響を与える変数は可能な限りモデルに投入すべきである。

2.2 交互作用効果

交互作用効果とは2つの要因が重なり合ってはじめて生じる効果のことである。例をあげて

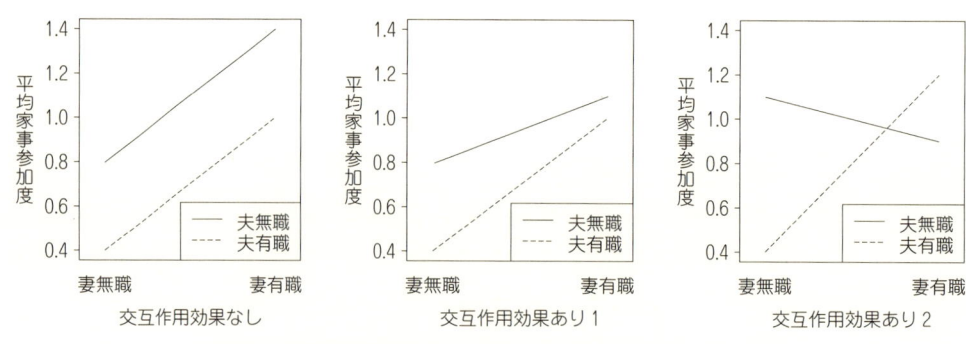

図4.2 交互作用効果のある場合とない場合（架空のデータ）

考えよう。図4.2は，平均家事参加度について，交互作用効果のある場合とない場合の例をいくつか図示したものである。左のグラフが，交互作用効果がない場合の例である。妻が無職であろうと有職であろうと，無職の夫と有職の夫の平均家事参加度の差は，0.4であることがわかる（0.8−0.4＝0.4, 1.4−1.0＝0.4）。逆に妻が有職の場合と無職の場合の夫平均家事参加度の差は，常に0.6であることがわかる（1.4−0.8＝0.6, 1.0−0.4＝0.6）。このように，ある説明変数の効果が，その他の説明変数の値にかかわらず一定である場合，交互作用効果がないという。図4.2の左のグラフのように，交互作用効果がない場合，平均値を線で図示すると必ず平行線になる。

図4.2の中央と右のグラフをみると，2本の線は平行でないことがわかる。これは，説明変数の効果が，その変数の値だけでは決まらず，その他の変数との組み合わせで決まるからである。このような場合，交互作用効果があるという。中央のグラフでは，夫無職の場合，妻無職と妻有職の平均値の差が小さくなっていることがわかる（0.9−0.4＝0.5, 1.1−0.8＝0.3）。右のグラフでは，夫無職のときは妻無職のほうが平均値が高くなっている。このような場合，夫が職をもっているかどうかを無視して妻無職と妻有職のどちらが平均値が高いか，という議論をしても無意味である。それは夫が仕事をもっているかどうかによって両者の差は異なるからである。

分散分析では，サンプルで観察された交互作用効果が母集団でも存在しているかどうかを検定することができる。例えば，図4.1のデータに関して分散分析を行い，交互作用効果を検定した結果が，表4.1である。表4.1の「妻就業状態×夫就業状態」の有意確率をみると，0.01より小さいので，1％水準で交互作用効果は有意であることがわかる。

表4.1 図4.1のデータの分散分析表

	自由度	平均平方和	F値	有意確率
妻就業状態	1	0.18	0.33	0.569
夫就業状態	1	2.97	5.34	0.022
妻就業状態×夫就業状態	1	4.14	7.43	0.007
残　差	279	0.56		

このような交互作用効果は，その他の変数の効果をコントロールすると消えてしまったり，逆にその他の変数でコントロールした場合だけ交互作用効果が有意になることもあるので，すでに述べたように関連するその他の変数はすべてモデルに投入したうえで交互作用効果を検定すべきである。

交互作用効果が有意である場合，パラメータの推定値から交互作用効果の意味を解釈することは難しいことがよくある。それゆえ，交互作用効果が有意である場合は，モデルから予測される（平均）値の大きさをプロットすると結果を理解しやすい。

3　分析シミュレーション

3.1　分析の戦略

以下では，岩井・稲葉（2000）および岩井（1998）をもとに，1995年のSSM調査B票のデータを用いて，さらに分析を発展させてみよう。前述のように分散分析の被説明変数は数値でなければならないが，このデータでは，3つのカテゴリをとるだけで数値ではない。これは致命的とは言い切れないが，やはり好ましくない。そこで，図4.3のような因果関係を仮定する。すなわち，夫はどの程度家事をするかについての志向性をもっており，これが高いほど，「食事の支度や後片付け」や「掃除や洗濯」をする傾向があると仮定する。この志向性を「夫の家事参加度」と呼ぶことにする。データから直接わかるのは，夫が「食事の支度や後片付け」と「掃除や洗濯」をどの程度行っているかであって，夫の家事参加度は測定されていない。そこで，「食事の支度や後片付け」と「掃除や洗濯」から，若干の仮定を置いて夫の家事参加度の大きさを計算してやる。この計算については割愛する（詳しくは，Ostini and Nering（2006）を参照。なお，本書のサポートページに用意されているデータには，あらかじめ算出された家事参加度が含まれている）。この家事参加度は，「食事の支度や後片付け」も「掃除や洗濯」もほとんどしないとき0点，どちらもよくするとき100点になるよう一次変換してある。

説明変数には，妻有職（有職のとき1，無職のとき0となるダミー変数），夫有職（有職のとき1，無職のとき0となるダミー変数），夫婦以外と同居しているか，性別役割分業意識，妻教育年数 − 夫教育年数，妻収入 − 夫収入，年齢を投入する。なお，データのサンプルは女性に限定されている。時間制約仮説が正しければ夫が無職のほうが，有職の場合よりも家事参加度が高まるはずである。相対的資源仮説が正しければ，妻教育年数 − 夫教育年数，妻収入 − 夫収入が大きいほど夫の家事参加度が高まるはずである。ニーズ仮説が正しければ妻が有職の場合のほうが，無職の場合よりも夫の家事参加度が高まるはずである。代替資源仮説が正しけれ

図4.3　因果関係の図式

ば，夫婦だけで暮らしている場合のほうが，夫婦以外と同居している場合のほうが夫の家事参加度が高まるはずである。イデオロギー仮説が正しければ，妻の性別役割分業意識が弱いほど夫の家事参加度が高まるはずである（女性回答者のデータなので夫の性別役割分業意識はわからない）。性別役割分業意識には，「男性は外で働き，女性は家庭を守るべきである」という意見について「そう思う」「どちらかといえばそう思う」「どちらかといえばそう思わない」「そう思わない」という4択で答えてもらったものを用いる。選択肢に対しては，2，1，0，-1を値として割り振り，共変量としてモデルに投入している。

3.2 分析

　まず簡単に用いる変数の分布をチェックする。夫の家事参加度のヒストグラムを作ると図4.4のようになる。有効サンプル・サイズは211人なので，夫のうち約半数は，家事参加度が0〜20の最低レベルであることがわかる[(2)]。

　次に，家事参加度と説明変数の間の関係を図示したのが図4.5である。上の段の3つは散布図で，残りはエラーバー付きの平均値のプロットである。エラーバーの長さは，標準偏差の大きさを示す。散布図からは明確な傾向はつかめない。エラーバー付きプロットを見ると，グループ間の平均の違いはそれほど大きくなく，グループ内のばらつきのほうがかなり大きいことがわかる。また，標準偏差の大きさを見ると，グループ間でほとんど違いはないため，残差分散の均一性はおおむね満たされそうである。

　次に分散分析の結果を示す。表4.2は分散分析表である。これを見ると，やはり妻有職と夫有職の交互作用効果が有意である。妻有職の主効果は有意ではないが，交互作用効果が有意なので，妻有職は何らかの形で夫の家事参加度に影響を及ぼしている。夫婦以外との同居は10%水準で有意であるが，年齢など有意でない変数をモデルから除去すると5%水準で有意になる（非表示）。妻教育年数—夫教育年数も有意になった。

　次にパラメータの推定値を見てみよう。最近の社会学の論文では分散分析表は省略してパラメータ推定値の表だけを示すことが多い。妻教育年数−夫教育年数の係数は，−2.6なので，妻の教育年数が相対的に大きくなると，夫の家事参加が少なくなるという結果になっており，

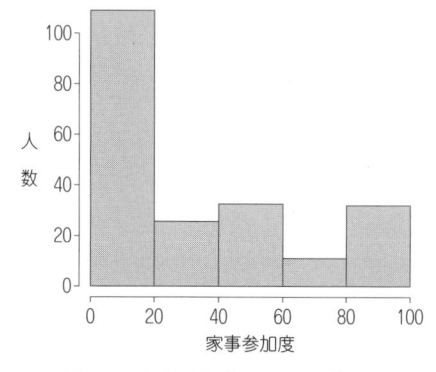

図4.4　家事参加度のヒストグラム

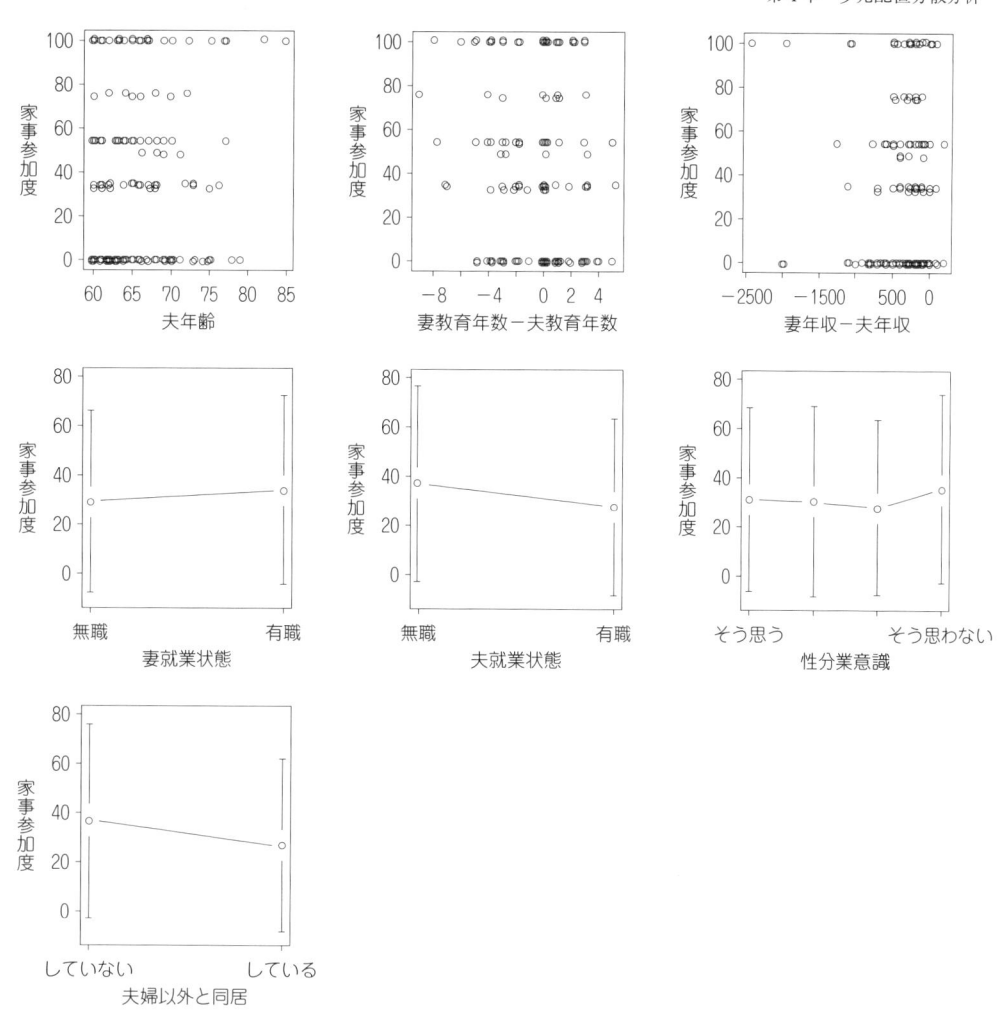

図 4.5　説明変数と被説明変数の散布図・エラーバー付き平均値のプロット
（エラーバーの長さは標準偏差を示す）

表 4.2　分散分析表

	自由度	平均平方和	F 値	p
年　齢	1	19.432	0.015	0.903
年齢二乗	1	1900.515	1.450	0.230
妻有職	1	6942.416	5.298	0.022*
夫有職	1	10768.078	8.218	0.005**
夫婦以外と同居	1	5263.444	4.017	0.046*
性別役割分業意識	1	431.531	0.329	0.567
妻教育年数－夫教育年数	1	8339.388	6.364	0.012*
妻収入－夫収入	1	95.013	0.073	0.788
妻有職×夫有職	1	6736.224	5.141	0.024*
残　差	201	1310.331		

（注）　**p＜.01，*p＜.05

表 4.3 パラメータ推定値

	係数	標準誤差	t値	p
切　片	32.3	6.3	5.16	0.000**
年　齢	−0.1	0.7	−0.11	0.910
年齢二乗	0.1	0.1	1.20	0.231
妻有職	25.3	8.9	2.85	0.005**
夫有職	−3.7	7.2	−0.51	0.608
夫婦以外と同居	−10.1	5.0	−2.00	0.047*
性別役割分業意識	−1.3	2.2	−0.57	0.568
妻教育年数−夫教育年数	−2.6	1.1	−2.52	0.013*
妻収入−夫収入	0.0	0.0	−0.30	0.765
妻有職×夫有職	−25.0	11.0	−2.27	0.024*

$N=210$, $R^2=0.109$

（注）　**$p<.01$, *$p<.05$
従属変数は，項目反応分析（一般ラッシュモデル）で作った因子得点（炊事も掃除もほとんどしないときは0点，炊事も掃除もよくするときは100点になるように標準化）
年齢は平均値でセンタリング
性別役割分業意識は，−1, 0, 1, 2を「そう思わない」〜「思う」までに与えた

仮説とは全く反対である。夫婦以外と同居すると，10.1だけ家事参加度が下がる。

　夫有職と妻有職の効果については，グラフを書いて確認しよう。その他の説明変数の値がすべて0のとき（つまり，年齢が平均の66.2歳で夫婦以外と同居しておらず性別役割分業意識が「どちらかと言えばそう思わない」で，教育年数と収入の差が0のとき）の家事参加度の平均値の予測値をプロットしたのが図4.6である。最初の図4.1とほぼ同様の結果が得られている。

　計算は下記の通りである。

　　妻有職・夫有職：32.3＋25.3−3.7−25.0　＝28.9
　　妻有職・夫無職：32.3＋25.3　　　　　　＝57.6
　　妻無職・夫有職：32.3−3.7　　　　　　　＝28.6
　　妻無職・夫無職：32.3　　　　　　　　　＝32.3

　結果は示していないが，年齢×教育年数の差，妻有職×教育年数の差，収入の差×教育年数の差の交互作用効果をモデルに追加すると，決定係数は0.158で，表4.2，表4.3のモデルより

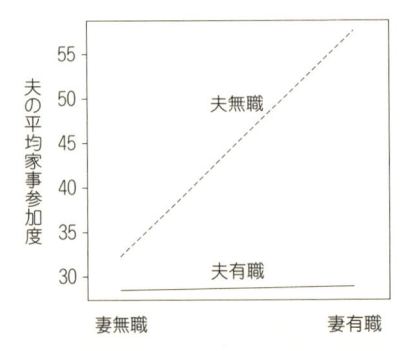

図4.6　分散分析の結果から予測される夫と妻の就業状態別，夫の平均家事参加度

も有意に残差平方和が減少する。これらの交互作用効果を加えた方が，よいモデルであるように思われるかもしれないが，このような教育年数の差とさまざまな諸変数との交互作用効果は，モデルを少し変更すると有意でなくなってしまう。また，どうしてこのような交互作用効果が生じるのかうまく理論的に説明できない。このような場合は，仮に決定係数が大きく，係数が有意であっても，偶然そうなっているか，あるいは未知の諸要因によって引き起こされている可能性が高い。このような場合は，若い夫婦のサンプルや別の調査データで同様の分析を行い，本当にそのような複雑な交互作用効果があるかどうか慎重に検討すべきである。

最後に残差のプロットを見ておこう。図4.7は，モデルからの予測値に対して残差をプロットしたものである。残差とモデルからの予測値に何らかの関連が見られる場合は，モデルの特定を誤っている可能性があるし，残差のばらつきがモデルの予測値によって大きく異なるならば，表4.3で得られた推定値は，最良線形不偏推定量ではないことになる。図4.7を見ると，残差には右肩下がりの傾向があるように見えるかもしれないが，実際には，左下あたりにかなりのケースが集まっているため，両者の相関は0.000である。残差のばらつきも特にモデルからの予測値とは関係なさそうである。ただし，残差は下のほうにかたまって分布しているので，正規分布しているようには見えない。つまり，この推定値は最良線形不偏推定量ではあるが，最尤推定値にはなっていないであろう。

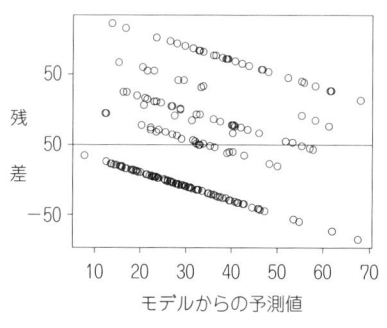

図4.7 残差のプロット

3.3 SRDQの操作法

SRDQの多元配置分散分析では自動的にすべての因子の交互作用効果をすべて仮定してしまう。また，表4.2や表4.3のモデルをそのまま実行するためには，変数の操作が複雑になるので，ここでは多元配置の分散分析の基本的操作の習得に目的を絞り，やや修正したモデルを推定してみよう。

まず，多元配置の分散分析のページに行き，分析メニューのなかから，「14 多元配置分散分析」を選ぶ。すると，図4.8のようなウィンドウが開くので，①〜④の操作にしたがって，従属変数に「家事参加度」，固定因子に「妻有職ダミー」，「夫有職ダミー」を，共変量に「夫婦以外と同居」，「妻教育年数」，「夫教育年数」，「性別役割分業意識」，「夫年齢（平均でセンタリング）」，「夫収入」の6変数を指定する。

14. 多元配置分散分析

[ケース選択 : 全ケース]

図4.8 多元配置分散分析でのモデルの指定

さらに「作図を指定」と「オプションを指定」をチェックすると，作図とオプションを指定する画面が，ウィンドウの下方にそれぞれ表示される（図4.9・図4.10）。

図4.9の「▼作図」の画面では，まず，「因子」のところに「job_d」と「sjob_d」が表示されていることを確認する。これらは，図4.8の画面で「固定因子」に指定した「妻有職ダミー」と「夫有職ダミー」の変数名である。作図とは，指定したモデルから予測される従属変数の因子別の平均値を，図4.6のようなグラフにして示すことである。横軸に使う変数を「横軸」に指定し，線の種類を分けるために使う変数を「線の定義変数」に指定する。SRDQ上の操作は以下のようにする。「因子」欄で「job_d」を選択した後，「＞＞」ボタンをクリックして，「横軸」に移動させる。同様に「sjob_d」を選択し「線の定義変数」に移動させて（図4.9の状態），その後に「追加」ボタンをクリックする。すると，右の「作図」の欄に「job_d

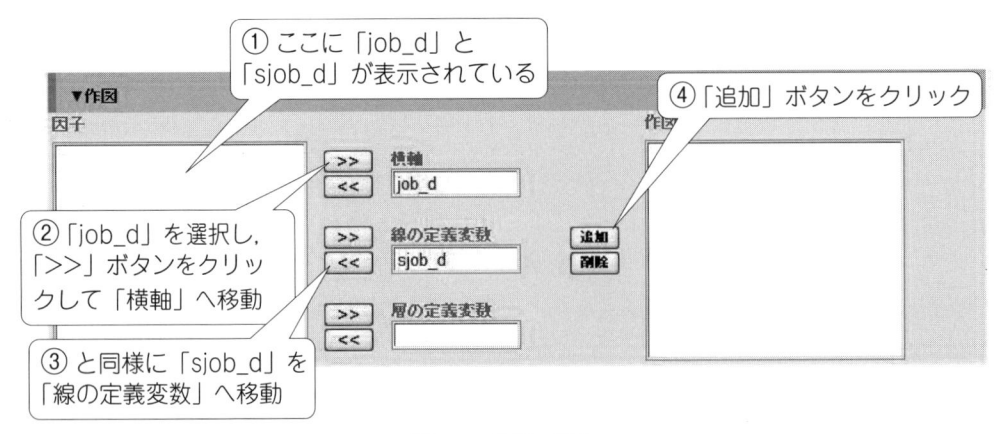

図4.9 作図の指定

第4章　多元配置分散分析

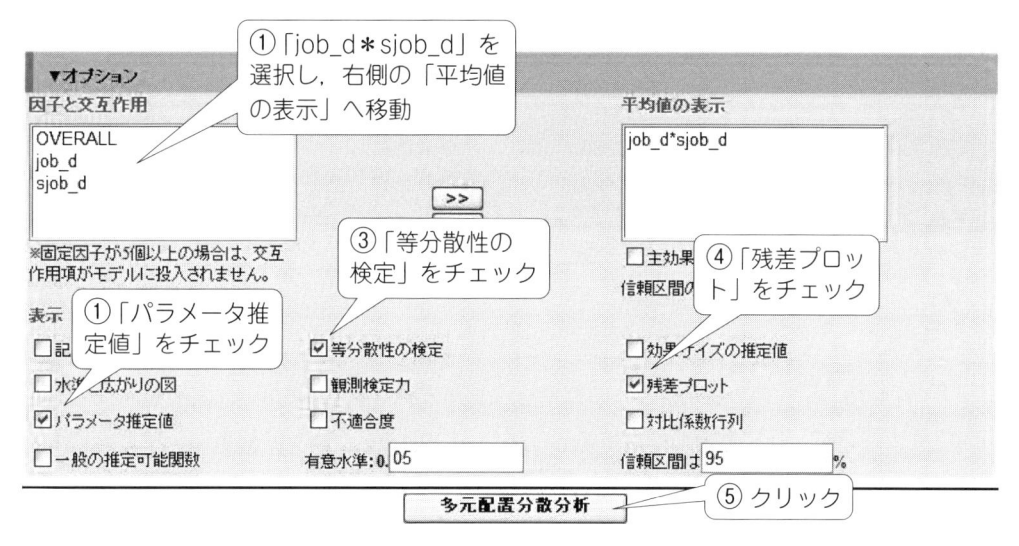

図4.10　オプションの指定

＊sjob_d」と表示される。

　図4.10は，オプションを指定するための画面である。因子別の平均値をグラフではなく数字で確認したい場合は，確認したい因子や因子間の交互作用項を左の「因子と交互作用」欄から選んで，右の「平均値の表示」欄に移動させる（図4.10の①）。図4.10では，「job_d＊sjob_d」が指定してある。なお，「因子と交互作用」の欄の下に「※固定因子が5個以上の場合は，交互作用項がモデルに投入されません。」とあるように，SRDQの多元配置分散分析においては，固定因子4個以内の場合しか，交互作用項を表示できない制限がある。

　さらに「パラメータ推定値」「等分散性の検定」「残差プロット」をオプションに選ぶ（図4.10の②～④）。等分散性の検定とは，因子のカテゴリごとに残差の分散を計算し，それらグループ間の分散に差があるかどうかを検定するものである。この検定結果が有意ならば「分散がグループ間で等しいとはいえない」ということになり，モデルを修正する必要がある。

　以上の指定が終わったら，「多元配置の分散分析」をクリックすると，分析結果が表示される。分析結果としては，「被験者間因子」，「Leveneの誤差分散の等質性検定」（図4.10「等分散性の検定」結果），「被験者間効果の検定」，「パラメータ推定値」，「妻有職ダミー×夫有職ダ

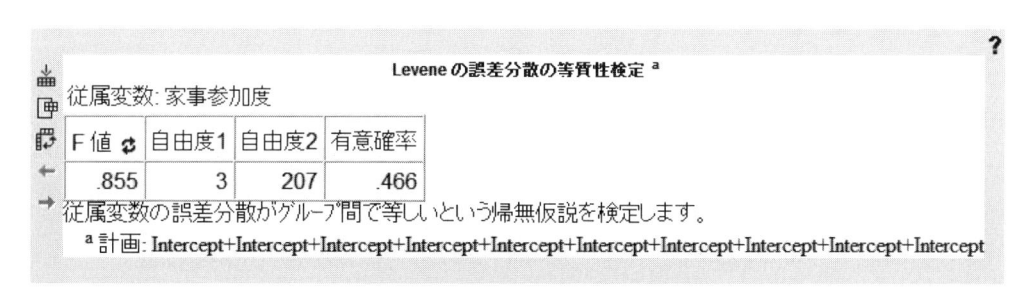

図4.11　誤差分散の等質性の検定結果

表 4.4　変数ラベルと変数名の対応

c_s_age	夫年齢
household	夫婦以外と同居
r_edu	妻教育年数
s_edu	夫教育年数
sdl_2	性別役割分業意識
s_inc	夫収入

ミー」(図4.10「平均値の表示」による結果)、「従属変数：家事参加度」(図4.10「残差プロット」による結果)、「家事参加度の推定周辺平均」(図4.9「作図」の結果) が順番に表示される。

図4.11 が、「Levene の誤差分散の等質性検定」の結果である。図4.11 によると、F 検定の有意確率は0.466である。この場合は有意確率が0.05よりも大きいので、2カテゴリからなる2つの因子を組み合わせた2×2＝4つのグループ間で、誤差の分散には差がないとみなしてよい。

誤差分散の検定の下には、分散分析表 (「被験者間効果の検定」) とパラメータの推定値が表示される。この2つの表では、変数ラベルではなく変数名での表示になっている。参考までに、変数ラベルと変数名の対応は、表4.4のようになっている。

多元配置分散分析では、分析結果は変数ラベルではなく、変数名で表示される。変数名を確認するためには、「分析メニュー」の下の方にある「値の再割り当て」をクリックする。そして「入力変数の選択」にあらわれる変数のなかから変数名を確認したいもの (たとえば「夫婦以外と同居」) をクリックすると、すぐ下の「入力変数情報」に変数のデータ上の値が示される。それをみると、「夫婦以外と同居」の変数名が「household」、変数の値が「0.0：していない」、「1.0：している」であることが確認できる。多元配置分散分析のほか、いくつかの分析手法ではその結果が示される際に変数ラベルではなく、変数名しか表示されない場合もある。このように変数名や値を確認するときは、「値の再割り当て」を使うとよい (「ケースの選択」でも同じように確認できる)。

パラメータ推定値の結果を図4.12に示す。パラメータ推定値の表より job_d (妻有職ダミー) と sjob_d (夫有職ダミー) の2つの因子のパラメータ推定値を確認すると、[job_d=0] のパラメータと [job_d=0]*[sjob_d=0] と [job_d=1]*[sjob_d=0] のパラメータを推定している。このような推定の仕方はかなり珍しいが、これらからでも、従属変数の値は適切に推定できる。その結果を数値としてあらわしたのが、図4.13であり、グラフとして示したものが、図4.14である。図4.13の推定結果が、図4.14に図示されていることを確認しよう。

パラメータ推定値

従属変数: 家事参加度

パラメータ	B	標準誤差	t値	有意確率	95% 信頼区間 下限	95% 信頼区間 上限
切片	30.910	15.279	2.023	.044	.783	61.038
household	-10.226	5.038	-2.030	.044	-20.161	-.291
c_s_age	.270	.573	.471	.638	-.860	1.399
r_edu	-2.827	1.504	-1.880	.062	-5.792	.139
s_edu	3.134	1.077	2.910	.004	1.010	5.257
s_inc	-4.059E-03	.008	-.535	.593	-1.902E-02	1.090E-02
sdl_2	-1.690	2.245	-.753	.453	-6.117	2.737
[job_d=0]	-7.891E-02	6.673	-.012	.991	-13.238	13.080
[job_d=1]	0 [a]	.	.	.	.	.
[job_d=0] * [sjob_d=0]	2.566	7.186	.357	.721	-11.604	16.737
[job_d=0] * [sjob_d=1]	0 [a]	.	.	.	.	.
[job_d=1] * [sjob_d=0]	27.412	8.622	3.179	.002	10.410	44.414
[job_d=1] * [sjob_d=1]	0 [a]	.	.	.	.	.
[sjob_d=0]	0 [a]	.	.	.	.	.
[sjob_d=1]	0 [a]	.	.	.	.	.

[a] このパラメータは冗長なのでゼロに設定されます。

図 4.12　パラメータ推定値

妻有職ダミー * 夫有職ダミー

従属変数: 家事参加度

妻有職ダミー	夫有職ダミー	平均値	標準誤差	95% 信頼区間 下限	95% 信頼区間 上限
非就業	非就業	30.063 [a]	4.945	20.312	39.813
	就業	27.496 [a]	5.078	17.483	37.509
就業	非就業	54.987 [a]	7.315	40.563	69.412
	就業	27.575 [a]	4.395	18.909	36.241

[a] このモデルにある共変量は、夫婦以外と同居 = .53, 夫年齢(平均でセンタリング) = -.20, 妻教育年数 = 10.12, 夫教育年数 = 10.61, 夫収入 = 418.98, 性別役割分業意識 = .49 の値を基に評価されます。

図 4.13　妻と夫の就業形態別・家事参加度の推定値

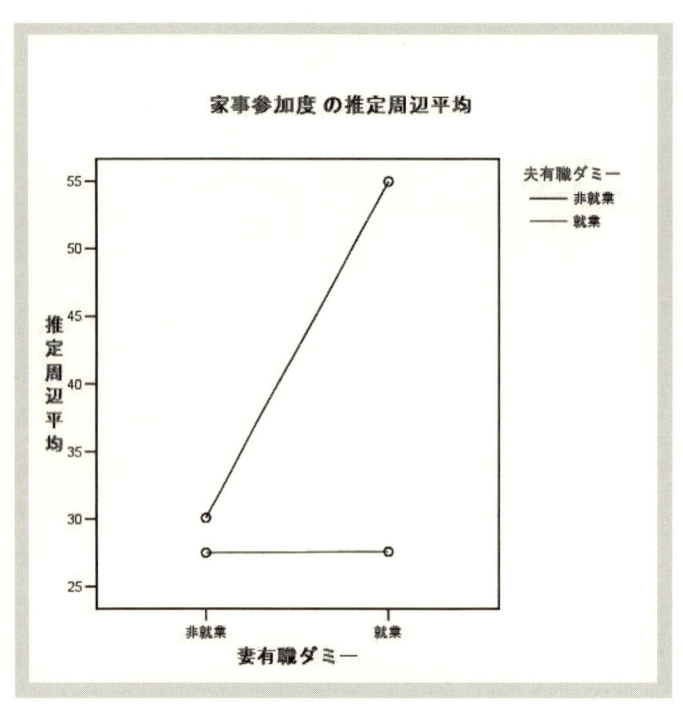

図 4.14 家事参加度の推定値のプロット

注
(1) 一般線形モデル（general linear model）と一般化線形モデル（generalized linear model）は違う概念なので注意。一般化線形モデルとは，分散分析やロジスティック回帰分析，対数線形モデルのような線形加法モデルの総称である。
(2) このような分布の場合，トービット分析のほうが適切かもしれない。しかし，残差の分布を見るとおおむね上記の5条件を満たしているので，ここでは通常の分散分析を用いる。

参考文献

Ostini, R, and Nering M. L., 2006, *Polytomous Item Response Theory Models*, (Quantitative Applications in the Social Sciences: 07-144), Sage.

（太郎丸　博）

第5章
重回帰分析

【研究事例】
鹿又伸夫，2001，『機会と結果の不平等』「第8章 所得不平等の時点比較」ミネルヴァ書房。

1 研究事例の紹介

1.1 所得の不平等

現存するどのような社会においても，人びとが手に入れる所得の量は同じではなく，バラツキがある。図5.1は，所得ごとの世帯割合をあらわしたものである（2004年「全国消費実態調査」より）。このように所得がバラついていることを指して，所得の「格差」とか「不平等」が存在するといわれている。所得の多寡は人びとの生活の豊かさをあらわす指標のひとつであるため，「所得の不平等」というテーマは，多くの人びとの主要な関心事となってきた。

現代日本社会において，「所得の不平等」はますます多くの人びとの注目を集めている。橘木（1998）は，1980年代以降，日本社会において所得の不平等は拡大を続けており，その不平等度は世界的にみても高いということを主張した。この書を皮切りに，日本社会において，所得や賃金の格差が拡大しているかどうかをめぐる論争や検証が数多く行われている。

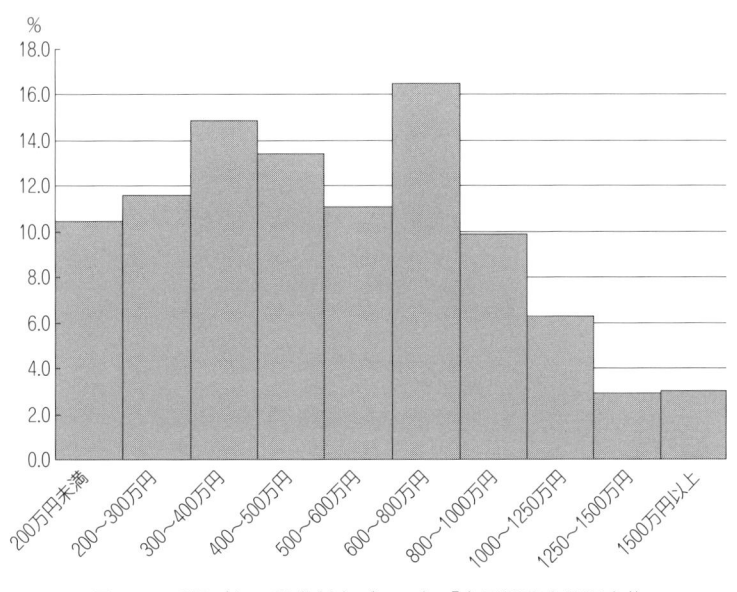

図5.1 所得ごとの世帯割合（2004年「全国消費実態調査」）

1.2 所得の決定構造

橘木（1998）を皮切りに発表された「所得の不平等」をテーマとする研究の多くは，所得のバラツキが大きくなり，富める者と貧しい者との差異がますます大きくなってきていることを問題にしている。しかし，「所得の不平等」は，そのバラツキの大きさだけが問題となるわけではない。「所得のバラツキがどれほど大きいか」ということに加えて，「所得がどのようにバラついているか」ということも重要である。

たとえば，パートやアルバイトの平均的な所得は正社員の平均的な所得よりも低いというように，所得は雇用形態に影響される。このように所得に影響する要因はいくつか考えられる。医者の所得は高いし，大企業に勤めれば高い所得が予測される。一方，中小企業でも，勤続年数が長くなるほど所得が上がっていくことが予測される。つまり，社会における所得のバラツキは，雇用形態や職業，年齢，企業規模など，さまざまな要因によって決定されている。このような所得の決まり方が，全体としての所得のバラツキをもたらす。たとえば低所得のパートやアルバイトが雇用者に占める割合が増えていけば，全体としての所得のバラツキも大きくなっていく。

「所得の不平等」を問題化するときには，そのバラツキの大きさだけでなく，所得がいかなる要因によって決まっているかを問わなければならない。さまざまな要因間の所得の違いが，全体的な所得の不平等をもたらしているからである。所得がさまざまな要因によって決まっている，その決まり方の構造は，「所得の決定構造」と呼ばれている。

1.3 社会階層論からのアプローチ

所得の決定構造の解明は，経済学や社会学における伝統的なテーマである。経済学においては，この問題に対する主要なアプローチに，人的資本論がある（Becker 1975＝1976）。人的資本論とは，人間の能力を高めるための教育や訓練を，人的投資として捉える見方である。教育年数や勤続年数が長いことは，個人の能力に対して，長い間投資がなされたことをあらわす。ゆえに，教育年数や勤続年数が長いほど，その個人の能力は高く，したがって所得は高くなると予測される。

個人の能力に注目する経済学に対して，社会学における社会階層研究では，職場における権威関係や生産手段の有無など，個人の能力を超えた，あるいは個人の能力の活用を許す，構造的な要因が重視される。たとえば，役職や従業上の地位，各職業がもたらす威信の違いが重視されている。

所得に差異をもたらすこれらの構造的な要因を，社会学では「社会階層」と呼んでいる。鹿又伸夫（2001）は，社会階層を，多元的な階層次元が含まれた社会的不平等概念として定義した。そのうえで，職業分類，生産手段の所有－統制，権限－支配関係，企業規模という要因によって，所得の決定構造を解明しようとした。つまり，多元的な要因が所得に与える効果の比較をとおして，所得の不平等をもたらす重要な要因を模索するという研究戦略を採用した。

1.4 「結果の不平等」への注目

このような研究戦略は，従来の社会階層研究に対して，以下の2点において重要な意味をもっていた。第一に，「機会の不平等」から「結果の不平等」への視点の転換である。これまでの社会階層研究における問いの中心は，「機会の不平等」＝親子間の世代間移動であった（第3章参照）。具体的には，子どもは親の職業的地位からどれほど独立に，自らの職業的地位を達成できるかを問題にしていた。これは重要な問いではあるが，「機会の不平等」の結果としてもたらされる所得や資産などの経済的不平等＝「結果の不平等」に，関心が向いていなかったことも事実である。鹿又は，1970年代以降のアメリカ社会学において，結果の不平等とその不平等をもたらすメカニズムが注目され，その解明が試みられてきたことを念頭に置きながら，「機会の不平等」への関心を，「結果の不平等」へと結びつけることを提案する。すなわち，それぞれの不平等をもたらす多元的な要因を探る一方で，「機会の不平等」が「結果の不平等」をもたらす影響を解明しようとしたのである。

1.5 多元的地位尺度の採用

第二に，「結果の不平等」がもたらされるメカニズムを解明する際に，多元的地位尺度を採用したことである。具体的には，「本人の職業階層的地位をホワイトカラー・農業・自営・企業規模・役職の各変数から多元的にとらえ，それらの所得に対する規定力を検討する」（p.155）という戦略である。このような戦略を採用した背景にあるのは，社会階層研究のこれまでのアプローチが，威信スコアによる一元的連続体として職業階層的地位を測定することに偏っていたということがある（今田 1979; 富永 1979）。しかし先述したように，社会学における社会階層概念は，職場における権威関係や職業によってもたらされる威信，生産手段の有無などで構成される，多元的なものである。よって，職業的地位のもつ多様な次元がいかに機会と結果の不平等をもたらしているかを，明らかにする必要があったのである。

1.6 分析の結果わかったこと

鹿又は，分析の結果，「階層移動研究の立場から，所得決定構造について独自な視点」（p.165）を提示する。第一に，所得が親の学歴や職業，本人が初めて就く職業には影響されず，本人の現在の職業，そのなかでも特に役職（企業内序列的地位）に強く規定されていたことである。そして第二に，役職と企業規模が賃金増大効果を持続的に強めており，それらの所得規定力増大という変化が，全体としての所得決定構造をより頑健なものに変容させてきたということである。

鹿又が分析対象としたのは，1955年から1995年の日本社会における男性有職者である。一方日本社会では2000年頃より，低所得の非正規雇用の増加が盛んに指摘されるようになった。したがって現在において所得の決定構造を解明しようとする際には，雇用形態を考慮したり女性を分析対象に含めたりなど，また異なる視点からの分析が必要になるだろう。しかし，それでも，正規雇用者の所得決定構造は1995年から大きくは変化はしていないし，所得水準が低く，

所得が年齢や勤続に応じて上がっていかない非正規雇用者の存在は，正規雇用者の対極にあるものとして問題化することができる。所得の不平等に対する経済学からのアプローチに対して，社会学の社会階層論からのアプローチを提示し，多元的に測定された職業が所得に与える効果を明らかにしたという点で，鹿又の研究には現在でも大いに意義が認められるだろう。

2 分析技法の説明

以下では，この研究で用いられた重回帰分析について説明し，分析の結果得られた知見について解説する。回帰分析では，従属変数が連続変量であるということを仮定し，基本的には，変数間の線形の関係性をモデル化する。線形とは，独立変数の値が増減すると，その変化の大きさに応じて一定の割合で従属変数の値も増減するという関係性である。たとえば年功賃金制は，年齢に応じて賃金が上昇していくシステムを指している。年齢を独立変数とし，所得を従属変数として回帰分析を行うことで，人びとの所得の多寡を決定するうえで年功賃金制がどれほど重要かを確かめることができる。

ただし，所得の多寡を決定するのは年齢だけではなく，他にもさまざまな要因が考えられる。重回帰分析では，独立変数に複数の変数を投入し，それらの変数が従属変数に対してもつ相対的な重要性を検討することができる。したがって，年齢や教育年数の効果をコントロールしたうえで，所得に対して職業的地位がどれほど影響を与えているかを探るというときには，重回帰分析を用いることが有効である。さらに，重回帰分析を異なる時点のデータに適用して時系列比較を行うことで，各要因の影響力がどれほど変化してきたかを確かめることができる。分析において使用されたのは，1955年から現在まで，半世紀にわたって実施されている「社会階層と社会移動全国調査」（SSM調査）である（男性データ）。このデータを用いることで，所得決定構造と，その長期的な変化を解明することができたのである。

以下では，まず重回帰分析のモデルの基本的な読み方を解説し（2.1節），独立変数の出し入れによるモデルの改善（2.2節），モデルの展開：交互作用項の投入（2.3節）について説明する。

2.1 モデルの基本的な読み方

鹿又は，個人年収を従属変数とし，本人年齢，父親の学歴・職業，本人の学歴・職業を独立変数とした重回帰分析を，1995年から1995年までの10年おきのデータを用いて行った。また，職業の変数として，(1)職業威信スコアをもちいたモデルと，(2)多元的な職業的地位変数をもちいたモデルの両方を推計した。

まず，(1)職業威信スコアをもちいたモデルを取り上げて，モデルの推定と推定結果の基本的な読み方を解説しよう。このモデルは，以下のように書くことができる。

$$\hat{y}_i = a + b_1 x_{age} + b_2 x_{fedu} + b_3 x_{focc} + b_4 x_{edu} + b_5 x_{occ} \tag{1}$$

ただし，$\hat{y}_i$ は個人年収の推定値，x_{age} は本人の年齢，x_{fedu} は父親の教育年数，x_{focc} は父親の職

第5章　重回帰分析

表5.1　職業威信モデルの推定結果（1995年データ）

	b	SE	β
切　片	-658.878^{**}	59.418	
年　齢	7.684^{**}	0.689	0.268
父教育年数	3.976	3.004	0.036
父威信スコア	0.650	0.814	0.021
本人教育年数	24.279^{**}	3.809	0.179
本人威信スコア	11.005^{**}	0.794	0.346
調整済み決定係数		0.263^{**}	
N		1609	

（注）$^{**}p<.01, \ ^{*}p<.05$

業威信スコア，x_{edu}は本人の教育年数，x_{occ}は本人の職業威信スコアである。モデルの推定結果（1995年データ）を表5.1に示す。表5.1には，非標準偏回帰係数bとその標準誤差SE，標準偏回帰係数βが示されている。bの右上につけられた星（*）は，係数の統計的な有意性をあらわす。

表5.1の推定結果を式(1)に代入すると，以下の式（2）のようになる。

$$\hat{y}_i = -658.878 + 7.684 x_{age} + 3.976 x_{fedu} + 0.650 x_{focc} + 24.279 x_{edu} + 11.005 x_{occ} \qquad (2)$$

決定係数

まず確認すべきことは，モデルの説明力（決定係数）である。表5.1によると，モデルの自由度調整済み決定係数は0.263である。これは，従属変数である個人年収の分散のうち26.3％が，投入した独立変数で説明されていることを示している。また，F検定を行うと，決定係数の値は統計的に有意である（$F(5, 1603) = 116.023, p<.01$）。

偏回帰係数

次に，偏回帰係数の統計的有意性と，その値の大きさを確認する。偏回帰係数は，従属変数（個人年収）に対する各独立変数の相対的な影響力をあらわしている。つまり，投入した他の独立変数が従属変数に与える影響をコントロールしたうえで，当該独立変数が従属変数に与える影響力を示している。表5.1から，本人の年齢，教育年数，職業威信スコアが所得に1％水準で統計的に有意な効果をもっていること，父親の教育年数と職業威信スコアは統計的に有意な効果をもっていないことがわかる。

では，統計的に有意であった変数が個人年収に与える効果の大きさはどれくらいだろうか。年齢の非標準偏回帰係数（b）は7.684である。このことは，父親の教育年数，父親の職業威信スコア，本人の教育年数，本人の職業威信スコアが同一であると想定したとき，年齢が1歳上がると，個人年収が7.684万円高くなることを示している。また，本人職業威信スコアの係数は11.005なので，威信スコアが1上がれば，年収は11.005万円高くなることがわかる。ただしこのことによって，職業威信スコアが年収に与える効果のほうが，年齢が与える効果より「大

きい」ということはできない。「年齢が1歳上がること」と「威信スコアが1上がること」は計算する際の「単位」が違い，そのままでは比較できないからである。

一方，標準偏回帰係数（β）は，モデルに含まれるすべての変数を標準得点化して単位を揃えたうえで，各独立変数の従属変数に対する相対的な影響力を示したものである。各独立変数の標準偏回帰係数を比べてみることで，「単位」の違いを解消して，それぞれの独立変数が従属変数へ与える影響力を比較することができる。ただし，独立変数の値が1増えると従属変数がどれだけ変化するのかといった具体的な関係は，標準偏回帰係数からはわからない[1]。したがって，分析結果として標準偏回帰係数だけを示すことはあまりない。所得など従属変数が具体的な単位をもった変数である場合，モデルの解釈は非標準偏回帰係数をもちいて行う。

切片

切片は，独立変数がすべて0をとるときの，従属変数の値を示す。このことは，式（1）からも確認できる（独立変数がすべて0（$x_{age} = x_{fedu} = x_{focc} = x_{edu} = x_{occ} = 0$）のとき，式（1）は$\hat{y}_i = a$となる）。表5.1では，切片は$-658.878$である。マイナスの値になっているのは，各独立変数がすべて0となる（年齢，教育年数などがすべて0となる）ときの年収をあらわしているからである。偏回帰係数と同様に，切片の有意性検定を行うこともできるが，表5.1のようなケースでは，切片にも，その有意性検定にも何も意味はない。切片の値を解釈できるものとするためには，投入する独立変数を中心化（それぞれの値から平均値を引く）してから投入すればよい。その場合，切片は，各独立変数がすべて平均値（すなわち0）をとるときの従属変数の値を示す。切片の解釈に関しては，あとで具体例を示す。

媒介関係

表5.1から，個人年収には，本人の年齢，学歴，職業が統計的に有意な影響を及ぼしており，父親の学歴や職業は影響を及ぼしていないことがわかる。しかし，父親の学歴や職業は，個人の収入に全く影響を与えていないのであろうか？

重回帰分析を行って得られる偏回帰係数には，媒介関係が反映されていないことには注意が必要である。父親の学歴や職業は，個人の年収に「直接的」には影響を与えていなくても，「父親の教育年数→父親の職業威信スコア→本人の教育年数→本人の職業威信スコア→個人年収」という媒介関係を通じて，影響を及ぼしていることが考えられる。

しかしながら，このような媒介関係は重回帰分析では表現できない。従属変数に影響を与える因果関係を，媒介関係を含めて示す手法は，パス解析である（第6章を参照）。重回帰分析で媒介関係を確かめるためには，因果的により先行すると考えられる独立変数から順に1つずつ独立変数を増やしながら，複数の回帰分析を行う。新たな変数Bを投入すると，すでに投入していた変数Aの有意な効果が消えるならば，Aの従属変数に与える効果はBの効果に媒介されていると考えてよい。

2.2 独立変数の出し入れによるモデルの改善

表5.1のモデルは統計的に有意であり，所得に対しては，本人の年齢や学歴だけではなく，職業も影響を及ぼしていることがわかった．ただし，表5.1では，職業が所得に対してもつ影響力が「職業威信スコア」という1つの変数に縮約されてしまっている．職業の「威信」以外の側面が所得に影響を及ぼしていないだろうか？　もっとよいモデルはないのだろうか？

そこで，独立変数を増やしたり，あるいは減らしたりして，よりよいモデルがないかを考えてみよう．重回帰分析では，複数のモデルの説明力を比較しながら，統計的に有意な効果をもたない変数を除去し，より影響力の大きい変数を投入して，従属変数の分散をよりよく説明するモデルを検討する．職業は，威信の違いだけでなく，職務内容が違うかどうか，自営であるか，規模の大きい企業に勤めているか，役職についているかという，多様な次元で捉えることができる．そこで，職業変数として，職業威信スコアに代えて，仕事内容（ホワイトカラー，ブルーカラー，農業），従業上の地位（自営，自営以外），企業規模（5人未満，5〜29人，30〜299人，300〜999人，1000人以上・官公庁），役職（役職なし，監督・職長・班長・係長，部長，経営者・役員）を投入し，それぞれの変数が所得に対してもつ相対的な影響力を比較してみよう．なお「自営」は，企業規模が30人未満で農業以外の自営業者として定義されている．

離散変数の投入

職業をあらわす変数である仕事内容，自営，企業規模，役職は，離散変数である．重回帰分析では，従属変数は連続変数でなければならないが，独立変数には，離散変数を投入することができる．ただし，離散変数を投入する際には注意が必要なので，以下で説明しよう．

離散変数は，その値が2つの場合と，3つ以上の場合がある．まず，2値の離散変数の場合を説明する．従業上の地位（自営，自営以外）が2値の離散変数である．このような変数を投入する場合，従属変数に対する影響力を確かめたいほうの値を1としたダミー変数を作成し（この場合は「自営」が1をとる），投入すればよい．投入したダミー変数の偏回帰係数の値は，「自営である」場合と，「自営ではない」場合を比べたときの所得の違いをあらわす．

3値以上の離散変数の場合は，そのうち1つの値を基準値として設定しなければならないので，より複雑である．仕事内容（「ホワイトカラー」，「ブルーカラー」，「農業」）と企業規模（「5人未満」，「5〜29人」，「30〜299人」，「300〜999人」，「1000人以上・官公庁」），役職（「役職なし」，「監督・職長・班長・係長」，「課長」，「部長，経営者・役員」）が3値以上をとる離散変数である．役職を例にとり，基準値の設定の仕方を説明する．

役職変数としては，「監督・職長・班長・係長ダミー」，「課長ダミー」，「部長，経営者・役員ダミー」という3つのダミー変数を投入する．役職は本来4つの値をとる離散変数であるが，そのうち「役職なし」をあらわすダミー変数は投入されていない．「役職なし」をあらわすダミー変数は基準変数となり，モデルには投入されない．そして，推定結果を示す際には，「役職なし（ref.）」のようにして示す（"ref." は，"reference" の略）．「監督・職長・班長・係長ダミー」，「課長ダミー」，「部長，経営者・役員ダミー」という3つのダミー変数の偏回帰係数は，

基準値である「役職なし」と比較したときの，それぞれの役職が所得に対してもつ効果をあらわす。

異なるモデルの比較

表5.2は，職業威信スコアに代えて多元的な職業的地位変数を投入し，かつ統計的に有意な効果をもたなかった父親の教育年数と職業威信スコアを除外したモデルの推定結果である（1995年データ）。

まず，表5.1（職業威信モデル）と表5.2（多元的地位変数モデル）の決定係数を比較すると，表5.1（0.263）よりも表5.2（0.321）のほうが説明力が高いことがわかる。[2] 表5.2のモデルでは，個人年収の分散のうち32.1％が説明されている。F検定を行うと，決定係数の値は統計的に有意である（$F(12,1999)=116.023$, $p<.01$）。

次に，切片の値を確認する。表5.2では，年齢と教育年数は平均値で中心化したものを投入した。2.1節において説明したように，切片は，各独立変数がすべて0となるときの年収をあらわす。したがって，表5.2における切片の330.732万円は，自営ではないブルーカラーで，従業員が5人未満の企業に勤め，役職についておらず，年齢と教育年数が平均値である者の年収の予測値を示している。

では，偏回帰係数の値を確認しよう。表5.2によると，職業をあらわすそれぞれの独立変数

表5.2　多元的地位変数モデルの推定結果（1995年データ）

	b	SE	β
切　片	330.732**	25.405	
年　齢	5.448**	0.612	0.192
教育年数	22.255**	3.081	0.166
ホワイトダミー	27.896	16.420	0.039
ブルーカラー（ref.）	—	—	—
農業ダミー	13.417	36.025	0.009
自営ダミー	156.626**	25.213	0.189
5人未満（ref.）	—	—	—
5〜29人ダミー	44.540	24.230	0.051
30〜299人ダミー	113.609**	26.984	0.135
300〜999人ダミー	166.655**	34.272	0.126
1000人以上・官公庁ダミー	220.147**	28.442	0.266
役職なし（ref.）	—	—	—
監督・職長・班長・係長ダミー	96.718**	19.968	0.097
課長ダミー	232.706**	24.180	0.198
部長，経営者・役員ダミー	303.294**	23.457	0.312
調整済み決定係数		0.321**	
N		2012	

（注）**$p<.01$，*$p<.05$。年齢と教育年数は平均値で中心化したものを用いた。

は，所得に統計的に有意な効果をもっていることがわかる。特に，自営，企業規模，役職が大きな効果をもっている。表5.2によると，自営ダミーの非標準偏回帰係数は156.626である。つまり，自営業者は企業で雇用されて働く者と比較して，156.626万円年収が高い。また「課長ダミー」の非標準偏回帰係数は232.706である。これは，「役職なし」と比較して，「課長」では，年収が232.706万円高いことを示している。

このように，同じ「職業」をあらわす変数であっても，どのような職業変数を用いるかによって重回帰分析の結果は変わってくる。表5.1では，「職業」を職業威信スコアという1つの変数であらわしているが，表5.2のように多元的な地位変数で「職業」を捉えたほうが，所得のバラツキをよく説明できる。以上より，職業の所得への効果は職業威信スコアという一元的なものに縮約できないことがわかった。

2.3 モデルの展開：交互作用項の投入

以下では，交互作用項を含めたモデルについて説明する。仮説が単純なもの（例えば「役職によって所得は違うのか」）から複雑なもの（例えば「役職による所得の規定力は年齢によって違うのか」）へと発展すれば，それに応じて，より複雑なモデルを構築する必要が出てくる。

第1節で述べたように，鹿又の主要な結論のひとつは，「役職（と企業規模）が賃金増大効果を持続的に強めており，それらの所得規定力増大という変化が全体としての所得決定構造をより頑健なものに変容させてきた」というものであった。このような変化と同時に，「年功制的な賃金体系の変化」が指摘されている。その意味は，役職の収益効果は，年齢段階とともに強まるものから，若い段階から一定の高収益効果をもつものに近づいていたということである。すなわち，賃金決定における重心は，若い段階では加齢（年功）にあり，中高年になるとともに役職（昇進）に移る。しかし，近年（特に低成長期にはいった1975－85年時期に），若い段階から役職が効果をもつようになってきた。このことを確認してみよう。

「若い段階から役職が効果をもつようになってきた」というのは，そもそも「年齢段階によって役職の所得規定力が異なる」ということと，「年齢段階による役職の所得規定力の違いが時代によって変化した」ということの2つを含んでいる。ここでは，前者の「年齢段階によって役職の所得規定力が異なる」かどうかを確かめるためのモデルを解説しよう。

「年齢段階によって役職の所得規定力が異なる」ということは，年齢と役職の交互作用効果が存在しているということである。このことを確かめる方法は，2つある。1つは年齢段階別に重回帰分析を行って，年齢によって役職の効果が異なるかどうかを確かめることである（サンプル分割による重回帰分析）。2つめは，年齢と役職の交互作用項を投入して，それが統計的に有意な効果をもつかどうかを確かめることである（交互作用項の投入）。

サンプル分割による重回帰分析

まず，10歳刻みに年齢段階を区別して，重回帰分析を行った結果を表5.3に示す（1995年データ）。分析対象は，60歳未満の雇用者に限定している。また，単純化のため，役職変数は役

職の有無（役職あり＝1，役職なし＝0）で区別している。年齢と教育年数はサンプルごとに平均値で中心化したものをもちいている。

表5.3によると，年齢段階によって所得の決定構造が異なっていることがわかる。まず決定係数を確認すると，年齢が高いほどモデルの説明力が高い傾向にあることがわかる。各独立変数の偏回帰係数の有意性をみても，年齢が高いほど統計的に有意な値をとる変数が多くなることがわかるだろう。ここで注目したい役職変数の偏回帰係数を確認すると，58.186（20代），94.654（30代），104.771（40代），126.768（50代）である。ここから，年齢が高くなるほど，役職の所得への影響力は大きくなっているように思える。

ただし，このように年齢段階別に重回帰分析を行って各独立変数の偏回帰係数の大きさを「目でみて」比較することはできるが，年齢による違いが統計的に有意なものか確認することはできない。役職変数の偏回帰係数の値は20代（58.186）と50代（126.768）で大きく異なっているが，その違いが統計的に有意なものかどうかはわからないのである。

交互作用項の投入

年齢によって，個人年収に与える役職の効果が異なるかどうかを検討するためには，サンプルを分割せずに，表5.3のモデルに年齢と役職の交互作用項を投入する。年齢と役職の交互作用項を投入したモデルは，以下のように書きあらわすことができる。

$$\hat{y}_i = a + b_1 x_{age} + b_2 x_{edu} + b_3 x_{white} + b_4 x_{k5-29} + b_5 x_{k30-299} + b_6 x_{k300-999} + b_7 x_{k1000-public} + b_8 x_{manag}$$
$$+ b_9 x_{age} \times x_{manag} \tag{3}$$

ただし，x_{age} は年齢，x_{edu} は教育年数，x_{white} はホワイトカラーダミー，$x_{k5-29} \sim x_{k1000-public}$ は企業規模をあらわすダミー変数群，x_{manag} は役職ダミーである。

(3) 式の最後の項（$x_{age} \times x_{manag}$）は，年齢と役職ダミーの交互作用項（変数をかけあわせたもの）である。また，ここでは年齢と教育年数は平均値で中心化したものをもちいている。以下では，この交互作用項（$x_{age} \times x_{manag}$）の偏回帰係数 b_9 がいかなる意味をもつかを，(a)年齢が平均値のときと，(b)年齢が平均値よりも1歳高いときで分けて考えてみよう。

(a)年齢が平均値のとき，$x_{age}=0$ となるので，(3) 式は，

$$\hat{y}_i = a + b_2 x_{edu} + b_3 x_{white} + b_4 x_{k5-29} + b_5 x_{k30-299} + b_6 x_{k300-999} + b_7 x_{k1000-public} + b_8 x_{manag} \tag{4}$$

となる。さらにこの場合，「役職なし」と「役職あり」の場合で，(4) 式がどう変化するかを考えよう。

役職なし（$x_{manag}=0$）のとき，

$$\hat{y}_i = a + b_2 x_{edu} + b_3 x_{white} + b_4 x_{k5-29} + b_5 x_{k30-299} + b_6 x_{k300-999} + b_7 x_{k1000-public} \tag{5}$$

役職あり（$x_{manag}=1$）のとき，

$$\hat{y}_i = a + b_2 x_{edu} + b_3 x_{white} + b_4 x_{k5-29} + b_5 x_{k30-299} + b_6 x_{k300-999} + b_7 x_{k1000-public} + b_8 \tag{6}$$

となる。(5) 式と (6) 式を比較すると，b_8 は，年齢が平均値のとき，役職の有無が個人年収に与える効果をあらわしていることがわかる。

次に(b)年齢が平均値よりも1歳高いとき，$x_{age}=1$ となるので，(3) 式は，

表5.3 年齢段階別・個人年収を従属変数とした重回帰分析（1995年データ）

	20代		30代	
	b	SE	b	SE
切　片	312.527**	36.565	423.759**	54.915
年　齢	24.578**	3.605	11.525**	3.004
教育年数	−1.856	4.538	17.826**	4.632
ホワイトダミー	−28.817	19.376	32.004	22.510
5人未満（ref.)	—	—	—	—
5〜29人ダミー	−4.947	40.972	−11.957	56.947
30〜299人ダミー	3.012	39.021	8.972	56.396
300〜999人ダミー	12.650	42.679	2.871	59.576
1000人以上・官公庁ダミー	35.295	39.788	67.475	56.012
役職ダミー	58.186*	29.241	94.654**	18.613
調整済み決定係数	0.195**		0.289**	
N	247		305	
	40代		50代	
	b	SE	b	SE
切　片	458.542**	58.684	454.412**	69.186
年　齢	13.725**	3.524	−0.511	4.984
教育年数	26.344**	4.527	32.784**	7.260
ホワイトダミー	70.273**	23.663	70.466	36.397
5人未満（ref.)	—	—	—	—
5〜29人ダミー	0.201	61.880	−11.380	75.556
30〜299人ダミー	19.667	60.649	30.415	72.447
300〜999人ダミー	172.633**	65.414	125.430	80.082
1000人以上・官公庁ダミー	162.648**	60.438	198.833**	71.886
役職ダミー	104.771**	21.948	126.768**	32.549
調整済み決定係数	0.394**		0.384**	
N	440		274	

（注）**p＜.01，*p＜.05。年齢と教育年数は平均値で中心化したものを用いた。

$$\hat{y}_i = a + b_1 + b_2 x_{edu} + b_3 x_{white} + b_4 x_{k5-29} + b_5 x_{k30-299} + b_6 x_{k300-999} + b_7 x_{k1000-public} + b_8 x_{manag}$$
$$+ b_9 x_{manag} \tag{7}$$

となる。この場合も，「役職なし」と「役職あり」の場合で，(7) 式がどう変化するかを考えよう。

役職なし（$x_{manag}=0$）のとき，

$$\hat{y}_i = a + b_1 + b_2 x_{edu} + b_3 x_{white} + b_4 x_{k5-29} + b_5 x_{k30-299} + b_6 x_{k300-999} + b_7 x_{k1000-public} \tag{8}$$

役職あり（$x_{manag}=1$）のとき，

$$\hat{y}_i = a + b_1 + b_2 x_{edu} + b_3 x_{white} + b_4 x_{k5-29} + b_5 x_{k30-299} + b_6 x_{k300-999} + b_7 x_{k1000-public} + b_8 + b_9 \tag{9}$$

となる。

表5.4 年齢と役職の交互作用項を投入した場合の
偏回帰係数の意味

	役職の有無が年収に与える効果
(a)年齢が平均値	b_8
(b)年齢が平均値+1	$b_8 + b_9$

(8)式と(9)式を比較すると，年齢が平均値より1歳高いとき，役職についていることは，役職についていない場合と比較して，年収を b_8+b_9 だけ高めることがわかる。以上をまとめると，表5.4のようになる。

表5.4より，(a)年齢が平均値のときと比較して，(b)年齢が平均値よりも1歳高いときには，役職につくことは所得を b_9 分だけ高めることがわかる。年齢がさらに高く（あるいは低く）なるとき，役職につくことが所得に与える影響力は $b_9 \times$ 年齢分だけ強くなっていく（弱くなっていく）。したがって，b_9 が統計的に有意であるかを確認することで，「年齢によって役職の効果は違うのか」どうかを検討することができるのである。

(3)式のモデルの推定結果を表5.5に示す。年齢段階別に行った重回帰分析（表5.3）では，年齢によって役職の効果は異なるようにみえたが，交互作用項を含んだモデル（表5.5・1995年データ）では年齢と役職の交互作用項（年齢×役職ダミー）の値（1.843）は統計的に有意ではなく，「年齢によって役職の効果は違う」とはいえないことがわかる。

では，1995年以前はどうだったのであろうか。表5.5には，1975年データによる推定結果も示している。それによると，年齢と役職ダミーの交互作用項の値（0.989）は5％水準で統計

表5.5 年齢×役職の交互作用項を投入したモデル（1995年・1975年データ）

	1995年		1975年	
	b	SE	b	SE
切　片	414.518**	29.439	160.626**	9.849
年　齢	10.165**	0.682	2.420**	0.249
教育年数	23.033**	2.713	7.012**	0.907
ホワイトダミー	32.280*	13.519	16.369**	4.705
5人未満（ref.)	—	—	—	—
5～29人ダミー	−11.934	31.465	2.919	10.502
30～299人ダミー	8.988	30.630	8.307	10.345
300～999人ダミー	82.700*	33.162	18.140	11.363
1000人以上・官公庁ダミー	116.191**	30.588	41.065**	10.288
役職ダミー	140.680**	12.549	52.601**	4.744
年齢×役職ダミー	1.843	1.223	0.989*	0.465
調整済み決定係数	0.466**		0.363**	
N	1266		1429	

（注）　**$p<.01$, *$p<.05$。年齢と教育年数は平均値で中心化したものを用いた。

的に有意である。係数の値がプラスなので，年齢が高いほど，役職の効果は強まっていることがわかる。役職ダミーの偏回帰係数の値（52.601）は年齢が平均値であるとき，役職の有無が個人年収に与える効果を示す。年齢が平均値より高くなると，「52.601＋0.989×年齢分」だけ役職が個人年収に与える効果が大きくなっていく。これはつまり，年齢が若ければ，役職の効果は強くはないということである。賃金決定における重心は，若い段階では加齢（年功）にあり，中高年になるとともに役職（昇進）に移る。しかし，それは1975年の話であり，1995年では，若い段階から役職が効果をもつようになってきたということである[3]。

以上のように，交互作用項をもちいることにより，重回帰分析でさまざまな仮説を検証することができる。以上の分析は男性のみを対象としたものであるが，例えば性別で所得の決定構造が違うのか，時点によって所得の決定構造が違うのかなど，さらに検証すべきさまざまな仮説が考えられるだろう。

3 分析シミュレーション

では SRDQ にアップロードされているデータ（1995年データ）をもちいて，分析を実際に行ってみよう。SRDQ のトップページ左下から教科書用の「サポートページ」をクリックして，さらに「第5章 重回帰分析」というリンクをたどる。すると「『社会階層と社会移動』全国調査（SSM95）」という調査データの「分析メニュー」が表示される。このデータは SSM95 の A 票と B 票のデータを統合したうえで，男性のみを取り出したものである。

3.1 職業威信モデルの推定

まず，職業威信モデルを分析してみよう。重回帰分析は「分析メニュー」の「線型回帰」で行うが，分析の前に，変数の分布を確認しておくことが必要である。「分析メニュー」には「度数分布表」が用意されているので，それをクリックし，従属変数である個人年収の分布を確認してみよう。変数リストから「個人年収」をクリックすると，度数分布表とヒストグラムが表示される。その他，分析に用いるすべての変数の分布を確認しておこう。

変数の分布を確認したら，「線型回帰」をクリックして，重回帰分析の画面に移動する。図5.2のような画面が表示されるので，①～③の操作を行う。「従属変数」には「個人年収」を，「独立変数」には「年齢」，「父：教育年数」，「父：職業威信スコア」，「教育年数」，「職業威信スコア」を指定する。その後，「線型回帰」のボタンをクリックすれば，分析が実行される。画面が変わり，分析結果には，「記述統計量」，「相関係数」，「投入済み変数または除去された変数」，「モデル集計」，「分散分析」，「係数」が順番に表示されている。この分析結果の表示の仕方は，SPSS と同様である。

分析結果を確認してみよう。まず，最初に表示される「記述統計量」には，分析に使用した変数の平均値，標準偏差，サンプル数（N）が表示されている。サンプル数は「記述統計量」のところでしか表示されないので，きちんと確認しておこう。

10. 線型回帰

[ケース選択 ： 全ケース]

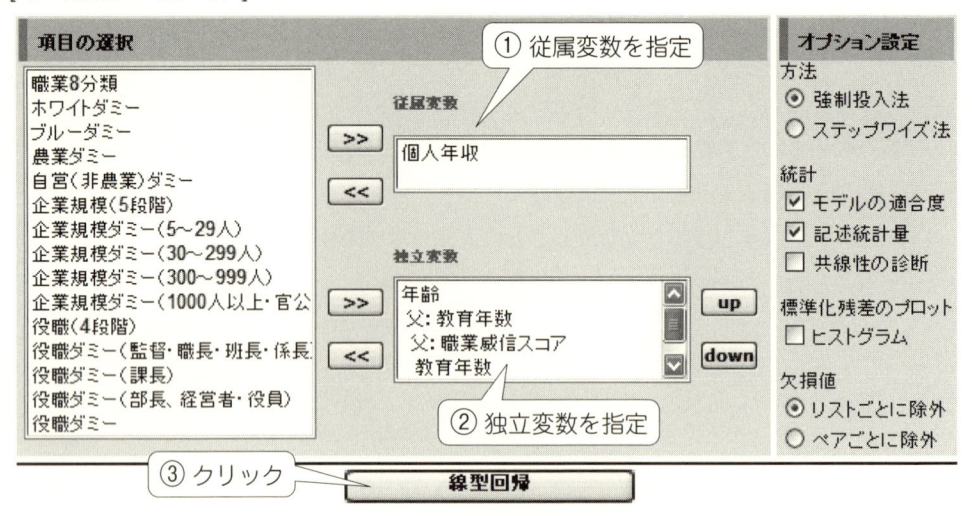

図5.2 重回帰分析の指定

次に，「モデル集計」をみる（図5.3）。ここには，モデルの決定係数が表示されている。自由度調整済み決定係数は0.263であることがわかる。

図5.3 「モデル集計」結果

次に，「分散分析」の結果を確認しよう（図5.4）。ここでは，モデルの決定係数の有意性検定（F検定）が示されている。F値は116.023であり，その有意確率は0.000より小さい値である。したがって，このモデルは1％水準で統計的に有意であることがわかる。

最後に，「係数」には，各独立変数の偏回帰係数，標準誤差，t値，有意確率が示されている（図5.5）。有意確率をみると，年齢，教育年数，職業威信スコアの偏回帰係数の値が1％水準で統計的に有意な効果をもっていることがわかる。

第5章 重回帰分析

分散分析[a]

モデル		平方和	自由度	平均平方	F値	有意確率
1	回帰	57101684.854	5	11420336.971	116.023	.000[b]
	残差	157785723.349	1603	98431.518		
	全体	214887408.204	1608			

a 従属変数: 個人年収
b 予測値: (定数)、職業威信スコア, 年齢, 父: 職業威信スコア, 父: 教育年数, 教育年数。

図5.4 「分散分析」結果

係数[a]

モデル		非標準化係数		標準化係数	t	有意確率
		B	標準誤差	ベータ		
1	(定数)	-658.878	59.418		-11.089	.000
	年齢	7.684	.689	.268	11.146	.000
	父: 教育年数	3.976	3.004	.036	1.324	.186
	父: 職業威信スコア	.650	.814	.021	.798	.425
	教育年数	24.279	3.809	.179	6.374	.000
	職業威信スコア	11.005	.794	.346	13.868	.000

a 従属変数: 個人年収

図5.5 「係数」結果

3.2 交互作用項を投入したモデルの推定

　では次に，交互作用項を投入したモデルを分析してみよう。例題として，対象者を雇用者に限定し，独立変数として年齢，教育年数，ホワイトカラーダミーを投入したうえで，年齢とホワイトカラーダミーの交互作用項を投入して，ブルーカラーとホワイトカラーとで，年齢が個人年収に与える影響が異なるかどうかを検討してみよう。

　このようなモデルを推計するためには，「ケースの選択」で分析対象者を選択し，「変数の計算」で新しい変数を作成する必要がある。まずは「ケースの選択」で，雇用者のみを選択する。「分析メニュー」の下にある「ケースの選択」をクリックすると，図5.6のような画面が開く。IF条件の定義のところで，変数名，演算子，数値をもちいて，「自営（非農林）ダミー」＝0かつ「農業ダミー」＝0と指定し，適用をクリックする。「かつ」は「&」で指定する。この操作により，雇用者のみが分析可能なケースとして選択される。

　次に，「分析メニュー」の下の「変数の計算」をクリックし，平均値を引いて中心化した年齢と，年齢（中心化）とホワイトカラーダミーとの交互作用項を作成する（図5.7）。中心化した年齢変数を作成するためには，変数の名前には「mage」，年数のラベルには「年齢（中心化）」と入力し，式には「age-42.73」と入力する（年齢の平均値は42.73である。「変数の計

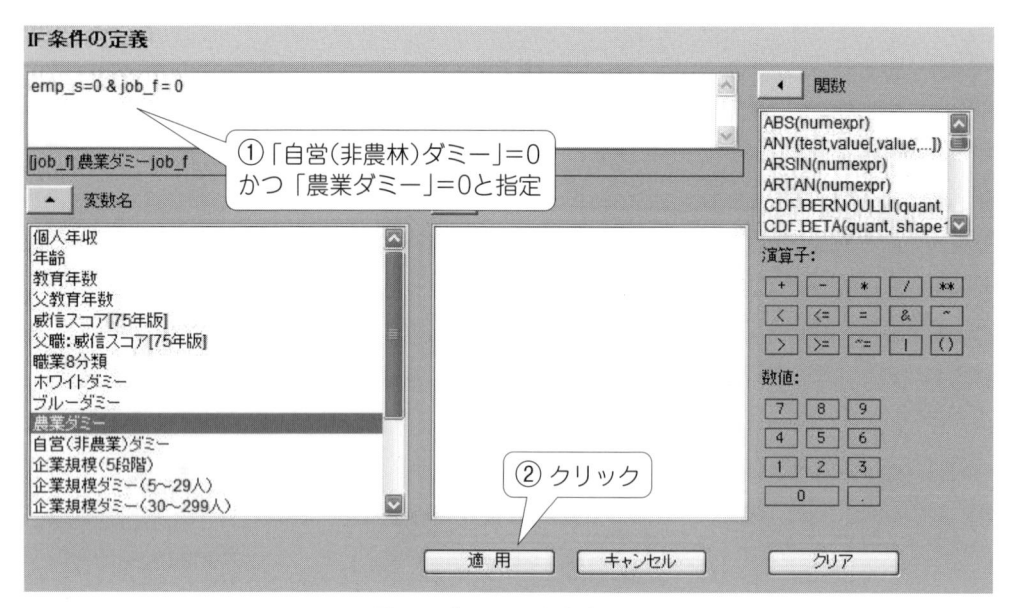

図 5.6 「ケースの選択」画面

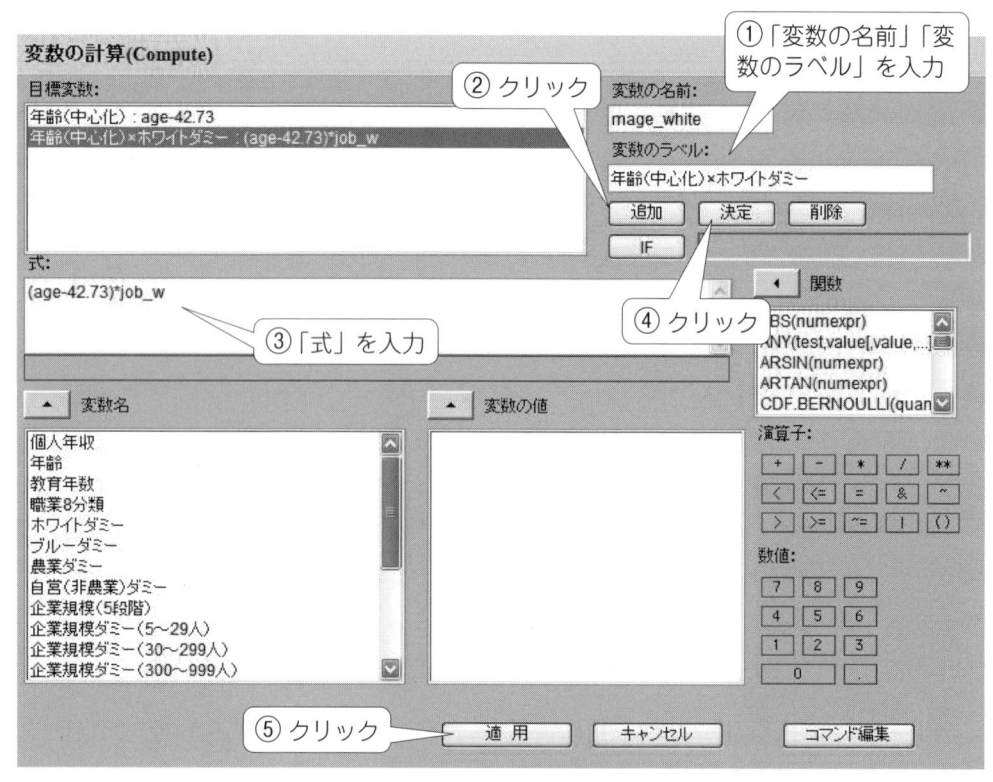

図 5.7 「変数の計算」画面

第5章 重回帰分析

係数ᵃ

モデル		非標準化係数		標準化係数 ベータ	t	有意確率
		B	標準誤差			
1	(定数)	33.718	33.164		1.017	.309
	年齢(中心化)	5.649	.737	.253	7.667	.000
	教育年数	36.702	2.850	.350	12.878	.000
	ホワイトダミー	91.697	14.102	.167	6.503	.000
	年齢(中心化)×ホワイトダミー	7.779	.990	.250	7.860	.000

a. 従属変数:個人年収

図5.8　交互作用項を投入したモデルの「係数」結果

算」を行う前に「記述統計」で確認しておく)。年齢（中心化）とホワイトカラーダミーとの交互作用項を作成するためには，変数の名前には「mage_white」，年数のラベルには「年齢（中心化）×ホワイトダミー」と入力し，式には「(age-42.73)*job_w」と入力する。演算子の「*」は「かけ算」をあらわす。入力が完了したら，「適用」をクリックする。なお，中心化しないで交互作用項を作成すると，交互作用項ともとの変数との相関係数が高くなってしまい，多重共線性の問題が生じてしまう場合がある。なお，「ケースの選択」と「変数の計算」のより詳細な操作手順は，第1章を参照のこと。

「変数の計算」が完了したら「線型回帰」へと戻り，重回帰分析を行う。従属変数に「個人年収」を，独立変数に「年齢（中心化）」，「教育年数」，「ホワイトダミー」，「年齢（中心化）×ホワイトダミー」を指定し，分析を実行する。重回帰分析のモデルの指定は図5.2と同様に行う。分析結果は図5.3～5.5と同様な形式で出力される。

図5.8には，以上のようにして実行したモデルの「係数」結果を示した。「記述統計量」，「相関分析」，「投入済み変数または除去された変数」，「モデル集計」，「分散分析」は各自で確認されたい。

図5.8によると，投入したすべての独立変数が統計的に有意な効果をもっていることがわかる。交互作用項（「年齢（中心化）×ホワイトダミー」）を確認してみると，その非標準化係数の値は7.779で，1％水準で統計的に有意であることがわかる。一方，年齢の非標準偏回帰係数は5.649で統計的に有意であり，年齢が高いほど収入が高いという関係がみられる。交互作用項が有意であるということは，ホワイトカラーはブルーカラーに比べて，年齢が高いほど個人年収が高いという関係が強いということを示している。

4　課　題

1. SRDQで多元的地位変数モデル（表5.2）の推計を行ってみて，その決定係数と偏回帰係数を，職業威信モデル（表5.1）と比較してみよう。
2. 「ケースの選択」でサンプルを60歳未満の雇用者に限定したうえで，役職ダミーと年齢と

の交互作用項を投入した表5.5のモデルを推計して，結果を確認しよう。なお，年齢は平均値で中心化したものを用いること。

注

(1) 標準偏回帰係数の値は，次のように解釈できる。表5.1において年齢の標準偏回帰係数の値は0.268である。これは，年齢の値が標準偏差の分（12.8年）だけ異なると，Y（従属変数）においては標準偏差（365.6万円）の0.268倍の差異（365.6×0.268＝98.0万円）が生じるということをあらわしている。

(2) 決定係数の増加分が統計的に有意なものかどうかを，F検定を用いて検定することができる。しかしそれは，変数を追加することによる決定係数の増加分を検定するものである。表5.1と表5.2の場合は変数を追加しただけではなく減らしてもいるので，表5.1による決定係数と表5.2による決定係数の大きさに違いがあるかを，統計的に検定することはできない。

(3) 鹿又がこの仮説を検討するためにもちいた方法は，ここでの方法とは異なる。なお，1995年と1975年では物価が違うので，1995年と1975年の係数の大きさを単純に比較することはできない。さらに，ここでは交互作用項に年齢（実測値）をもちいており，年齢が1歳上がることによる役職の規定力の変化を検討している。もし年齢が10歳上がることによる役職の規定力の変化を検討したければ，年齢を10歳刻みの離散変数として投入することも考えられる。

参考文献

Becker, G. S., 1975, *Human Capital : A Theoretical and Empirical Analysis, with Special Reference to Education 2nd ed.*, New York : Columbia University Press.（＝1976，佐野陽子訳『人的資本──教育を中心とした理論的・経験的分析』東洋経済新報社。）

今田高俊，1979，「社会的不平等と機会構造の趨勢分析」富永健一編『日本の階層構造』東京大学出版会，88-132。

橘木俊詔，1998，『日本の経済格差──所得と資産から考える』岩波書店。

富永健一，1979，「社会階層と社会移動の趨勢分析」富永健一編『日本の階層構造』東京大学出版会，33-87。

（長松奈美江）

第6章
パス解析

> 【研究事例】
> 吉川徹,1999,「「中」意識の静かな変容」『社会学評論』50(2):76-90。

1 研究事例の紹介

1.1 研究紹介

　戦後の高度経済成長の頂点にあたる1970年代,マスコミでは「一億総中流」ということがもてはやされた。この時代の日本では,自分が社会の「中ほど」にいると考える人たちが7割から9割を占めるようになっており,このことが「一億総中流」と名付けられたのである。これは,「生活の豊かさが高まった」というこの時期の国民的な実感を反映した現象だと理解されている。

　この「一億総中流」は,「かりに現在の日本の社会全体を,このリストにかいてあるような5つの層に分けるとすれば,あなた自身はこのどれに入ると思いますか?」という社会調査や世論調査における質問に対して,「上」,「中の上」,「中の下」,「下の上」,「下の下」という選択肢から回答を求める調査項目の回答分布をもとに論じられている。この質問項目を階層帰属意識という。

　はじめに,階層帰属意識の動向をみていこう。図6.1のように,1955年から1975年までの階

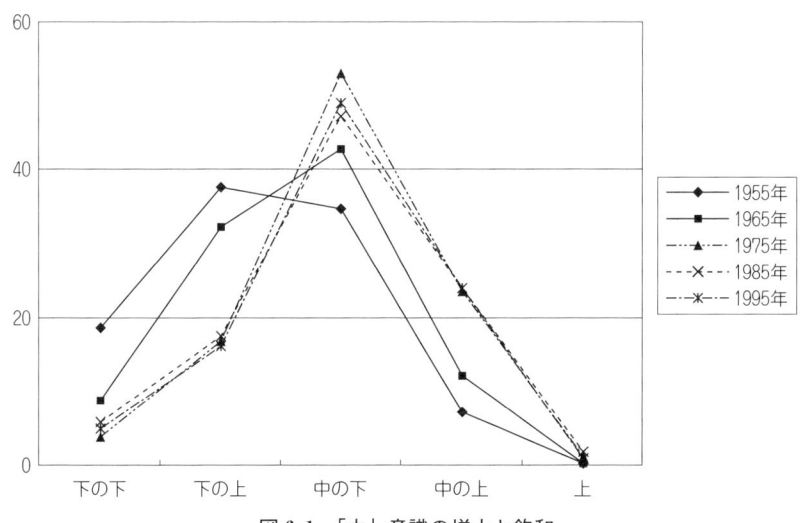

図6.1 「中」意識の増大と飽和

【出典:吉川 (1999, p.79),図1】

層帰属意識は「下」から「中」へとの分布のかたちを変化させているが，その後の30年間の階層帰属意識の分布は正規分布に近い左右対称のかたちのままほとんど変化をしていない[(1)]。このような，高度経済成長期以降にみられる階層帰属意識の分布の不変状態は，「中意識の飽和」と呼ばれている。

　この実態を受けて，1980年代から1990年代の階層帰属意識研究では，どのような生活をしている人が「中」という回答をしがちであるのかについて検討を行ってきた。そして，年齢や学歴，職業的地位，経済的豊かさなどの客観的な階層変数と「中」回答との対応関係をクロス集計表で探る，カテゴリカルでかつ記述的な方向に展開してきた。だが，多くの研究が積み重ねられたにもかかわらず，「一億総中流」に匹敵するほどの発見は見出されなかった。

　このような社会的関心や研究動向を背景として，この論文では，従来あまり試みられていなかったパス解析という手法を適用した。つまり，表面上はほとんど分布に変化のないこの20年間にみられた階層帰属意識の傾向について，「中」回答者だけにこだわるのではなく，変数の全分散を対象としたのである。この分析視座の転換により，それまでに論じられてきた，階層帰属意識と，それに影響を与える学歴，職業的地位，経済的豊かさ，生活満足度などの概念の間にみられる線形の関連とその強さについて把握し，階層意識研究の停滞を打開することが可能になった。

　さらに，それまでのSSM調査研究で蓄積されてきたデータに対して同型のモデルをあてはめて分析を行ったことで，それぞれの時点における階層帰属意識の規定要因について比較を行うことが可能となっている。具体的には，男性については1975年，1985年，1995年のデータについて，女性については1985年および1995年のデータについて同型のモデルにより検討を行った[(2)]が，ここでは，より長期の変遷を確認するために，男性の結果についてみていこう。

　この研究は，階層変数と階層意識との間にみられる客観－主観関係について，次のような変遷が指摘されている。まず，図6.2に示されるとおり，「中流論争」が繰り広げられていた高度経済成長直後の1975年時点での決定係数は $R^2 = .093$ となり，教育年数，職業威信，世帯収入，生活満足度などが階層帰属意識の分散の9.3％を説明しているものの，他の時期のものと比較するとこの値は高いものとはいえない。また，生活満足度からの直接効果が，世帯収入などの直接効果に比べて突出して大きい効果（.211）をもっている。この時期の階層帰属意識は，客観的な社会的地位からはうまく説明されない浮遊した状態にあり，主観に偏重した階層意識の〈熱狂〉ともいうべき状況にあったといえる。

　しかし図6.3のように，安定成長期を経たバブル経済前夜の1985年での決定係数は $R^2 = .123$ まで向上し，モデルの説明力は10％を超えている。この間の説明力の向上は，生活満足度の直接効果を維持したまま（.211→.193），世帯収入からの直接効果が増大した（.128→.224）ことによる。これに対し，1975年では有意であった教育年数や職業威信の効果は小さくなり，有意ではなくなった。つまり，1985年は世帯収入と生活満足度によって階層帰属意識が規定される〈集約〉の時期といえる。

　さらに図6.4のように，バブル経済後の1995年での決定係数は $R^2 = .184$ と，さらに向上し

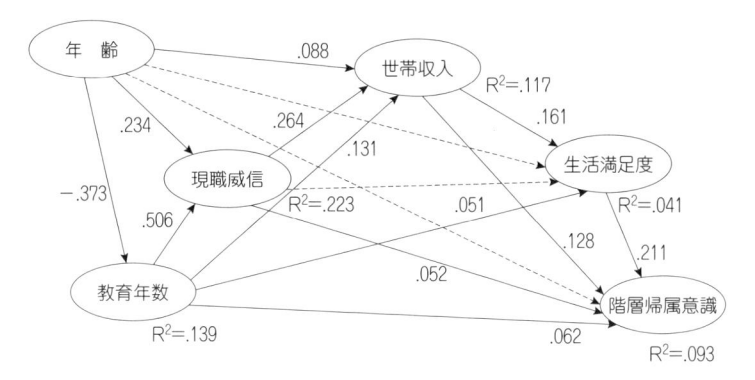

図 6.2　1975年有職男性の階層帰属意識の規定構造
【出典：吉川（1999, p. 81），図2】

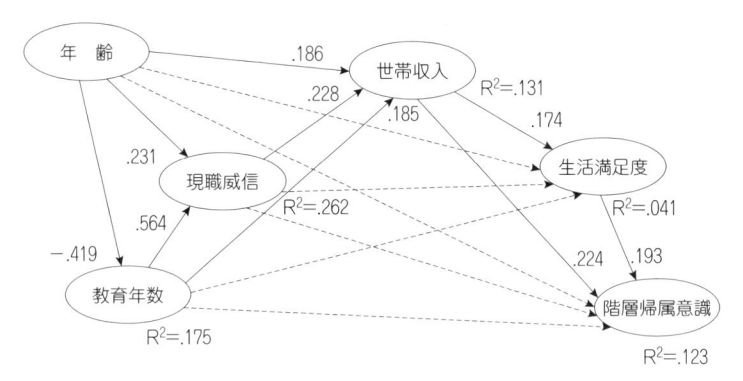

図 6.3　1985年有職男性の階層帰属意識の規定構造
【出典：吉川（1999, p. 82），図3】

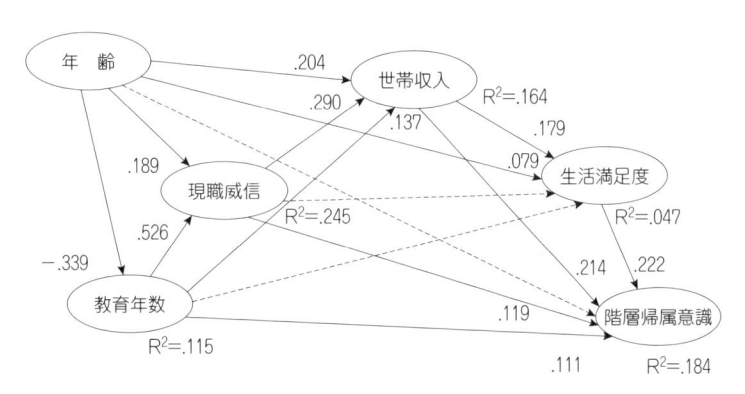

図 6.4　1995年有職男性の階層帰属意識の規定構造
【出典：吉川（1999, p. 83），図4】

ている。直接効果の影響について検討すると、生活満足度（.222），世帯収入（.214）に加えて、教育年数（.111）と職業威信（.119）の影響は増大し、有意な効果をもつ。つまり、1995年に至って、複数の客観階層の影響力（決定係数）がよりいっそう向上し、〈多元的〉な階層評価基準による階層帰属の時代へと移り変わったといえる。

この結果は，高度経済成長期に浮遊していた階層帰属意識が，社会的地位の関係性が比較的安定していた次の20年間に，〈熱狂→集約→多元化〉という経過で，静かに規定構造を変容させていたことを計量的に物語るものである。同時にこれは，表面上の分布の「飽和」状態を論じることからは見えてこない潜在的な時代変化を明らかにしたもので，今日では人びとが生活満足度，学歴，職業的地位，経済的豊かさなどの複数の基準によって，自らの帰属階層を判断する状況が到来したことを示す結果である。

1.2　対象への着眼点

　この論文の評価すべき点は，第一に，扱われるトピックの重要性である。もともと階層研究において学術的関心がもたれていた階層帰属意識ではあるが，「一億総中流」という言葉により，現代日本の社会意識論のなかで中心的な位置づけを得て，多くの人に知られるようになった。また，数理社会学においてもその重要性が指摘されている。

　ただしこの階層帰属意識を使って時代の変化を読み解く研究は，一時はジャーナリスティックに強い関心を集めたものの，その後30年以上にわたって実りの多いものではなかった。そうした古くて新しい問題に，研究対象として焦点を当てたことは評価すべき点といえる。

　さらにこの論文の発表とあい前後して，「一億総中流」から「格差社会」へという社会意識をめぐるトピックの時代変化が指摘されるようになり，社会意識の変化やその規定要因に関する学術的な根拠が求められはじめた。このことも，この論文が発見した事実に対する社会的意義を高める「追い風」となっている。

1.3　技法のマッチング：階層・移動研究におけるパス解析の位置づけ

　第二に評価すべき点は，対象とする問題をめぐる研究枠組みを見渡して，その分野において最も適切だと思われる分析技法を選定していることである。上述のとおり，それまでの議論や論争のもとになっていたのは，度数分布とクロス集計表によるシンプルな記述分析によって得られた知見であった。その暫定的な結論を簡単にいえば，高度経済成長期のように分布の形が再び変化しないかぎり，あるいは社会の仕組みが再び変化しないかぎり，階層帰属意識についての新たな発見は考えられないということであった。

　これに対して，この論文では，多変量解析による潜在的な因果構造の解明を行ったわけである。分析の高度化による命題の描きなおしという手続きも，ひとつのオーソドックスな発見のための道である。実際，この論文には次のようなくだりがある。

　　　そのために従来の「中」意識の研究とは異なる分析方針をとることにする。それは階層帰属意識の（「中」回答群をはじめとした）回答カテゴリーごとの観測値に特別な関心を寄せるのではなく，階層帰属意識を「上－下」の連続変量とみなして，その分散（サンプルの分布状況の総体）を規定（説明）する階層要因を探るというものである。これはちょうど，社会移動の研究が世代間移動表と地位達成過程モデルという，カテゴリカルな分析

と線形多変量解析を車の両輪としてきたのと同じように，カテゴリカルな分析が蓄積されてきた階層帰属意識（＝「中」意識）の研究に，線形多変量解析による知見を加えようという試みである。

(吉川 1999, p. 78)

　ここから読み取れるのは，著者が社会移動研究における研究のブレイクスルーの例から着想を得たということである。社会移動の研究は親の職業的地位と子どもの職業的地位の間の世代間関係を正方のクロス集計表を用いて分析されてきた（第3章参照）。このようにして研究されてきた世代間関係に対して，アメリカの社会学者ブラウとダンカンは，社会的バックグラウンド→学歴→初職→現職という人生の流れに沿った順序で線形の因果モデルを考える，社会的地位達成モデルという考え方を提案した（Blau and Duncan 1967）。これこそが，この論文で応用されているパス解析である。著者は，クロス集計表による命題構築から線形多変量解析に基づく命題構築へというブラウとダンカンの研究枠組みの転換に倣って，同じ方法を試みているのである。

　もっともパス解析という技法は，この論文の発表当時（1999年）においては，もはやとりたてて新しいものであったわけではない。この論文の評価すべき点は，独立変数間の関連について，上述のブラウ・ダンカン型の地位達成過程という周知の因果モデルをそのまま組み入れたという点にある。この構造を説明に組み込むことで，現代日本では1970年代以降，階層変数の関連の構造に大きな変動がみられない，という階層研究での一般的な知見を，階層帰属意識の研究に取り込んだのである。

　すなわち，独立変数間の因果関連にも，そして従属変数の分布のかたちにも変化がないという事実を再確認し，ここで時代変化が起こっているとすれば，客観階層と主観階層の間の因果関連のあり方の変化に特定される，という論法をとっているのである。その結果，客観的な階層構造と主観的な階層意識の対応関係が，時々刻々と変化していく様子を，既存の階層研究における趨勢の議論と重ね合わせて理解することが可能になっているのである。

1.4　継続調査プロジェクトにおける後発メリット

　第三に，同じ質問項目が繰り返し問われている，時系列のデータのメリットを生かした分析を行っていることが挙げられる。時系列データは，後発の論文ほど分析できるデータセットの数が増えるため，先行研究の蓄積の上に立って分析することが可能になる。たとえば2時点のみの調査では，単純な比較しかできないが，3時点では時点間の趨勢を論じることができる。この論文では変化の趨勢の統計的有意性を確認するまでにはいたっていないものの，階層帰属意識をめぐる時代の変化を精緻に描き出すことには成功している。

　ここで分析に用いられた「社会階層と社会移動全国調査（SSM調査）」は，同じ質問を同一の形式で繰り返し尋ねた希少な継続プロジェクトである。しかしそのSSM調査でも，意識項目で継続的に用いられているものは意外に少ない。意識や行動に関する項目で，1955年から2005年までの全調査時点で同じように問われているのは，この分析で用いられている生活満足

度と階層帰属意識の2項目のみに限られる。よって，この論文はデータセットの制約のなかで可能となる，唯一の客観−主観関係の時系列比較分析を行っていることになる。現在では，この論文で提起された分析モデルが，階層帰属意識の時代変化を語るスタンダードとして繰り返し引用されて，応用的な研究の基礎を提供している。

2　分析技法の説明

　続いて，この論文で実際に用いられたパス解析（最小二乗推定法を用いた完全逐次パス・モデル）について説明する。パス解析という場合，最小二乗推定法を用いた重回帰分析を組み合わせたものを意味している場合が多い。これは共分散構造方程式モデルと基本的な発想を共有する多変量解析法である。

　しかしパス解析は，一般には潜在概念を用いず，測定変数間の因果効果のみを扱う構造方程式を用いており，すべての測定変数間に因果関係を想定し，また仮定された因果の逆行を許さないという点で，より記述的な技法である。言い換えれば，ある仮説理論に基づき情報量を集約したモデリングで変数間の関連を示す分析法ではなく，変数間の関連の完全情報である相関マトリックスを，仮定された因果の順序にそって整理しなおした記述的な分析である。そうしたことから，モデルの自由度のうえでは，飽和モデルのかたちをとっているため，分析には通常最小二乗推定法が用いられる。またこのようなモデルは，「完全逐次（full recursive）モデル」といわれている。

　実際には，以下のようなかたちでモデリングを行う。パス解析では，最終従属変数はひとつであるが，それに影響を与える測定変数はそれぞれの関連のなかで，独立変数ともなり従属変数ともなる。そこで，測定変数間の因果について時点などを基準として順序を仮定し，モデリングを行う。

　この論文では，まず，個人にとってもっとも獲得が早い変数として年齢を仮定している。その次に学歴が決定され，その後，職業が決定される。職業獲得の結果，それに応じた収入を得て，生活満足度が規定されるという順序が仮定される。そして，これらを総合したうえで，階層帰属意識が決まる，という順序で仮定を置いている。

　このように，入れ子型で順位の入れ替えや省略が無いように組み合わせ，n個の変数の解析に対してn−1個の重回帰分析を行う。まず，最終従属変数（この例の場合は，階層帰属意識）に対して，その他のすべての独立変数（この場合は，年齢，教育年数，職業威信スコア，世帯収入，生活満足度）が線形の直接効果をもつと仮定した重回帰分析を行う。次に生活満足度を従属変数として，年齢，教育年数，職業威信スコア，世帯収入を独立変数とする重回帰分析を行う。さらに，世帯年収を従属変数として，年齢，教育年数，職業威信スコアを独立変数とする重回帰分析，職業威信スコアを従属変数として，年齢，教育年数を独立変数とする重回帰分析，最後に，教育年数を従属変数，年齢を独立変数とする重回帰分析を行う。このように，合計5個の重回帰分析を行い，パス図を描く。パス図では，変数間の因果関係を独立変数から

従属変数に伸びる矢印であらわす。そして，パス図のなかでは，有意となった関連のみを実線で示し，係数を図に書き込む。

完全逐次モデルの場合，相関係数を直接効果と間接効果に分解することができる（盛山 1983, Bohrnstedt and Knoke 1988=1990）。直接効果とは，ある独立変数か従属変数へもつ直接的な影響のことで，たとえば世帯収入から階層帰属意識へのパスがそれに当たる。一方，間接効果とは，ある変数が別の変数を経由して与える影響のことで，たとえば世帯収入が生活満足度を経由して階層帰属意識へと影響するパスのことである。この分解によって，直接効果と間接効果との間での影響力の大きさを比較することができる。さらに，直接効果と間接効果をすべて足し合わせると，ある変数から別の変数への総効果を導くことができる。

パス・モデルは，最尤推定法を用いた構造方程式モデルと比べると，プリミティブなモデリングであるという見方がよくなされる。しかし相関マトリックスがもつ情報を，因果経路の分解という形で示すことができるという記述性は，優れた点であるといえる。こうした経路分解を考えることが多いことから，パス解析では通常は，相関係数と標準化偏回帰係数を扱う。

パス解析では，このようにシンプルな重回帰分析の繰り返しにより，構造方程式を記述することができるため，構造方程式の仕組みを理解するうえでの基礎として重要である。また，SPSS（Base system）やSRDQを用いた解析などでも比較的容易に分析ができるということもメリットとしてあげられる。

3 分析シミュレーション

SRDQの教科書サポートページでは，「社会階層と社会移動」全国調査（SSM75）が公開されており，この研究で用いられた階層帰属意識についてのパス解析を実際に行うことができる。分析を行うためには，教科書のサポートページから「第6章 パス解析」をクリックし，分析メニューに移動する（なお，SRDQでは，1985年や1995年のSSM調査データも公開されているので，そちらを利用して分析することもできる）。

3.1 値の再割り当てとクロス集計

パス解析に入る前に，属性によらず「中」意識が支配的な状況を確認しておこう。SSM調査では，階層帰属意識について，「上」，「中の上」，「中の下」，「下の上」，「下の下」という質問肢から回答を求めているが，「上」，「中の上」と「中の下」をあわせた「中」，「下の上」と「下の下」をあわせた「下」という値にリコードし，クロス集計を行って確認していく。

まず，「分析メニュー」の下方にある，「値の再割り当て」をクリックし，「他の変数への値の再割り当て（RECODE）」の画面に入り，リコードを行う。入力変数である「階層帰属意識」は，「1：下の下」，「2：下の上」，「3：中の下」，「4：中の上」，「5：上」となっている。新しい変数名を「stid_3」，ラベル名を「階層帰属意識3分類」とし，新しい値を「1：下」「2：中」「3：上」として定義して新しい変数を作成する（値の再割り当てについては，第1章を参

[クリック]

			階層帰属意識3分類			合計
			下	中	上	
学歴3分類	初等	度数	303	862	15	1180
		学歴3分類の %	25.7%	73.1%	1.3%	100.0%
	中等	度数	207	753	13	973
		学歴3分類の %	21.3%	77.4%	1.3%	100.0%
	高等	度数	49	454	4	507
		学歴3分類の %	9.7%	89.5%	.8%	100.0%
合計		度数	559	2069	32	2660
		学歴3分類の %	21.0%	77.8%	1.2%	100.0%

図6.5 学歴3分類と階層帰属意識3分類のクロス表

照）。

　リコードによって新しく作成された変数を用いて，クロス集計を行い，属性ごとの「中」意識の推移をみていこう。ここでは，学歴3分類を用いて，学歴ごとの階層帰属意識について確認する。「分析メニュー」画面にもどり，「03.クロス集計」をクリックし，「03.クロス集計」の画面に入る。ここで，さきほど作成した「階層帰属意識3分類」という変数を「列」に，「行」に「学歴3分類」を投入し，「オプション設定」の「カイ2乗」にチェックが入っていることを確認し，さらに「ファイとCramerのV」にもチェックを入れる。そして，下部の「クロス集計」をクリックすると結果が表示される。

　図6.5は，クロス集計の分析結果である。図6.5の左上をクリックすると，分析結果をCSVファイルとしてダウンロードすることができる。ダウンロードしたファイルから，表計算ソフト（エクセルなど）を用いて，図6.6のようなグラフを作成することができる。

　図6.6は，学歴3分類別の階層帰属意識（1975年男性データ）をみたものである。割合の違いはあるものの，どの学歴でも「中」と回答する者の割合が高く，もっとも多いもので「高等」の89.5％，もっとも少ないもので「初等」の73.1％である。また，CramerのVは0.103で，学歴と階層帰属意識との関連は強くはないといえる。学歴が違えば，所得や生活様式が異なるとも考えられるために，階層帰属意識にも違いが生じると想定されるが，1975年というこの時代，学歴によって階層帰属意識は大きくは異ならないのである。

3.2 有効回答ケースの選択

　パス解析を実際に行うときに気をつけなければならないのは，パス解析を構成するすべての重回帰分析の対象サンプル数を等しくするということである。それぞれの重回帰分析の結果は，全体として解釈されるので，対象サンプルは同じでなければならない。パス解析には，従属変数である階層帰属意識に加えて，独立変数として年齢，教育年数，職業威信スコア，世帯収入，

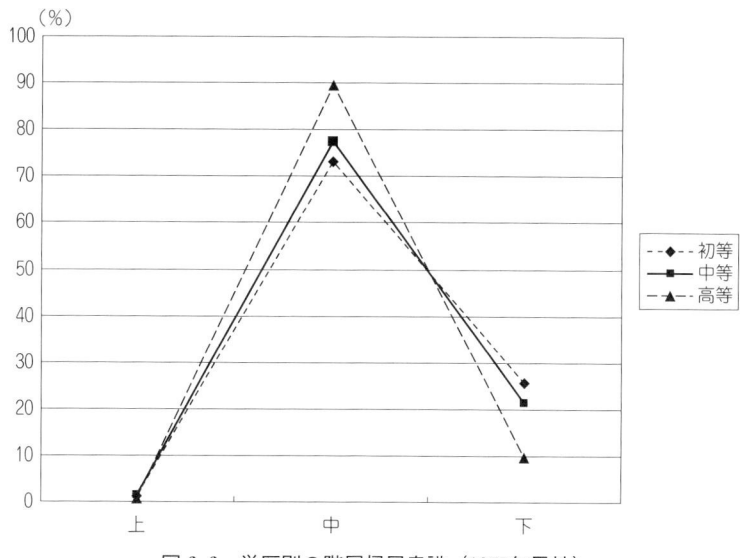

図6.6 学歴別の階層帰属意識（1975年男性）

生活満足度が用いられるので，各重回帰分析では，これらの変数すべてに有効回答したサンプルが対象となる。

SPSSなどの統計解析ソフトやSRDQ上では，無回答や非該当などの欠損値は，「8」や「9」，「99」などの値が割り振られたうえで欠損値として定義され，分析には除外されるようになっている。以下では，分析に使用する変数がすべて欠損値ではないケース（すべての変数に有効回答しているケース）を選択する操作を説明しよう。このような操作を，「欠損値処理」という。すでに「欠損値」として定義がされている場合には，MISSING関数を用いて欠損値処理を行うことができる。「欠損値」として定義がなされていない場合には，演算子を用いて欠損値処理を行ってもよい。

「分析メニュー」の下方にある，「ケースの選択」をクリックし，図6.7の「IF条件の定義」の画面に移動し①〜④の操作を行う。まず，「関数」の枠から，「MISSING（variable）」を選択し，左の枠に移動させる。そして，括弧内の「variable」を消し，欠損値処理を行う変数名を入力する。変数名は，左下の枠内から選択し，上の枠に移動させる。MISSING関数は，指定した変数が欠損値であるケースを1，有効回答であるケースを0とする関数であるので，「＝0」を書き加えるとよい。たとえば，年齢（age）という変数について，有効回答しているケースに限定したい場合には，「IF条件の定義」の枠内に，

　　　　MISSING(age) = 0

と入力すると，有効回答のみを選択することができる。

以上の操作により，「年齢（age）」という変数に有効回答したケースが選択される。年齢以外にも，教育年数，職業威信スコアなどの分析に用いる変数に対しても，すべて同様の操作を行う。欠損値処理を行う変数が複数ある場合には，定義式を「&」でつなぐ。

「IF条件の定義」の枠のなかが，

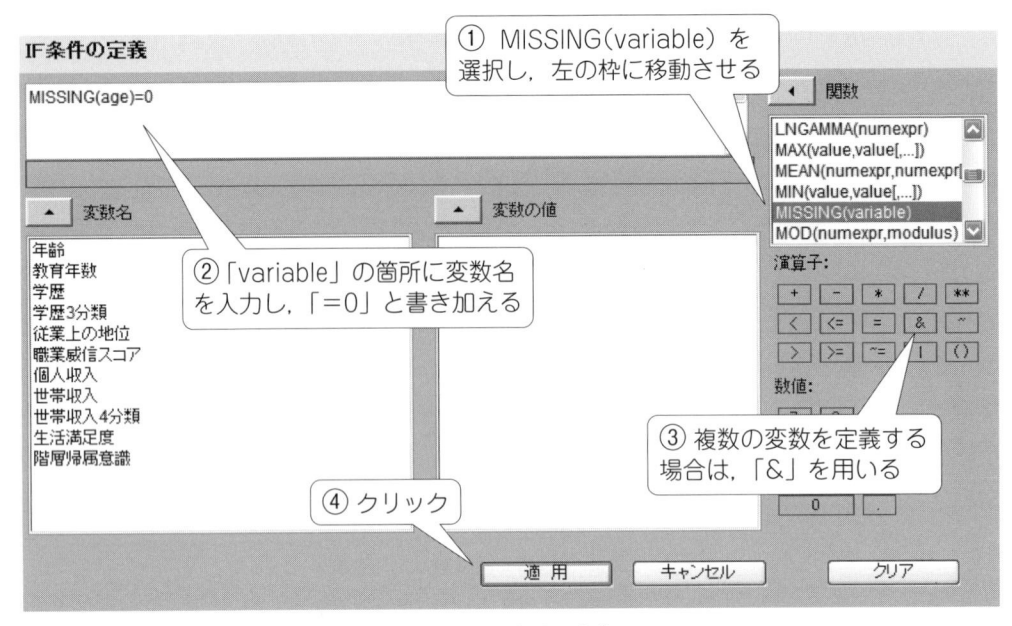

図6.7 IF 条件の定義

$$\text{MISSING(age)} = 0 \& \text{MISSING(eduy)} = 0 \& \text{MISSING(cjobp)} = 0 \& \text{MISSING(h\_incmx)}$$
$$= 0 \& \text{MISSING(lfst\_5)} = 0 \& \text{MISSING(stid\_5)} = 0$$

となったことを確認して,「適用」をクリックし,ケースの選択を完了する。

3.3 相関係数の確認

相関係数は,2つの変数の関連を見るうえで重要な指標である。分析メニューから,「07.2 変量の相関分析」をクリックして図6.8の画面に移動し,①〜④の操作を行う。まず,関連をみたい変数を「変数」に投入する。2つの連続変数間の関連をみたいときには,「Pearson の相関係数」をチェックされていることを確認する。また,順序づけ可能な2つの離散変数間の関連がみたいときには,「Kendall の順位相関係数」や,「Spearman の順位相関係数」をチェックする。次に,「欠損値」の指定で「リストごとに除外」にチェックを入れる。これらのことを確認して,下部の「2変量の相関係数」をクリックして,相関係数を算出する。

図6.9には分析結果を示している。「Pearson の相関係数」の行が,相関係数をあらわしている。「年齢」と「教育年数」の相関係数は, −.373** と表示されている。数値の横についているアスタリスク(*)が2つのときは1%水準で有意であることを,1つのときは5%水準であることを,1つもついていないときは5%水準でも有意ではないことを示している。もし,10%水準での有意確率を示したいときには,下の行の「有意確率(両側)」を見るとよい。また,対角線を境とした右上と左下で,同じ相関係数が2つ算出される。記述するときには,1つでよい。

第 6 章　パス解析

07.2変量の相関分析

[ケース選択 ： MISSING(age)=0&MISSING(eduy)=0&MISSING(cjob)=0&MISSING(h_incmx)=0&MISSING(lfst_5)=0&MISSING(stid_5)=0]

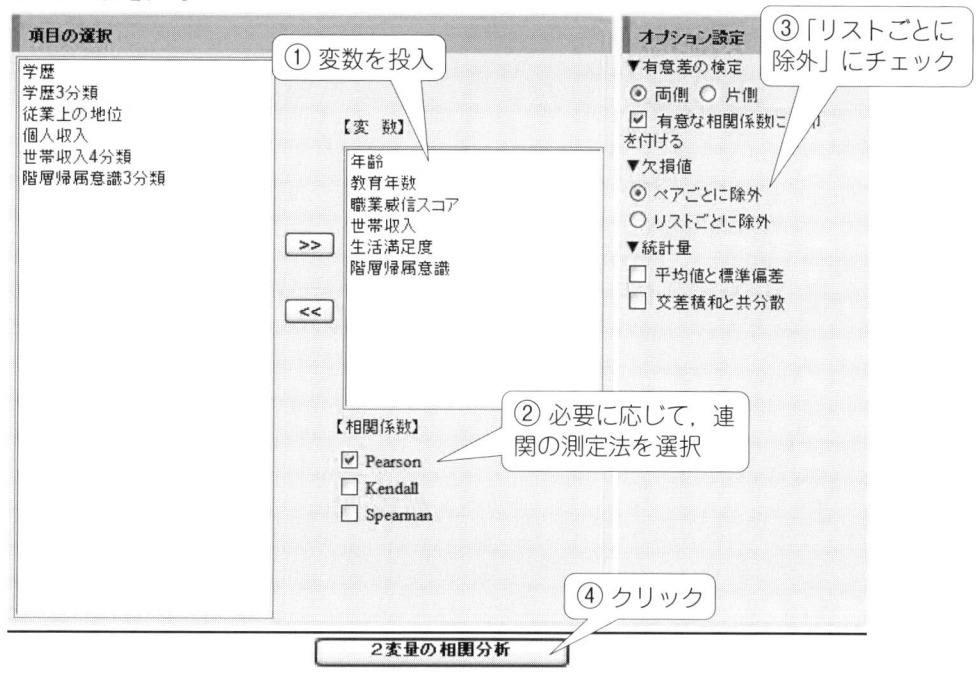

図6.8 「2変量の相関分析」画面

相関係数 [a]

		年齢	教育年数	職業威信スコア	世帯収入	生活満足度	階層帰属意識
年齢	Pearson の相関係数	1	-.373 **	.047 *	.047 *	.031	.012
	有意確率 (両側)		.000	.022	.022	.134	.575
教育年数	Pearson の相関係数	-.373 **	1	.420 **	.199 **	.086 **	.117 **
	有意確率 (両側)	.000		.000	.000	.000	.000
職業威信スコア	Pearson の相関係数	.047 *	.420 **	1	.306 **	.120 **	.145 **
	有意確率 (両側)	.022	.000		.000	.000	.000
世帯収入	Pearson の相関係数	.047 *	.199 **	.306 **	1	.181 **	.189 **
	有意確率 (両側)	.022	.000	.000		.000	.000
生活満足度	Pearson の相関係数	.031	.086 **	.120 **	.181 **	1	.246 **
	有意確率 (両側)	.134	.000	.000	.000		.000
階層帰属意識	Pearson の相関係数	.012	.117 **	.145 **	.189 **	.246 **	1
	有意確率 (両側)	.575	.000	.000	.000	.000	

* 相関係数は 5% 水準で有意 (両側) です。
** 相関係数は 1% 水準で有意 (両側) です。
[a] リストごと N=2372

図6.9　相関分析の結果

3.4 重回帰分析からパス解析へ

次に，パス解析の分析手順を説明しよう。パス解析では，次の5つの重回帰分析を行う。

従属変数	独立変数				
教育年数	年齢				
職業威信スコア	年齢	教育年数			
世帯収入	年齢	教育年数	職業威信スコア		
生活満足度	年齢	教育年数	職業威信スコア	世帯収入	
階層帰属意識	年齢	教育年数	職業威信スコア	世帯収入	生活満足度

まず，重回帰分析を行うための操作を，階層帰属意識を従属変数とし，年齢，教育年数，職業威信スコア，世帯収入，生活満足度を独立変数とするモデルで説明しよう。「分析メニュー」の「10. 線型回帰」をクリックし，図6.10の画面を表示させる。まず，従属変数と独立変数を指定する。その後，オプション設定で，「欠損値」が「リストごとに除外」となっていることを確認してから，線型回帰をクリックする。すると，分析結果が表示される。

最初に表示される「記述統計量」では，サンプル数（N）がそれ以外の重回帰分析のサンプ

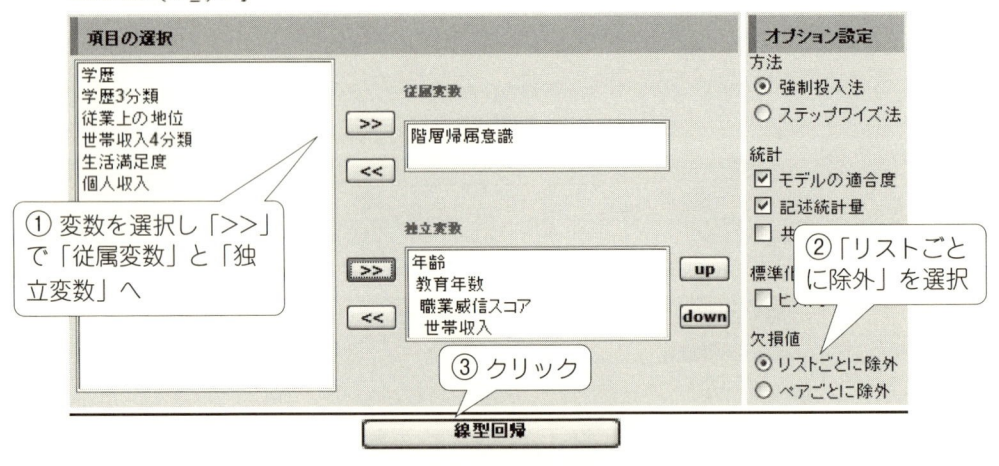

図6.10 「線型回帰」画面

図6.11 「モデル集計」画面

第6章 パス解析

	係数 a					
モデル		非標準化係数		標準化係数	t	有意確率
		B	標準誤差	ベータ		
1	(定数)	1.859	.111		16.685	.000
	年齢	1.178E-03	.001	.018	.832	.405
	教育年数	1.599E-02	.007	.058	2.395	.017
	職業威信スコア	4.053E-03	.002	.057	2.491	.013
	世帯収入	5.074E-04	.000	.121	5.782	.000
	生活満足度	.171	.016	.211	10.559	.000

a 従属変数:階層帰属意識

図6.12 「係数」画面

ル数と一致することを常に確認しておこう（N=2,372）。次に,「モデル集計」で,「調整済みR2乗（R^2）」をみると, 0.088であることがわかる（図6.11）。決定係数（R^2）は, 0から1の間の値をとり, 大きいほどモデルの説明力が大きいことを示す指標である。

次に「係数」画面で, 各変数が与える効果について確認する（図6.12）。重回帰分析を行うと,「非標準化係数（B）」と「標準化係数（ベータ）」が算出されるが, パス解析では, 標準化係数（ベータ）を確認するとよい。また,「有意確率」からそれらの係数が有意な値であるかを確認する。たとえば,「年齢」の標準化係数（ベータ）の値は, 0.018であるが,「有意確率」をみると, 0.405であり, 5％水準で有意ではない。この場合, パス図のなかには表記しないか, または点線で表記する。

このような重回帰分析を,「生活満足度」「世帯収入」「職業威信スコア」「教育年数」に関して行った結果を, 表6.1に示す。5％水準で有意ではない標準化係数（ベータ）については, 括弧内に示している。通常の重回帰分析であれば, 独立変数を行に示すことになるが, パス解析の場合は, 従属変数を行に示し, 独立変数を列に示すことが慣例である。

重回帰分析の結果がでそろったところで, パス図を描こう。パス図では, 有意となった関連のみを実線で描く。有意ではない関連は点線で描くか, あるいは描かなくてもよい。また, 係数の値については, 0となる整数部分を省略し, 小数点以下で示してもよい。

表6.1 重回帰分析の結果

	年齢	教育年数	職業威信スコア	世帯収入	生活満足度	修正済み R^2
教育年数	−.373					.139
職業威信スコア	.237	.509				.224
世帯収入	.081	.123	.251			.104
生活満足度	(.040)	.050	.049	.155		.038
階層帰属意識	(.018)	.058	.057	.121	.211	.088

（ ）は5％水準で有意ではない値を示す。

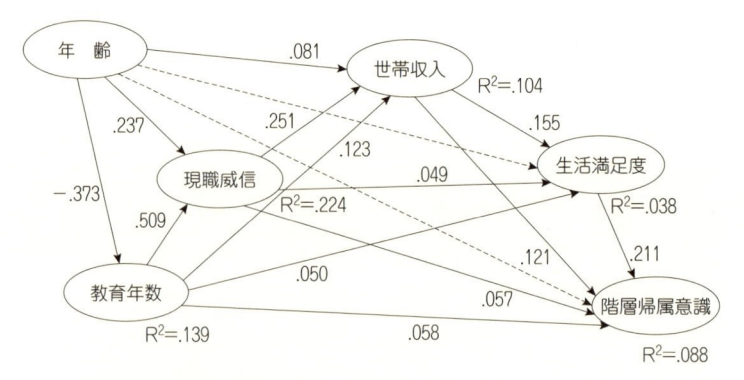

図6.13 階層帰属意識を被説明変数とするパス・ダイアグラム

　まず，表6.1で階層帰属意識を従属変数とする重回帰分析の結果をみると，年齢が有意ではなく，教育年数が0.058，職業威信スコアが0.057，世帯収入が0.121，生活満足度が0.211となっている。このとき，階層帰属意識に対して，教育年数から矢印を引き，.058と記入する。次に，有意な値をとる変数（職業威信スコア，世帯収入，生活満足度）について，これらの作業を行う。修正済み決定係数（決定係数）を，パス図のなかに書いてもよい。

　次に，生活満足度を従属変数とする重回帰分析の結果を確認すると，有意な独立変数とその値は，教育年数が0.050，職業威信が0.049，世帯収入が0.155である。そこで，教育年数から生活満足度に矢印を引き，.050と書きこむ。同様に，職業威信や世帯収入から生活満足度に与える矢印と係数を書き込む。そして，世帯収入へ…というように重回帰分析を繰り返し，パス図を完成させる。[3]

　完成したパス図を，図6.13に示す。このパス図では，各独立変数が階層帰属意識に与える直接効果だけでなく，他の独立変数を介した間接効果が表されている。直接効果と間接効果の計算の仕方を，世帯収入による階層帰属意識への効果を例に取り，説明しよう。世帯収入が階層帰属意識に与える直接効果は，0.121である。一方，間接効果としては，世帯収入の多さが生活満足度を高めることによって，階層帰属意識に影響を及ぼしていることがわかる。パス係数の矢印は逆向きに読むことはないので，世帯収入による階層帰属意識への間接効果は，生活満足度を媒介するこの効果のみである。間接効果の大きさは，パス係数をかけあわせることによって計算することができる。すなわち，「世帯収入→生活満足度→階層帰属意識」という間接効果は，

　　　0.155（世帯収入→生活満足度）×0.211（生活満足度→階層帰属意識）＝0.033

のように計算することができる。この数値は直接効果の0.121より小さいが，この計算により，世帯収入は階層帰属意識に直接的な影響を及ぼすだけではなく，生活満足度を通じて間接的にも影響を与えていることがわかる。このように，直接効果と間接効果を，図式的に同時にあらわすことができることが，パス解析を用いる利点であるといえよう。

4 課　　題

図6.13のパス図から，教育年数が階層帰属意識に与える直接効果と，他の変数を媒介して与える間接効果を計算し，その影響関係を読み取ってみよう。

注
(1) SSM調査に典型的にみられるように，同一の質問項目を長期間，同じ方法で繰り返し問うことで，国民的な規模での階層意識などの変化について，シンプルに追うことが可能になる。
(2) 1975年のSSM調査では，調査対象は男性のみである。
(3) パス解析の結果およびパス図が，吉川（1999）での結果と異なるのは，職業威信スコアや世帯収入の作成の方法が異なるためと考えられる。

参考文献

Blau, P. M., and O. D. Duncan, 1967, *The American Occupational Structure*, New York: Wiley.

Bohrnstedt. G. W., and D. Knoke, 1988, *Statistics for Social Data Analysis 2nd ed.*, Itasca, IL: F. E. Peacock Publications. (＝1990, 海野道郎・中村隆監訳『社会統計学』ハーベスト社。)

盛山和夫, 1983, 「量的データの解析法」直井優編『社会調査の基礎』サイエンス社, 119-204。

（髙松　里江・吉川　　徹）

第7章
ロジスティック回帰分析

> 【研究事例】
> 濱中義隆・苅谷剛彦，2000，「教育と職業のリンケージ――労働市場の分節化と学歴の効用」近藤博之編『日本の階層システム 3　戦後日本の教育社会』，79-103。

1　研究事例の紹介

1.1　学歴は転職に影響するのか

　「学歴社会」という言葉が広く普及したのは1960年代であるといわれる。すでに50年もの長きにわたって私たちは，実際にそうだと思うにしても思わないにしても，「学歴社会」という言葉に慣れ親しんできた。そして，「学歴社会」という言葉を，一時の流行語として消費し尽くしてしまうのではなく，50年にもわたって使い続けることができた背景には，それにある程度呼応するようにみえる実体的な現象がかなり可視的な形で存在し続けてきたということがある。それは，具体的には学卒就職の場面と企業内昇進の場面である。

　実際，新規学卒の就職の場合には長年にわたって，より多くの教育を受けてきたもの（学歴）やより良いとされる学校を出たもの（学校歴）が重視される場面が少なからずあった。そしてこうした学歴・学校歴と初職との関係は，研究の世界でも，たとえば学歴から初職職業威信スコアへのパス係数の大きさとして，あるいは銘柄大学とも呼ばれる入学難易度の高い大学の大企業就職率の高さとして，データ的に析出されてきた。また，昇進に関しても，しばしばビジネス系の雑誌で「大学と出世」などの特集が組まれてきたことからもわかるように，特にサラリーマン層に関心の高い話題であり続けている。研究においても，大学類型別の役職者比率や出身大学別の昇進確率などで差異があることが指摘されてきた。

　こうした従来からある学歴社会論に対して，濱中・苅谷は異なる視点を導入する必要性を指摘する。確かに，戦後日本の労働市場の特徴を踏まえるならば，「学校卒業後にできるだけよい勤め先を探し，そこを勤め上げることが，好ましいキャリアであるとの見方が強かった」（p. 80）。戦後日本においては，新卒一括採用と終身雇用のセットのうえで，職業的地位達成が行われる仕組みが発達してきたからである。そして，こうした見方は，上述のような学歴社会論の暗黙の前提となってきたのである。「しかしながら」と濱中・苅谷はいう。

> 初職への参入と，内部労働市場における昇進とに注目するあまり，学歴社会論は，教育と職業達成との結びつきを一面的にとらえていないか。就職と企業内での昇進の機会を中心

に学歴の影響をとらえるだけでは，教育と職業とのより多面的な結びつきを見逃してしまう恐れがあるのではないか。しかも，最初の就職先にそのままとどまり職業生活を終える日本人は，それほど多くはない。それゆえ，転職市場における学歴の影響は，教育と職業達成の関係を考える上で，もっと重視されてよいテーマである。　　　（pp. 80-81）

そこで彼らが注目したのは，「セカンドジョブ」であった。セカンドジョブとは，初職からの転職つまり1回目の転職を指すが，少ない転職回数に注目する理由は，実際の転職経験者の多くが2回以内にとどまるためとされる。実際，彼らの分析結果によると，1回目の転職は，初職参入後10年を経過すると急激に減少するが，2度目の転職をする人はいつでも一定の比率で存在しており，1回目と2回目ではキャリアの分岐点としての意味が異なることが示唆されている。そして，このことはすなわち，セカンドジョブの達成がサードジョブやフォースジョブ以上に注目に値する現象であることを意味している。

こうした関心から，この研究では，まず初職の大企業就職機会に対する学歴や学校の効果を基礎として確認したうえで（この部分については本章の後半と関わるので注意を喚起しておく），セカンドジョブの達成に対する学歴・学校歴の効果を検討することになる。分析の焦点の一つは，新規学卒就職や企業内昇進においてはこれまで確認されてきた学歴・学校歴の効果が，転職した場合に無効化してしまうのか否かである。

分析結果は次の重回帰分析の結果に示されている。すなわち，若い世代も年配の世代もともに，モデル1では学歴（高等教育卒ダミー）がセカンドジョブ（職業威信スコア）の達成に有意な効果を示しており，またモデル2では学校歴（銘柄大学卒ダミー）がやはりどちらの世代でも有意な効果をもっているのである。しかもこの結果は，出身階層（父職威信スコア）と初職の達成（初職威信スコア）をコントロールしたうえでなお，独自に学歴・学校歴が影響していることを示している。従来の学歴社会論が見落としてきた「転職市場」においても，学歴・学校歴が有効性をもっていることが明らかとなったわけである。

表7.1　セカンドジョブ達成の規定要因

	1975年以降初職入職者		1955-74年初職入職者	
	モデル1	モデル2	モデル1	モデル2
父職威信スコア	.176**	.160**	.152**	.092
高等教育卒ダミー	4.764**	3.469**	2.920**	.980
銘柄大学ダミー	—	5.428*	—	6.114**
初職威信スコア	.431**	.385**	.491**	.506**
（定　数）	17.808**	20.746**	17.647**	19.852**
R^2	.418	.444	.85	.409
F値	35.172**	29.111**	39.870**	32.860**

（注）　**$p<.01$　*$p<.05$　+$p<.10$。

【出典：濱中・苅谷（2000, p. 98），表5-8】

1.2 抽象的効果を具体的内容へと深化させる：「セカンドジョブ」という視点

　この論文の特徴は，「セカンドジョブ」という従来なかった独自の視点からデータ分析を行っている点にある。上の紹介の欄では示さなかったが，彼らは分析にあたって職歴パターンを独自に5つに分類している。①初職＝現職（企業間移動および職業・役職の移動がないもの），②企業内移動（初職と同一の企業に定着し，職業・役職の移動を経験したもの），③セカンドジョブ＝現職（企業間を1回移動し，かつ2番目の企業における職業・役職の移動がないもの），④セカンドジョブ→現職（企業間を1回移動し，かつ2番目の企業内において職業・役職の移動を経験したもの），⑤複数企業間移動（2回以上企業間移動を経験したもの），の5つである。分析は，初職が被雇用者でかつ現在有職者である男性のみに限定されているので，日本社会の転職市場の全体像を示しているわけではないが，初職入職後11年から30年の層ではおよそ3割強がパターン③と④で占められており，2回以上の転職を示すパターン⑤が3割弱であることを考え合わせると，セカンドジョブというカテゴリは相対的に大きな割合を占めており，セカンドジョブへの注目は今後の職歴分析においても大いに参考になる視点といえる。

　以上の特徴をふまえた上で評価すべき点の一つは，従来の学歴社会論においてしばしば指摘されてきた，学卒就職場面での学歴・学校歴の効果や企業内昇進場面での学歴・学校歴の効果だけではなく，一見するとかなり効果が弱まりそうにさえ思える転職の場面でも，学歴・学校歴が強い効果をもつことを示した点にある。ただし，学歴は初職だけにしか効かないというように以前から思われていたわけではないし，学歴が現職にも直接効果をもつことは地位達成研究ですでに指摘されてきた（直井・藤田 1978など）。では，何が新しいといえるのか。この研究では，変数と変数の関係を規定する具体的な仕組みを特定するために，あえてアカデミックで抽象度が高い地位達成研究の枠組みには乗せず，一見世俗的ともいえる学歴社会論の文脈に乗せて，教育と職業の結びつきを「転職」（そのなかでも特にセカンドジョブ達成）という具体的・実体的現象を通じて理解しようとしているものと読むことができるのである。

　地位達成モデルとは基本的には図7.1のようなパス図（第6章を参照）で現実を理解しようとするモデルであり，この図で学歴（本人教育）から現職（本人現職）へと引かれた直接パスは，「初職（本人初職）をコントロールしたうえで学歴が現職に及ぼす効果を示している」ととりあえず形式的には説明できる。しかし，このパスが具体的にどのような現象に対応しているのか，すぐにはイメージできないのも確かである。なんとか具体的に言い換えようとすると，次のようになるかもしれない。「学校卒業直後は同じような職業についた人たちであっても，高学歴の人のほうが現在は威信の高い職業についている」と。地位達成モデルで測定する職業とは職業威信のことであり，職業内部での地位の違いは基本的には含まないので，この学歴から現職への直接パスが転職あるいはセカンドジョブ現象を含んでいるということは，こうした言い換えを試みることで少しずつわかってくるにすぎないのである。したがって，本章で取り上げた濱中・苅谷論文は，こうした地位達成モデルにおける学歴から現職への直接パスを，転職あるいはセカンドジョブ達成現象として一部読み替え，その理解を深めたものと見ることができるのである。こうした読み替えは，新しい事実の発見というよりは知見を深化させる新た

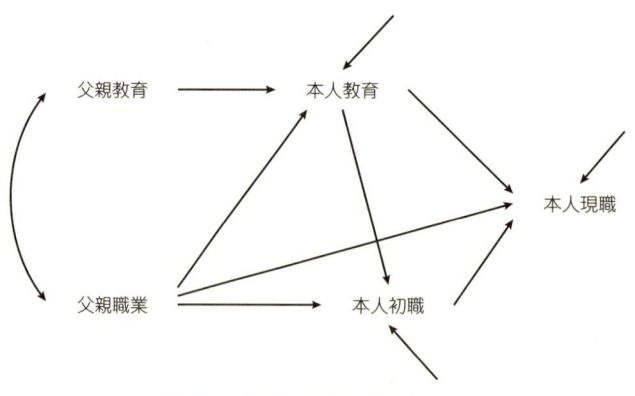

図7.1 基本的な地位達成モデル

1.3 メカニズムを読む：初職機会への学校経路の重要性

いま学歴と現職の関係を具体的に理解する視角としてのセカンドジョブ，という話をしたが，同じような発想で考えるならば，学歴・学校歴と初職達成の間の関係をつなぐ具体的なメカニズムというものも，分析上探求すべきテーマになりうるということになる．実は，本論のなかでは前座のように位置づけられている部分ではあるのだが，この学歴と初職の関係を見るにあたり非常に注目すべき結果が示されている箇所がある．すなわち，初職での大企業就職機会と学校経路の関連を示したロジスティック回帰分析の結果（表7.2）である．次節以降ではこの分析結果を概略再現するための説明を行うという事情もあるので，このデータの意味についてここであらかじめ考えておきたい．

最大のポイントは，モデル2にあるように，若い世代においても年配世代においても，学校という入職経路が，出身階層（父職）や学歴（教育年数）・学校歴（銘柄大学A，銘柄大学Bダミー）や性別をコントロールしてもなお，大企業就職にプラスに作用する，ということである．さらにモデル1とモデル2の回帰係数の比較から，学歴・学校歴と初職企業規模との結びつきが，実績関係や指定校制などと呼ばれる制度的ネットワークに媒介されて実現している部分がある，ということである．新規学卒における学校経路の就職については，苅谷（1991）の研究を含む多数の成果が教育社会学の分野で存在しているが，幅広い世代を含んだ全国調査でこの学校経路の独自効果・媒介効果が明確に取り出せたことは，この論文の隠れた意義の一つといえる（ただし，モデルの自由度や統計数値の提示の仕方などがやや慣例と異なっていたり，サンプル数の提示がないモデルがあるなど，表記上の問題が若干あることには注意すべきである）．もし企業がどのような状況下にあっても学歴・学校歴を重視した採用活動を行っているのであれば，学校を経由しようとしまいと，あるいは指定校制をとっていようといまいと同じ結果になるはずである．しかし，データはそのようにはなっていない．ということは，学校経

表7.2 大企業（従業員1000人以上）への初職入職を規定する要因
（ロジスティック回帰分析，初職入職年別）

	1975年以降初職入職				1955-74年初職入職			
	モデル1		モデル2		モデル1		モデル2	
	B	S. E.	B	S. E.	B	S. E.	B	S. E.
父　　職	.017$^+$	.010	.022*	.010	.017*	.008	.019*	.008
教育年数	.004	.057	.017	.059	.071*	.035	.049	.036
銘柄大学A	1.056*	.464	.844*	.473	−.027	.553	−.078	.566
銘柄大学B	.506	.377	.418	.382	.511	.377	.616	.385
男性ダミー	.400	.200	.121	.206	.164	.143	.184	.145
経路・家族			−1.377*	.535			−.088	.202
経路・友人			−1.096	.761			−1.122$^+$	.615
経路・学校			.493*	.206			.652***	.163
定　　数	−2.376*	0.767	−2.864***	.820	−2.882***	0.483	−3.001***	.504
N	674		674		1121		1121	

（注）　＊＊＊$p<.001$，＊＊$p<.01$，＊$p<.05$，+$p<.10$。

【出典：濱中・苅谷（2000, p. 84），表5-1より抜粋】

由のネットワークが存在していること自体が学校側から見れば大企業就職を促進する要因となりうるし，企業の側から見ればその学歴・学校歴重視の風潮を支えている可能性さえある，ということなのである。就職という経済現象が教育と社会をつなぐ制度的慣行に埋め込まれていることの一つの論拠となりうるのが，まさにこのデータなのである。なお，方法としては，初職の就職先企業規模を数値化して重回帰分析をしてみるというやり方もあり得たと思われるが，就職先企業規模への規定要因を分析するという意図であるならば，ロジスティック回帰分析のほうが現実的であろうと思われる。なぜなら，中小企業であれ大企業であれ，みんな等しく少しでも人数の大きい企業に行こうとしているのであれば従属変数と独立変数の間に直線的関係が想定できるが，実際の戦後日本社会における就職先選択場面では，シンプルに「大企業であるかどうか」ということの分岐点の意味が特に大きかったと考えられ，直線的関係が必ずしも想定できない。このような問題を扱う場合は，通常の線形回帰式に無理やりデータを当てはめるのではなく，「大企業か否か」の確率的選択（対数オッズ）を従属変数とするロジスティック回帰分析が適切といえるだろう。以下では，このロジスティック回帰分析の結果をSRDQによって大筋で再現してみる方法を説明してみたい。

2　分析技法の説明

前節まではロジスティック回帰分析と記載してきたが，これは，多項ロジスティック回帰分析や順序ロジスティック回帰分析などと区別するために2項ロジスティック回帰分析（binary logistic regression model）とも呼ばれる。2項ロジスティック回帰分析は重回帰分析のように，1つの従属変数を複数の独立変数で説明する分析手法である。

それでは重回帰分析と2項ロジスティック回帰分析の違いは何なのだろうか。重回帰分析では従属変数は連続変数となるが，多くの社会学的研究では連続的な変数よりも「あてはまる／あてはまらない」「賛成／反対」「正規雇用／非正規雇用」「ドラッグの使用経験あり／なし」「大学進学／非進学」といったカテゴリ変数（離散変数）に関心をもつ場合が多い。このように2値のカテゴリが従属変数となっているときに，重回帰分析（この場合，確率線形モデルと呼ばれる）を行うとその仮定が満たされなくなり，誤った推定値を導く可能性が高い。また，予測値が1を超えたり0を下回ったりするという非現実的な結果が得られる場合もあり，分析モデルとして問題を生じることがある。そこで，従属変数が2値変数（通常これらの2値変数には1あるいは0の値が与えられる）の場合は，2項ロジスティック回帰分析を用いる（経済学などの分野では，誤差項が正規分布に従うと仮定したプロビットモデル（probit model）が用いられることが多いが，係数の値がやや異なるだけで結果はほとんど変わらない）。2項ロジスティック回帰分析は，従属変数を後述するロジットに変換し，最尤推定法を用いて行う分析である。ただし，潜在変数や効用最大化の概念を用いた2項ロジスティック回帰モデルの定式化の仕方もある（Long 1997）。

　1か0の値をとる従属変数 Y が $Y=1$ となるときのオッズ（odds）とは，従属変数 Y が $Y=1$ となるときの確率 $P(Y=1)$ を用いて $P(Y=1)/\{1-P(Y=1)\}$ と定義されるものであり，ある事象の起こりやすさを示す指標のひとつである。オッズは0から正の無限大までの値をとるが，これを負の無限大から正の無限大の値をとるように変換したほうが都合がよい。そこで，オッズの自然対数をとった対数オッズ $\ln[P(Y=1)/\{1-P(Y=1)\}]$ を用いる。これは Y のロジットと呼ばれる。2項ロジスティック回帰分析はこのロジット（対数オッズ）を従属変数としたモデルを用いた分析である。つまり，

$$Y のロジット = \ln[P(Y=1)/\{1-P(Y=1)\}] = 切片 + \beta_1 X_1 + \beta_2 X_2 + \cdots + \beta_k X_k$$

となり，右辺は重回帰分析と同じ形で表現できる。ここで，X_1 からは X_k は k 個の独立変数である。またこの式を変形すると，$P(Y=1)$ は次のような非線型の関数として定義できる。

$$P(Y=1) = \frac{\exp(切片 + \beta_1 X_1 + \beta_2 X_2 + \cdots + \beta_k X_k)}{1 + \exp(切片 + \beta_1 X_1 + \beta_2 X_2 + \cdots + \beta_k X_k)}$$

　このようなロジット変換によって推定された $P(Y=1)$ の値は0〜1の範囲に収まる。ただし，通常の重回帰分析のように，最小二乗法によって推定値を求めることはできず，そのかわりに最尤推定法を用いる必要がある。それには，繰り返し推定（iteration）が必要となる。そのため独立変数の数や従属変数の性質にもよるが，ケース数は500あれば十分だが，100以下だとよくないといわれる（Long 1997）。

　2項ロジスティック回帰分析は2値変数を従属変数としたときに用いられるが，3つ以上のカテゴリをもつ変数が従属変数の場合，多項ロジスティック回帰分析が用いられる。なお，2項ロジスティック回帰分析は多項ロジスティック回帰分析のひとつとして位置付けることが可能であり，以下のSRDQによる分析もこの性質を利用している。

3 分析シミュレーション

ここからは，濱中・苅谷（2000）の大企業（従業員1000人以上）への初職入職の規定要因分析の一部をSRDQによって再現したい。ただし，SRDQの機能を紹介するために，用いた変数は濱中・苅谷（2000）と若干異なる。本章で用いた従属変数は大企業（従業員1000人以上）へ初職で入職したか否かを示した2値変数であり，独立変数は父親の職業威信スコア，学歴・学校歴5分類，男性ダミー，入職経路：家族・親戚ダミー，入職経路：友人ダミー，入職経路：学校ダミーである。学歴・学校歴5分類は最終学歴が1．中学，2．高校，3．短大・高専・四大，4．銘柄大学B，5．銘柄大学Aからなる変数である。銘柄大学B，銘柄大学Aとは出身大学の難易度を示すものであり，銘柄大学Aは旧帝大，有名私立大学，都市部の国公立大学からなり，銘柄大学Bは大学偏差値が平均50以上であり銘柄大学Aでないものからなる。銘柄大学以外の四大は，短大・高専と同じカテゴリに割り当てた。これら学歴・学校歴変数については，中西（1998）を参照されたい。なお，以下の分析は1975年以降に初職入職したものを対象にして行う。また，分析対象からは「初職が農業や自営業であった者」や「まだ一度も職業についたことがない者」を除いている。

3.1 値の再割り当て

ロジスティック回帰分析の独立変数には因子と共変量があり，因子にはカテゴリ変数をそのまま投入することが可能である。因子として変数を投入した場合，最も値の大きな変数が参照カテゴリとなる。今回の分析で因子として投入する「学歴・学校歴5分類」（edu_5c）は「1．中学」「2．高校」「3．短大・高専・四大」「4．銘柄大学B」「5．銘柄大学A」の5つのカテゴリからなり，これを因子として投入した場合，「5．銘柄大学A」が参照カテゴリとなる。もちろんこのままでも構わないが，ここでは学歴・学校歴変数をリコードし，参照カテゴリとなる変数を「3．短大・高専・四大」に変更してみることにしたい。

「分析メニュー」の「他の変数への値の再割り当て（RECODE）」を選択する。そして入力変数は「学歴・学校歴5分類」（edu_5c）とし，「出力変数の名前」をedu5cR3などとする。「出力変数のラベル」は「学歴・学校歴5分類（基準：短大・高専・四大）」などとし，決定ボタンをクリックする。「今までの値と新しい値の設定」で参照カテゴリを設定する際，今までの値に「3」（短大・高専・四大）を入力し，新しい値に5より大きな値（たとえば9や100など）を入力するという方法が簡単だろう。ここでは「999」と入力し，「追加」をクリックする。他の変数については，「今までの値」で「その他すべての値」を選択し，「新しい値」で「今までの値をコピー」を選択し，「追加」をクリックする。なお，値ラベルについては今のところ多項ロジスティック回帰分析のプログラムでは出力されないので，記入する必要はない。詳しくは第1章を参照されたい。

3.2 ロジスティック回帰分析の実行

それでは分析に進みたい。SRDQ ではロジスティック回帰分析を，多項ロジスティック回帰分析のプログラムを用いて行うことが可能である。多項ロジスティック回帰分析は，通常 3 つ以上のカテゴリをもつ従属変数に対して行われるが，2 値の従属変数に対して分析を行うと，2 項ロジスティック回帰分析の結果を出力する。SRDQ の分析メニューから，「11．多項ロジスティック回帰分析」をクリックし，図 7.2 の画面に入る。

①従属変数には，大企業（従業員 1000 人以上）への初職入職＝ 1，それ以外＝ 0 とした 2 値変数を投入する。

次に，②独立変数であるが，因子にはカテゴリ変数を，共変量には量的変数を投入する。モデル 1 では「学歴・学校歴 5 分類（基準：短大・高専・四大）」を因子に，「父親の職業威信スコア」を共変量に投入した。「男性ダミー」は因子に投入してもいいが，その場合，値が大きいほうが基準カテゴリとなり結果が読みにくくなるので，共変量に投入した。③「統計」のモデル欄の「モデルの適合度」にチェックを入れる。後はそのままでもよいだろう。④多項ロジスティック回帰分析のボタンを押したら分析結果が出力されるので，それらすべてを文書ソフトや表計算ソフトにひとまず貼り付けて保存する。

「11．多項ロジスティック回帰分析」の画面に戻り，モデル 2 について分析する。モデル 2 では，モデル 1 の変数に加えて，「入職経路：家族・親戚ダミー」，「入職経路：友人ダミー」，「入職経路：学校ダミー」を共変量として投入した（①，③，④は同じであり，②のみ変更）。

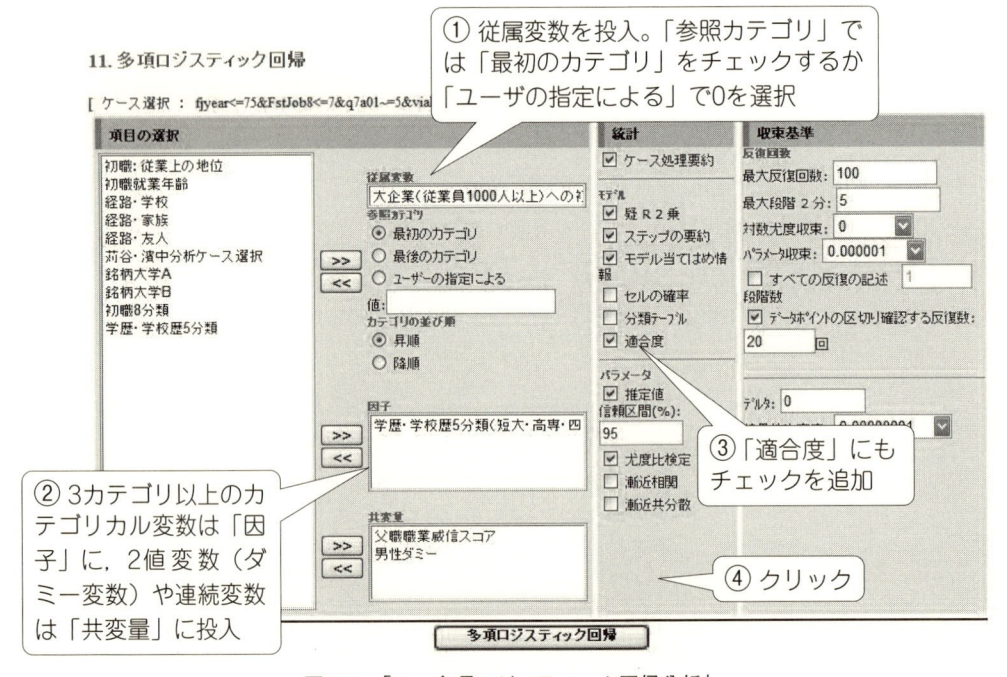

図 7.2 「11．多項ロジスティック回帰分析」

3.3 ロジスティック回帰分析の結果（モデルの適合度）

それでは分析結果についてみていく。

「モデル適合情報」では，切片のみのモデルと分析者が用いたモデル（最終モデル）の適合度の比較が行われており，−2対数尤度（切片のみ）から−2対数尤度（最終モデル）を引いたものは，一般にモデルカイ2乗と呼ばれ，値が大きいほどよい。これが有意であれば，独立変数が従属変数とは関連がないという帰無仮説は棄却されることになり，用いた変数が妥当であると判断できる。また，多項ロジスティック回帰分析では，「適合度」によく用いられるHosmer-Lemeshow は出力されない。その代わりに Pearson と逸脱度（deviance）にもとづくカイ2乗統計量が出力されるので，これを代わりに用いるとよい（出力には Pearson の相関係数とあるが，実際には Pearson のカイ2乗統計量である）。一般には Pearson のものではなく逸脱度が用いられており，このカイ2乗統計量の値が大きいほど，モデルのあてはまりは悪くなる。そして有意確率が0.05よりも大きければ，モデルのあてはまりはよく，0.05よりも小さければ，モデルのあてはまりは悪いと判断できる。つまり，モデルカイ2乗の有意確率が0.05よりも小さく，そして逸脱度の有意確率が0.05よりも大きければ，モデルのあてはまりはよいといえる。

モデル1とモデル2の「モデル適合情報」（図7.3）をみると，モデルカイ2乗について有意確率がともに0.05を下回っていることから，どちらモデルも切片のみのモデルに比べて改善されている。また，モデル1とモデル2の「適合度」（図7.4）をみると，逸脱についての有意確率はともに0.05を上回っていることから，どちらのモデルについてもあてはまりは十分によいといえる。

モデルのあてはまりではなく，従属変数に対する独立変数の説明力を示した「疑似 R^2 乗」は，Cox-Snell, Nagelkerke, および McFadden のものが出力される。Menard（2002）は McFadden の疑似 R^2 乗が重回帰分析の R^2 乗に概念的に近く，他にも Cox-Snell や Nagelkerke のものに比べて都合のよい性質をもつため，その利用を勧めている。図7.5からは，McFad-

モデル	-2 対数尤度	カイ2乗	自由度	有意確率
切片のみ	333.331			
最終	302.482	30.850	6	.000

モデル	-2 対数尤度	カイ2乗	自由度	有意確率
切片のみ	462.331			
最終	412.482	49.849	9	.000

図7.3 「モデル適合情報」（左：モデル1，右：モデル2）

	カイ2乗	自由度	有意確率
Pearson の相関係数	161.432	160	.453
逸脱	178.324	160	.153

	カイ2乗	自由度	有意確率
Pearson の相関係数	294.258	293	.468
逸脱	297.773	293	.412

図7.4 「適合度」（左：モデル1，右：モデル2）

	疑似 R2乗			疑似 R2乗	
	Coxと Snell	.045		Coxと Snell	.072
	Nagelkerke	.068		Nagelkerke	.108
	McFadden	.042		McFadden	.068

図7.5 疑似 R2乗（左：モデル1，右：モデル2）

den の疑似 R2乗の値はモデル1では0.042，モデル2では0.068と低いが，構造的な現象や要因を対象とした分析では十分な数値ともいえる。なお，ここでモデル2の方が説明力は高くなっている。

3.4　ロジスティック回帰分析の結果（独立変数の効果）

それでは具体的にどのような要因がどのような効果をもっているのかについてみていきたい。「パラメータ推定値」にはロジスティック回帰係数Bと，その指数をとった Exp(B) が出力される。Bは独立変数が従属変数の対数オッズ（log-odds）に与える影響を示す。独立変数の値が増加したときに，Bの値がプラスであればY=1になりやすくなり，Bの値がマイナスであればY=1になりにくくなる。変数の効果が有意かどうかは，有意確率をみればよい。しかし，Bは独立変数が1変化したときに従属変数の対数オッズがどのくらい変化するのかを示したものであり，回帰分析と同様の解釈が可能なものの，そもそも対数オッズの変化というものが理解しにくく，実質的な解釈が困難である。そこで結果の解釈においては Exp(B) が用いられることが多い。Exp(B) は独立変数が従属変数のオッズ（odds）に与える影響を示し，0から無限大までの値をとりうる。Exp(B) が1を超えていれば，独立変数が増加したときに Y=1 になりやすくなる。Exp(B) が0から1の間にあれば，独立変数が増加したときに Y=1 になりにくくなる。そして Exp(B) を用いて，独立変数の単位が1増加したら，(EXP(B) − 1) × 100パーセントほどオッズが増加するという解釈することが可能である。また，Exp(B) をそのまま用いて，独立変数が1増加すると，オッズが Exp(B) 倍になるという解釈も可能である。わかりづらさはやや残るものの，Bによって対数オッズの変化をよみとるよりも，Exp(B) を用いてオッズの変化をパーセントなどでとらえる方が実質的な解釈がしやすいといえる。なお，Exp(B) の信頼水準が95％の時の信頼区間も推定される（水準は図7.2の画面上で変更可能）。ただし，BやExp(B) の値があまりに大きかったり小さかったりするようであれば，該当するケースが少ないことが考えられるため，他のカテゴリとまとめるか欠損値として扱い，分析から除外するべきである。

図7.6からモデル1のパラメータ推定値をみると，初職で大企業入職か否かに対しては，父親の職業威信スコア（有意確率=0.193）や男性ダミーの効果（有意確率=0.833）はみられなかった。学歴・学校歴についてみると，銘柄大学 A（edu5cR3=5）の推定値は1.777（Exp(B)=5.910）で有意であった（有意確率=0.001）。また銘柄大学 B（edu5cR3=4）の推定値

は0.623（Exp(B)＝1.865）であり，10％水準では有意であった（有意確率＝0.089）。この結果から，基準カテゴリである短大・高専・四大（edu5cR3＝999）に比べて，銘柄大学Aや銘柄大学B出身であると，初職で大企業に就職しやすいといえる。ただし，短大・高専・四大と中学（edu5cR3＝1）や高校（edu5cR3＝2）との間には差はみられなかった。

次に図7.7から，モデル1に入職経路変数を追加したモデル2についてみると，入職経路：家族・親戚ダミーの推定値は－0.957（Exp(B)＝0.384）で統計的に有意（有意確率＝0.017）であり，入職経路：学校ダミーの推定値は0.440（Exp(B)＝1.553）で統計的に有意であった

パラメータ推定値

大企業(従業員1000人以上)への初職入職ダミー		B	標準誤差	Wald	自由度	有意確率	Exp(B)	Exp(B)の95%信頼区間	
								下限	上限
初職大企業(1000人以上)入職	切片	-1.811	.581	9.713	1	.002			
	Fishin	.012	.010	1.697	1	.193	1.013	.994	1.032
	D_men	.041	.195	.044	1	.833	1.042	.711	1.527
	[edu5cR3=1.00]	-.916	.640	2.049	1	.152	.400	.114	1.402
	[edu5cR3=2.00]	-.253	.219	1.330	1	.249	.776	.505	1.194
	[edu5cR3=4.00]	.623	.367	2.884	1	.089	1.865	.908	3.828
	[edu5cR3=5.00]	1.777	.527	11.359	1	.001	5.910	2.103	16.607
	[edu5cR3=999.00]	0 b	.	.	0	.	.	.	.

b このパラメータは、冗長なので0に設定されています。

図7.6　パラメータ推定値（モデル1）

パラメータ推定値

大企業(従業員1000人以上)への初職入職ダミー		B	標準誤差	Wald	自由度	有意確率	Exp(B)	Exp(B)の95%信頼区間	
								下限	上限
初職大企業(1000人以上)入職	切片	-2.006	.605	11.001	1	.001			
	Fishin	.016	.010	2.561	1	.110	1.016	.996	1.035
	D_men	.103	.199	.269	1	.604	1.109	.751	1.637
	via_R	-.957	.402	5.657	1	.017	.384	.174	.845
	via_F	-.685	.509	1.813	1	.178	.504	.186	1.366
	via_S	.440	.206	4.586	1	.032	1.553	1.038	2.325
	[edu5cR3=1.00]	-.772	.647	1.422	1	.233	.462	.130	1.643
	[edu5cR3=2.00]	-.365	.227	2.596	1	.107	.694	.445	1.082
	[edu5cR3=4.00]	.515	.373	1.905	1	.168	1.674	.805	3.478
	[edu5cR3=5.00]	1.499	.536	7.811	1	.005	4.479	1.565	12.819
	[edu5cR3=999.00]	0 b	.	.	0	.	.	.	.

b このパラメータは、冗長なので0に設定されています。

図7.7　パラメータ推定値（モデル2）

（有意確率＝0.032）。よって父親の職業，本人学歴，性別をコントロールしても，初職入職経路が家族・親戚であると大企業に就職しにくく，初職入職経路が学校であると大企業に就職しやすいことがわかる。大企業入職に関しては友人の効果はみられなかった。またこれらの変数を投入することによって学歴・学校歴5分類の多くの推定値が小さくなっており，10％水準では有意であった銘柄大学B（edu5cR3＝4）の効果は有意でなくなっている（有意確率＝0.168）。これはつまり，学歴・学校歴が大企業に初職で就職することに対してもつ効果のいくらかは，入職経路の違いによるものであることを示している（ただしこの様な係数比較に対する批判もある。詳しくはMood（2010）を参照）。

　ちなみに，個々の変数だけではなく，分散分析のように3つ以上のカテゴリをもつ変数全体の効果が有意であるかどうかをみたければ，「尤度比検定」をみればよい。「尤度比検定」は，もしある変数が分析から取り除かれたら，モデルが有意に悪くなるのかどうかを示すものである。図7.9からモデル2の学歴・学校歴5分類の効果をみると，カイ2乗値は17.492，自由度は4で有意確率＝0.002となっており学歴・学校歴5分類を取り除くことでモデルは有意に悪くなっている。つまり，学歴・学校歴によって大企業への初職入職の機会が異なるのである。

尤度比検定

効果	縮小モデルの -2対数尤度	カイ2乗	自由度	有意確率
切片	302.482[a]	.000	0	
Fishin	304.149	1.667	1	.197
D_men	302.526	.044	1	.833
edu5cR3	323.842	21.360	4	.000

カイ2乗統計量は最終モデルと縮小モデルとの間の -2対数尤度の差です。縮小モデルを作成するには，最終モデルから効果を省きます。帰無仮説は，その効果のすべてのパラメータが0であるという仮説です。
[a] 効果を省略しても，自由度は増えないため，この縮小されたモデルは，最終モデルと同じです。

図7.8　尤度比検定（モデル1）

尤度比検定

効果	縮小モデルの -2対数尤度	カイ2乗	自由度	有意確率
切片	412.482[a]	.000	0	
Fishin	414.995	2.513	1	.113
D_men	412.751	.268	1	.604
via_R	419.198	6.716	1	.010
via_F	414.551	2.069	1	.150
via_S	417.111	4.629	1	.031
edu5cR3	429.974	17.492	4	.002

カイ2乗統計量は最終モデルと縮小モデルとの間の -2対数尤度の差です。縮小モデルを作成するには，最終モデルから効果を省きます。帰無仮説は，その効果のすべてのパラメータが0であるという仮説です。
[a] 効果を省略しても，自由度は増えないため，この縮小されたモデルは，最終モデルと同じです。

図7.9　尤度比検定（モデル2）

3.5 2つのモデルの比較

2つのモデルの比較を行いたい場合，モデルカイ2乗値の差と自由度の差をとり，検定すればよい。今回の場合，モデル1のモデルカイ2乗値は30.850（自由度は6），モデル2のModelカイ2乗値は49.849（自由度は9）となる（図7.3を参照）。この差についてカイ2乗検定を行い有意確率が0.05よりも小さければ，モデルが改善されたといえる。今回の分析では，モデルカイ2乗値の差は 49.849−30.850＝18.999 で，自由度の差は 9−6＝3 となり，有意確率＝0.000274 となる（EXCELのセル上で＝chidist（カイ2乗値，自由度）とすれば有意確率を求めることができる）。よって初職入職経路を示した変数を投入することにより，モデルは有意に改善されたといえる。ただしこの方法は，比較する2つのモデルが入れ子（nest）になっている場合に限られる。2つのモデルが入れ子になっているとは，今回の分析のように一方のモデルの回帰係数を0にするなど制約を置くともう1つのモデルになるような状況である。入れ子になっていない場合は，AIC（赤池情報量規準）やBIC（ベイジアン情報量規準）を用いてモデルを比較する必要がある。

このように変数を出し入れしたモデルの比較は，関心のある変数が，他の変数をコントロールしたうえでも，何らかの現象に対して効果をもっていることだけではなく，その変数が他の変数と従属変数の関連を説明する（媒介する）ことを示すうえでも有効である。多くの計量分析を用いた論文では，ロジスティック回帰分析に限らず，重回帰分析や対数線形モデルでもモデルの比較という方法が多くとられており，媒介メカニズムの発見や仮説検証を説得的に行うのに有効な方法であるといえる。ただしこの際，欠損値の処理によってケース数はそろえておく必要がある。

4 課　題

図7.6，図7.7の分析からは，大企業（従業員1000人以上）への初職入職に対する学歴・学校歴の効果が，入職経路：学校によって媒介されていることが示唆された。それでは，本当に学歴・学校歴によって入職経路は異なるのだろうか。また，学校紹介の入職経路は他の要因の影響を受けているのだろうか。入職経路が学校であるかを示すダミー変数を従属変数とし，ロジスティック回帰分析を行って確認しよう。

参考文献

苅谷剛彦，1991，『学校・職業・選抜の社会学——高卒就職の日本的メカニズム』東京大学出版会．

Long, J. Scott, 1997, *Regression Models for Categorical and Limited Dependent Variables*, Sage publications.

Menard, Scott, 2002, *Applied Logistic Regression Analysis Second Edition*, Sage publications.

Mood, Carina, 2010, "Logistic Regression: Why We Cannot Do What We Think We Can Do, and What We Can Do About It," *European Sociological Review*, 26(1): 67-82.

中西祐子，1998，「教育間移動類型と社会階層——トーナメント型移動規範が隠すもの」苅谷剛彦編

『1995年SSM調査シリーズ11　教育と職業——構造と意識の分析』161-178。
直井優・藤田英典，1978，「教育達成過程とその地位形成効果」『教育社会学研究』33：91-105。

（中村　高康・藤原　翔）

第8章
因子分析

1 研究事例の紹介

1.1 因子分析の考え方

　因子分析（factor analysis）には，探索的（exploratory）因子分析と検証的（confirmatory）因子分析がある。探索的因子分析は，観測変数の背後に共通して存在する可能性のある因子を文字通り探り当てることを主眼とする分析であり，一方，検証的因子分析は，共通する因子に関する仮説をあらかじめ分析者がもっている場合に，その仮説を検証することを主眼とする分析である。以下，本章では，探索的因子分析のことを因子分析と表記し，ごく平易な研究事例の紹介を通じてその基本的考え方や分析手続きについて述べ，さらに SRDQ による実践例を紹介する。

　因子分析は，観測変数の間の（内部）相関を「因子（factor）」という潜在変数で説明する多変量解析手法である。観測変数（observed variable）とは，われわれが直接データを収集できる変数のことである。観測変数群のもつ潜在構造（背後にある意味的まとまり）を探り，それらをグルーピングすることが因子分析の主目的となる。二値データや名義尺度データを含む幅広い尺度水準で測定された観測変数に適用可能な分析手法だが，ここでは量的データに関するものに焦点を絞って記述する。

　研究者にとって，因子分析を行うことによるもっとも大きなメリットは，分析対象のもつ次元を縮約できることである。観測変数レベルでは，次元は観測変数の数だけ存在するが，因子分析を行い，いくつかの因子にグルーピングすることにより，得られた因子の数にまで次元が縮約される。

1.2 事例にもとづく直感的理解

　因子分析を直感的に理解していただくための事例として，代数・幾何・解析・英語・国語・古文の6科目に関するテスト得点にもとづいて，高校生の知的能力の潜在構造を探り，グルーピングする場面を考えてみよう。表8.1に観測変数として得られた各科目のテスト得点間の相関行列を，表8.2に因子分析を行った結果を示す。表8.2のうち，因子1と因子2の「解」として示した部分に含まれる数値を，因子負荷量（factor loading）とよぶ。因子負荷量とは，因子（ここでは因子1と因子2の2つがあり，そのそれぞれ）と観測変数（各科目のテスト得点）との相関係数であり，因子間に相関がない（つまり互いに独立である）ことを前提とする直交回転解であれば，ある因子のある観測変数への回帰式における（偏）回帰係数と一致する。

因子1については代数・幾何・解析との相関が高い一方で英語・国語・古文との相関は相対的に低く，同様に，因子2については英語・国語・古文との相関が高い一方で代数・幾何・解析との相関は相対的に低いことが見て取れよう。

代数・幾何・解析はいずれも数学系科目であり，英語・国語・古文はいずれも言語系科目である。おそらく，数学的能力にすぐれた学生は代数・幾何・解析のテストで高い点数を取ることが推測されるが，そうでない学生はそれなりの点数しか取れないだろう。同様に，言語的能力にすぐれた学生は英語・国語・古文のテストで高い点数を取ることが推測されるが，そうでない学生はそれなりの点数しか取れないだろう。ゆえに，テスト得点という観測変数の背後にあるのは，「数学的能力」「言語的能力」といった，学生個人のもつ知的能力であると考えてもよさそうである。つまり，因子1には「数学的能力」，因子2には「言語的能力」というラベルを貼るのである。「数学的能力」や「言語的能力」といった因子は，直接観測することができないので，潜在変数（latent variable）という。つまり，因子分析は，観測変数のデータにもとづいて，潜在変数たる因子を抽出する手続きであるといえる。

初めに述べたように，探索的因子分析は，因子に関する事前仮説がない，具体的にいえば因

表 8.1　観測変数間の相関行列

	代数	幾何	解析	英語	国語	古文
n	350	350	350	350	350	350
代数	1	0.51	0.45	0.42	0.23	0.25
幾何	0.51	1	0.44	0.41	0.27	0.27
解析	0.45	0.44	1	0.38	0.26	0.24
英語	0.42	0.41	0.38	1	0.51	0.53
国語	0.23	0.27	0.26	0.51	1	0.53
古文	0.25	0.27	0.24	0.53	0.53	1

表 8.2　因子分析結果

	プロマックス斜交回転解			バリマックス直交回転解			共通性	
	因子1	因子2		因子1	因子2	初期	因子抽出後
代数	0.76	−0.04	代数	0.72	0.17	0.36	0.54
幾何	0.68	0.02	幾何	0.66	0.21	0.34	0.48
解析	0.60	0.05	解析	0.59	0.21	0.29	0.39
英語	0.27	0.59	英語	0.42	0.64	0.45	0.58
国語	−0.03	0.73	国語	0.17	0.69	0.36	0.51
古文	−0.04	0.76	古文	0.17	0.72	0.37	0.55
						合計	3.05

	因子相関行列			因子相関行列	
	因子1	因子2		因子1	因子2
因子1	1	0.53	因子1	1	0
因子2	0.53	1	因子2	0	1

子の数とその解釈が未知である場合に適用される分析である。ここでは2因子による分析結果を示したが，もちろん初めから因子は2つだと「決まっている」わけではない。6科目のテストデータであれば，1因子解から6因子解までの可能性があり，それらのなかから分析者が恣意的に「決める」のである。探索的因子分析において，分析者には，より当てはまりのよい妥当な解釈ができるモデルを探索することが求められる。

2 分析技法の説明

2.1 基礎モデル

因子分析の基礎モデルは，たとえば図8.1のようなパス図で示すことができる（実線のパスがもつ因子負荷量の値は表8.2の「プロマックス斜交回転解」に対応させてあり，絶対値が小さいもの（破線のパス）は省略した）。パスの矢印の向きを見れば，因子分析モデルにおいて，観測変数は結果系の変数であり，潜在変数が原因系の変数であること，つまり，共通の潜在変数（因子）によって観測変数間に相関が生じるという考え方が因子分析の基礎であることがわかるだろう。

このモデルの観測変数のうち X_1（代数）と X_4（英語）に関する方程式は，次の式(1)のようになる。

$$\begin{cases} X_1 = 0.76 F_1 + (-0.04) F_2 + e_1 \\ X_4 = 0.27 F_1 + 0.59 F_2 + e_4 \end{cases} \tag{1}$$

もちろん他の観測変数に関しても同様の方程式であらわすことができる。各式は，F_1「数学的能力」と F_2「言語的能力」を独立変数，X_1, X_4 のそれぞれを従属変数とする重回帰分析モデルになっていることがわかる。また，たとえば F_1「数学的能力」の値が大きくなることが観測変数に与える影響は，X_1 において非常に強いが，X_4 ではごく弱いことも理解できるだろう。さらに，因子 F_1 と F_2 はすべての方程式に登場し，すべての観測変数 X_1 に共通して影響を与えている一方で，誤差 e_i は X_i にのみ独自の影響を与えているという点も確認しておいて

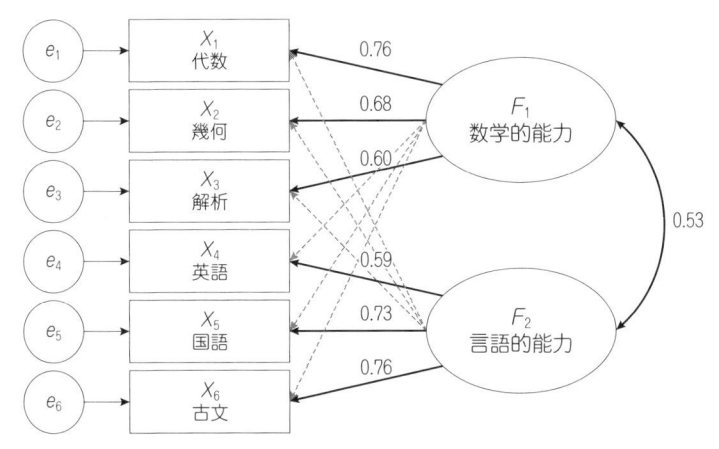

図8.1 因子分析の基礎モデル

ほしい。

2.2 共通性と因子抽出

先に述べたように，因子は観測変数間の相関を説明するために導入されたわけだが，では，因子によって観測変数の分散はどの程度説明できているだろうか。その指標となるのが共通性（communality）である。共通性は，すべての因子が説明する各観測変数の分散の割合を示す量である。共通性が低いことは，観測変数の変動を因子によって十分に説明し切れていないことを示すので，当然，高い方が望ましい。因子で説明できない残りの部分のことを独自性（uniqueness）とよぶ。両者の和は1となる。また，各因子が説明するすべての観測変数の分散の割合のことを因子寄与率（variance explained by each factor）といい，これも高い方がベターである。

共通性は，因子によってある観測変数がどの程度明瞭に記述できているかを示す重要な指標であると同時に，分析の初期段階に際しても重要な役割をもつ。それは，SRDQ にバンドルされているものをはじめとした各種統計ソフトウェアで因子分析を実施する際の「初期値」とされるという点である。因子分析にデータを投入する際，もちろん当初は因子についての情報（因子負荷量など）はわからないから，共通性を計算することができない。そこで，分析者が共通性に関してなんらかの初期値を「与える」ことにより，ソフトウェアはそれを出発点とする複雑な計算を経て最終的な共通性を推定して因子を抽出し，因子負荷量などを計算するのである。つまり，因子分析において，どのような共通性の値を初期値として与えるか，因子抽出の際にどのような計算手続きを踏むかは重要な問題であり，現在までにさまざまな手法が提案され，比較検討されてきている。現在もっとも良いとされ，よく用いられているのは，初期共通性として重相関係数（実測値と重回帰モデルによる予測値の相関係数）の2乗（Squared Multiple Correlation; SMC）を与え，最尤（Maximum Likelihood; ML）法による反復計算で因子抽出を行う方法である。

最尤法は，より推定誤差の小さい因子抽出法であるが，その反面，不適解が出やすい。不適解とは，推定の途上で共通性が1を超えてしまうような場合で，ヘイウッド（Heywood）ケースともいう。不適解が出ると，エラーで分析が途中で止まってしまうこともある。このような場合は，反復主因子法や主因子法など，最尤法より「鈍感な」方法を用いれば解が得られることが多い。ただし，解を求めたうえで，最尤法で不適解となった原因を探り，因子数を減らしたり，不適切な観測変数を外したりして，モデルをより洗練されたものにするべきである。異常値などデータそのものに不適切な情報が含まれていることが原因でエラーが出ることもある。いずれにせよ，最終分析結果としては最尤法による推定結果を報告したい。

2.3 因子数の選定

統計ソフトウェアで因子分析を行う場合でも，因子数の選定は分析者の判断に委ねられる。ただし，分析者が因子数を指定しなくても，ソフトウェアは「それなりの」因子数による分析

を行ってくれる。分析者は，ソフトウェアにより選定された因子数か，あらかじめ因子数が大体想定できているならばその数をターゲットとして，そこから±2程度の因子数で分析を実行し，モデルの適合がよいこと，分析途上でエラーが出ていないこと，適切な解釈ができること，などを規準として，最終的な因子数を決定することになる。

　データにもとづいてターゲットの因子数を得る方法がいくつかある。ガットマンルール（Guttman rule）は，因子分析に含まれる変数による相関行列の固有値（eigenvalue）が1以上の値となる個数をターゲットの因子数とする方法である。なぜ1を閾値とするのかといえば，固有値は変数の数（すなわち想定しうる因子の数）だけ存在し，すべて加えると変数の数に等しくなる。初期固有値が1に満たないということは，その固有値に対応する因子は，元の変数のもつ情報の大きさが1であることから考えると，「一人前の情報をもっていない」因子であることを示唆していると考えるからである。ガットマンルールは，理論的には真の因子数よりやや過小推定される可能性があることが示されている（柳井・岩坪・石塚1992）。一方，経験的には，比較的解釈しやすい結果が得られることが多く，分析に含まれる変数が多いと過大推定される傾向がある。スクリー法は，同じく固有値を判断基準として用いるが，固有値を大きさの順にプロットした図（スクリープロット；図8.2）において，固有値の減少量がなだらかになる（図の例ならば固有数値3以降）直前の固有値の番号を因子数（図の例ならば2）とする方法である。両者はターゲットとなる因子数を決めるための至便な方法であるが，特に優劣があるわけではなく，また必ずいずれかのルールにしたがわなければならないわけでもない。

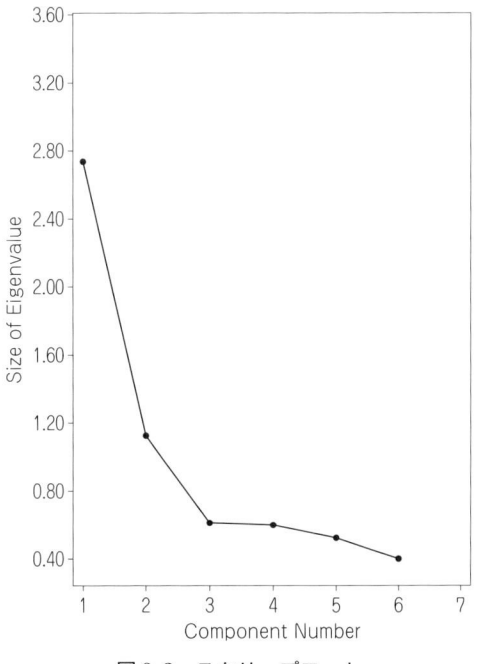

図8.2　スクリープロット

2.4 因子回転

　因子分析の初期解は，あくまでも計算アルゴリズムを簡単にするために採用される解なので，解釈には適さないことが多い。そこで，因子負荷量に対してそのコントラストを強めるような線形変換を施すことを因子回転という。どのように回転させたとしても，基本的な因子分析モデルは変更を受けない。つまり，因子回転を行うことにより，本質的な分析結果は維持したまま，解釈のための情報不足を補うことが可能になる。

　因子回転には，大別すると直交回転と斜交回転がある。直交回転では，因子は互いに直交であり，言い換えれば互いに独立で相関はゼロである。斜交回転は，直交の前提を置かずに線形変換を行うもので，一般に直交回転よりもコントラストの強い解が得られる。因子回転の方法にもさまざまなものが提案されているが，よく用いられるのは直交回転ではバリマックス回転，斜交回転ではプロマックス回転である。プロマックス回転は，バリマックス回転による直交解をさらにコントラストを強めたものをターゲットにして，そのターゲットに近づくように変換行列を定める方法である。

　直交回転を選ぶか斜交回転を選ぶかは，分析者が因子間に相関を認めるべきとするか認めないとするかを決定することによって定まる。どちらを採用するのがより適切かをデータから検証することは不可能であり，分析者自身が対象について想定している構造のありように依存する。先に述べたように斜交解の方がコントラストが強く解釈しやすい場合が多いが，因子間の相関の程度についても妥当な解釈が付されることが条件となる。

　心理・行動変数に関する因子分析においては，因子間に直交関係を想定することはまれで，斜交解を採用する場合が多い。なぜなら，そもそもある特定の心理・行動に関する概念を多面的に捉えようとする試みなのだから，それを構成するいくつかの因子が互いにまったく無相関だという想定は不自然きわまりないからである。また，第10章で述べる検証的因子分析においては，因子間相関をおいてモデリングを行うことが基本であるため，検証的分析に進むための予備的解析として位置づけられる探索的分析であれば，直交解を採用することは自己矛盾を生じさせることにもなりうる。もちろん斜交解においていくつかの因子間相関が0に近ければ，それらは直交する（互いに独立の関係にある）と考えてかまわない。

2.5 変数選択

　因子分析に着手する当初，モデルに含めることを想定していた観測変数がすべて分析目的――背後に共通する意味的まとまりをなるべくシンプルなかたちでグルーピングすること――に合致しているかどうかは，分析者にはわからない。ゆえに，分析の途上で観測変数を取捨選択しながら因子分析を繰り返すような試行錯誤が必要とされる場合も多い。

　このような変数選択の場面で「捨てる」候補を探索する際に考慮すべき点をいくつか挙げておく。まず，度数分布において，著しく分布に歪みが見られる変数，すなわち天井効果や床効果を受けていたり，リッカート法の質問項目であればニュートラルな選択肢に回答が集中している変数などは，そもそも変数としての感度に問題があると考えられる。また，因子分析の結

果においては，共通性が著しく低い（すなわち独自性が高い）観測変数や，因子寄与率を著しく低下させているような観測変数は，意味的まとまりから外れていると考えられる。また，それぞれの観測変数が，ある1つの因子にのみ高い負荷量をもち，それ以外の因子には低い負荷量しかもたないような構造（いわゆる単純構造）を崩すような変数，つまり複数の因子に高い負荷量をもつような観測変数は，共通性が高くても，「捨てる」場合がありうる。因子ごとにグルーピングされた観測変数のデータを利用して新たな変数を作成（尺度化；scaling）して事後の分析に供するような場合に，こうした観測変数は扱いにくいからである。ただし，こうした統計量にのみ依拠して変数選択を行うことは本末転倒になりかねない。きちんとした手続きを踏んで作成・選定された項目群であれば，そもそもは落とすべき項目などないはずなのだから，項目の意味内容をよく吟味したうえでの，慎重な取捨選択が必要である。

2.6 まとめ

因子分析は，人間の心理・行動といった現象のもつ，複雑かつ曖昧な多元的意味世界を縮約した形で理解することを可能にさせてくれる。そして，統計的仮説検定とは異なり，分析者の恣意性が許される，あるいは，それがないと分析として成立しない手法である。しかし，必ず恣意性の源となる実質科学的根拠が問われることになる。つまり，分析者自身の選択の余地が大きな分析である分だけ，分析に着手する前，特にそもそもデータを収集する前に，対象となる現象のもつ意味世界に対して，質的に深くアプローチしておくことが重要となる。ある程度「美しい」結果を得るためには，標本抽出に偏りがないように留意する万全の手続きを踏んだうえで，適切かつ十分な数（少なくとも「因子分析を適用する項目数」×5〜10程度のサンプルからデータを収集することが望ましいとされている（市川 1999））のサンプルデータを得ることが必須条件である。

3 分析シミュレーション

3.1 分析対象とするデータと尺度

われわれが因子分析を用いるのは，パーソナリティや態度，感情など，人間のもつごく一般的な特性や状態について，その構造を知るために，なるべく多面的に，なおかつなるべく最小限の次元で捉えようとする場面が多い。ここではそうした場面の典型例として，SRDQ上で公開されている調査データを用いて，実際に因子分析を行い，さらにその結果を発展させた分析も行ってみよう。

ここで用いるのは「情報化社会に関する全国調査（JIS2004）」のデータである。JIS2004には，日本社会に対して情報技術（IT）革命がもたらす文化的・心理的・社会的効果を解明するために，多岐にわたる項目や尺度が用意されているが，ここではThe International Well-being Index（IWI）（Cummins, Eckersley, Van Vugt, & Misajon, 2003）を採り上げる。IWIは，オーストラリアDeakin大学のRobert Cumminsを中心に展開しているウェルビーイング国際

比較調査プロジェクトによって作成された，ウェルビーイング（ここでは生活満足度の多様な側面をさす）について個人に主観的評価を求めることで，その構造や他の変数との関連を体系的かつ時系列的に把握することを目的とした尺度である。Cumminsらは，ウェルビーイングの主観的評価は2つの次元——個人的（Personal）領域と社会的（National）領域——から構成されていると想定した。個人的領域とは，ウェルビーイングのうちより個人に近接したレベルを，社会的領域とはそれよりも距離を置いたレベルをさす。JIS2004に含められた本邦版では，個人的領域（例えば，生活水準・健康・いま自分が特に取り組んでいること）／社会的領域（たとえば，経済，自然環境，社会的状況）ともに10項目ずつの合計20項目が用意されている。列挙される領域について，それぞれどの程度満足しているかを0〜10の11件法で尋ねるもので，点数が高いほど満足度が高いことを示しており，留置調査の質問項目TQ5とTQ7が該当する。

3.2 分析手続き

分析メニューの「09. 因子分析」をクリックすると，図8.3のような画面が表示される。「変数」欄に因子分析の対象としたい観測変数を入れる以外に，最低限なすべきことは，(1)因子抽出方法の指定と(2)因子回転法の指定の2つである。観測変数は「TQ5a〜TQ5j」「TQ7a〜TQ7j」の20項目なので，これらを「変数」欄に移動させる。因子抽出方法は初期値が「主成分分析」になっている。主成分分析については第9章で詳しく述べるが，因子分析とは理論的に異なる分析である。因子分析を行う際は，必ず「主成分分析」以外の方法に変更しなければならない。ここでは2.2節の議論にしたがって，「最尤法」を選択する。因子回転法は，斜交回転である「プロマックス」にチェックを入れておくとよいだろう。「カッパ値」や「収束のための最大反復数」を変更できるが，たいていの場合は初期値のままでかまわない。カッパ値（κ）は，プロマックス回転の目標パターンを計算するために用いる累乗数である。因子抽出の際の反復計算回数は，初期値として25回が設定されているが，それ以上の回数の反復計算を行いたい（そうでなければ解が出ない）場合に，より大きい値を指定すればよい。また「因子抽出の基準」については，先に2.3節で述べたように，あらかじめ因子数について大体の予測をもっているならば，「因子数」をクリックしてその数を入力すればよい。「最小の固有値」のままにしておくと，ガットマンルールにより因子数が決定される。ここではひとまず「最小の固有値」のままにしておこう。そのほか，観測変数の記述統計量や相関行列など，さまざまな統計量に関する出力を因子分析と同時に得ることも可能である。

なお，今回用いたデータは該当しないが，一般に，欠損値を含むデータの場合，欠損値を含むサンプルを分析から除外するのではなく，欠損値を何らかの数値で積極的に補完することで分析を進める場合がある。因子分析に際しても，データに欠損値が非常に多く含まれていると，分析を適切に実行できず，処理が止まってしまうことがある。こうした場合に，オプション設定の「欠損値」で「平均値で置換」を指定すると，欠損値は平均値に置き換えられることで消失し，分析結果を得ることができる。しかし，こうした処理は避けるべきである。確かに，デ

09. 因子分析

[ケース選択 : 全ケース]

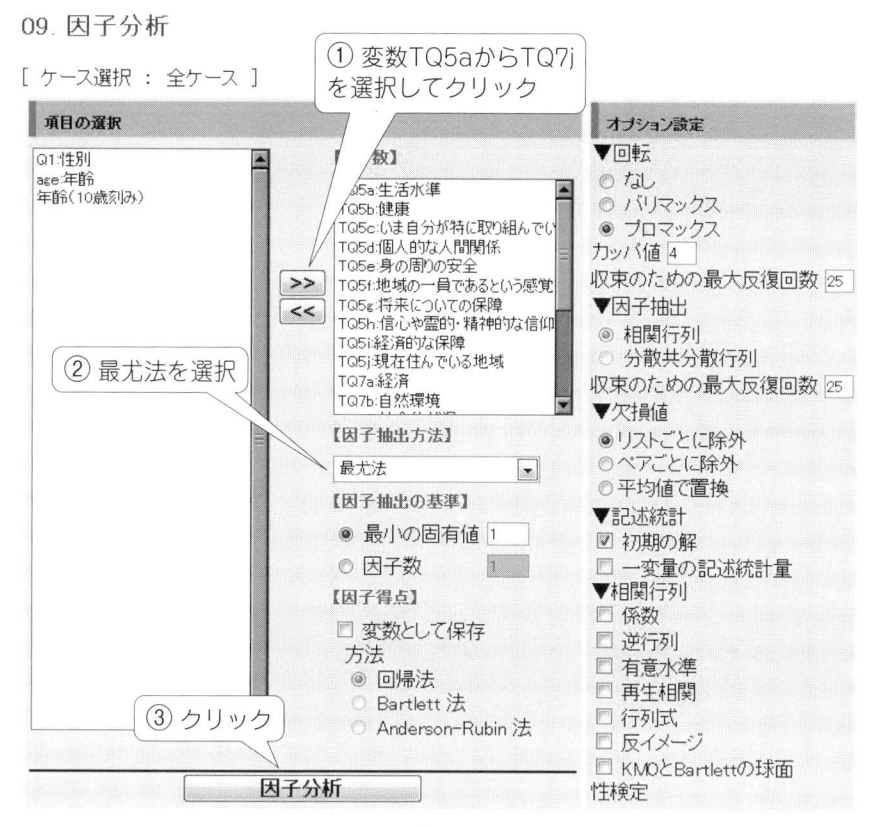

図8.3 SRDQ「因子分析」画面

ータに欠損値が含まれる場合，欠損の部分を適切な値で置き換える（代入法，imputation）ことができれば完全なデータセットが構成されるので，その後の解析が容易になる。しかし，適切な値というのは一般に平均値であったり回帰による予測値であったりする（このオプション設定もそうである）ので，当然ながらあてはまりの良い中庸の値となる。すると，こうした数値を代入することは，分散や共分散を過小評価することにつながる。そもそも因子分析は，分散や共分散，または，それらの関数である相関係数を分析対象とする分析である。ゆえに，代入法を用いることによる過小推定の影響を無視することはできない。欠損値が少ない場合は，代入法による過小の程度は緩和されるかもしれない。しかし，そのような場合は欠損を含むサンプルをすべて削除するリストワイズ削除（欠損値処理の初期設定である「リストごとに除外」）でも大きな問題は生じないはずである。つまり，代入法の出番はない。研究者は，欠損値の扱いには慎重を期するべきである。こうした置換処理を行うことができるのは，そうすることが妥当だとみなしうる場面に限られ，因子分析を行うという目的のためならば何をしてもよいというわけではない。欠損値を含む不完全なデータの解析に関する詳細は，岩崎（2002）などを参照されたい。

すべての必要な指定を終えて，「因子分析」タブをクリックすると結果画面に遷移する。まず「共通性」出力（図8.4）を見てみよう。表の下に「反復中に1つまたは複数の1よりも大

09. 因子分析

[ケース選択 : 全ケース]
因子分析へ戻る

	共通性[a]	
	初期	因子抽出後
TQ5a:生活水準	.508	.497
TQ5b:健康	.263	.276
TQ5c:いま自分が特に取り組んでいること	.344	.372
TQ5d:個人的な人間関係	.422	.521
TQ5e:身の周りの安全	.449	.474
TQ5f:地域の一員であるという感覚	.443	.426
TQ5g:将来についての保障	.675	.689
TQ5h:信心や霊的・精神的な信仰	.251	.247
TQ5i:経済的な保障	.722	.928
TQ5j:現在住んでいる地域	.358	.380
TQ7a:経済	.589	.574
TQ7b:自然環境	.517	.476
TQ7c:社会的状況	.696	.685
TQ7d:政府	.627	.638
TQ7e:商業的な取引や企業活動	.494	.467
TQ7f:安全保障	.594	.580
TQ7g:保健医療サービス	.577	.545
TQ7h:年金制度	.658	.600
TQ7i:介護サービス	.525	.460
TQ7j:他人を信頼できること	.378	.390

因子抽出法: 最尤法
[a] 反復中に1つまたは複数の1よりも大きい共通性推定値がありました。得られる解の解釈は慎重に行ってください。

図8.4 「共通性」の出力結果（3因子解）

きい共通性推定値がありました。得られる解の解釈は慎重に行ってください。」という注釈がついている。2.2節で述べた因子抽出のための反復計算の際に，適切ではない推定値が得られた，すなわちヘイウッドケースが生じたことが示されている。不適解が出る直前の段階でソフトウェアが計算を止めているため，分析は完了しているように見えるが，望ましくない状況である。

「説明された分散の合計」（図8.5）では，固有値に関する情報を得ることができる。「因子のスクリープロット」（図8.6）には，「初期の固有値」の推移がプロットされている。1以上の固有値の数は3だから，ガットマンルールにより抽出する因子数は3と定められる。また「抽出後の負荷量平方和」の「累積％」は，直交解であれば因子寄与率を指し，抽出された3つの因子で全観測変数の分散の50.12％程度を説明しているということになる。しかし，注釈に「因子が相関する場合は，負荷量平方和を加算しても総分散を得ることはできません。」とあるように，斜交解の場合は因子間に存在する相関の影響（効果）をどのように見積もればよいか定めるのが難しいため，うまく因子寄与率を定義することができない。ここで得られた数値は，当て推量としては使えるが，論文などで「因子寄与率」として報告するのは正しくない。

第 8 章　因子分析

説明された分散の合計

因子	初期の固有値			抽出後の負荷量平方和			回転後の負荷量平方和 [a]
	合計	分散の %	累積 %	合計	分散の %	累積 %	合計
1	7.723	38.615	38.615	6.680	33.400	33.400	6.406
2	2.672	13.360	51.975	2.226	11.131	44.532	4.803
3	1.127	5.636	57.611	1.318	6.588	51.120	4.674
4	.958	4.788	62.398				
5	.822	4.108	66.506				
6	.722	3.611	70.117				
7	.699	3.495	73.612				
8	.646	3.231	76.843				
9	.600	3.001	79.844				
10	.579	2.893	82.737				
11	.524	2.618	85.355				
12	.468	2.340	87.695				
13	.428	2.138	89.833				
14	.404	2.020	91.853				
15	.371	1.856	93.710				
16	.322	1.610	95.320				
17	.284	1.419	96.739				
18	.259	1.294	98.033				
19	.218	1.089	99.122				
20	.176	.878	100.000				

因子抽出法: 最尤法

[a] 因子が相関する場合は、負荷量平方和を加算しても総分散を得ることはできません。

図 8.5　「説明された分散の合計」の出力結果 (3 因子解)

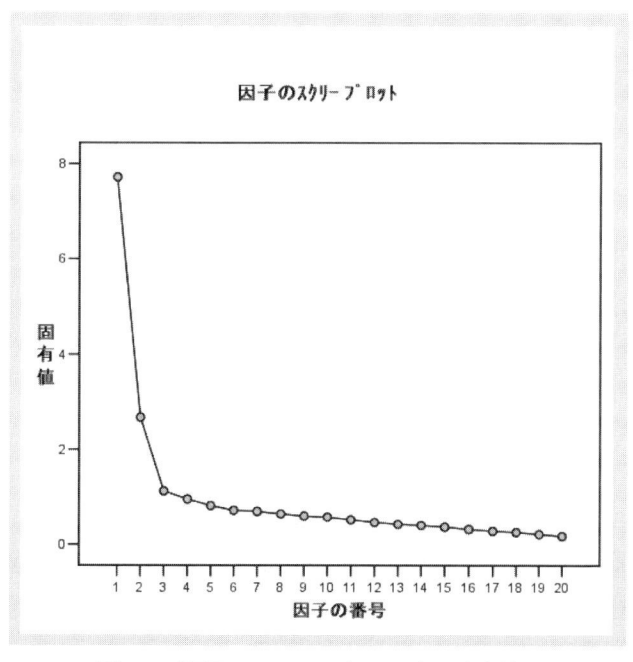

図 8.6　「因子のスクリープロット」の出力結果

ガットマンルールに従えば，抽出すべき適切な因子数は3であるように思われる。しかし，不適解となったということは，分析全体としては決して適切であるとはいえなさそうである。

そこで先のCumminsの議論を思い返してみよう。IWIによって測定されるウェルビーイングには2つの下位尺度，個人的領域と社会的領域が想定されていた。また，スクリープロット（図8.6参照）からも，固有値の減衰は3以降でなだらかになっていることが見て取れる。そこで因子数を2として再度分析を実行する。操作の仕方は，ページを一番上までスクロールし，青い「因子分析へ戻る」をクリックする（図8.4参照）。すると図8.3に戻るので，再び同じように①から③までの操作を行い，その後に【因子抽出の基準】の「因子数」をクリックして，「1」となっているところの数字を消して，半角で「2」を入れる（全角数字を入れるとエラーを起こすので注意）。結果を見ると，共通性の「初期」の欄の数値は，固有値が3因子解の場合と変わらない（図8.4参照）のは当然である（またそれゆえにスクリープロットも同一となる）。一方で，「共通性」の表の下には，図8.4でみられた注釈はついておらず，不適解は出ていないことがわかる。「抽出後の負荷量平方和」の「累積%」は3因子解のものよりも低下しているが，46.625%と1割弱の減少にとどまっている（図8.7）。そこで，以下ではこの2因子解をさらに詳細に検討する。

図8.8に示す適合度検定の帰無仮説は「2因子モデルが適切である」であり，対立仮説は「より多くの因子が必要である」である。つまり，2因子の因子分析モデルがデータに適合しているかどうかの検定である。検定統計量はカイ自乗値だが，有意確率は非常に低く，帰無仮説は棄却されるべきであると判断できる。この結果を見ると2因子解はダメなのか，と思ってしまいそうだが，サンプル数 N が多い場合は，この検定ではたいてい帰無仮説が棄却されるため，あまりこだわらなくてもよい。

説明された分散の合計

因子	初期の固有値			抽出後の負荷量平方和			回転後の負荷量平方和[a]
	合計	分散の%	累積%	合計	分散の%	累積%	合計
1	7.723	38.615	38.615	7.178	35.892	35.892	6.453
2	2.672	13.360	51.975	2.146	10.732	46.625	5.521
3	1.127	5.636	57.611				

図8.7 「説明された分散の合計」の出力結果（2因子解；部分）

適合度検定

カイ2乗	自由度	有意確率
1961.497	151	.000

図8.8 「適合度検定」の出力結果（2因子解）

「因子行列」の出力は，回転を施さない初期解で，解釈ではなく計算のしやすさに重きが置かれているから，ここでは検討の対象としなくてもよい。プロマックス回転によって得られる因子行列に関する出力には，「パターン行列」（図8.9）と「構造行列」の2つがある。パターン行列に示されているのはそれぞれの観測変数に対する各因子の偏回帰係数であり，因子構造行列は因子と観測変数の相関行列である。1.2節で述べたように直交解では両者は一致するのだが，斜交解では一致しないので出力が2種類となる。解釈の際はパターン行列を用いるのが

パターン行列[a]		
	因子	
	1	2
TQ7d:政府	.855	-.121
TQ7c:社会的状況	.845	-3.782E-02
TQ7f:安全保障	.768	-3.303E-02
TQ7h:年金制度	.760	1.823E-02
TQ7g:保健医療サービス	.728	1.142E-02
TQ7a:経済	.713	6.625E-02
TQ7e:商業的な取引や企業活動	.710	-6.127E-02
TQ7b:自然環境	.681	1.212E-02
TQ7i:介護サービス	.671	5.194E-03
TQ7j:他人を信頼できること	.406	.262
TQ5i:経済的な保障	.148	.698
TQ5g:将来についての保障	.134	.677
TQ5a:生活水準	3.419E-02	.674
TQ5d:個人的な人間関係	-.119	.667
TQ5e:身の周りの安全	3.332E-02	.636
TQ5f:地域の一員であるという感覚	-3.364E-02	.632
TQ5j:現在住んでいる地域	-3.845E-02	.601
TQ5c:いま自分が特に取り組んでいること	-6.886E-02	.598
TQ5b:健康	-2.210E-02	.526
TQ5h:信心や霊的・精神的な信仰	-4.307E-02	.512

因子抽出法: 最尤法
回転法: Kaiser の正規化を伴うプロマックス法
[a] 3 回の反復で回転が収束しました。

図8.9 「パターン行列」の出力結果(2因子解)

因子相関行列		
因子	1	2
1	1.000	.531
2	.531	1.000

因子抽出法: 最尤法
回転法: Kaiser の正規化を伴うプロマックス法

図8.10 「因子相関行列」の出力結果(2因子解)

常道である。もちろん,両者が不一致であるのは因子間に相関を仮定していることによるものなので,「因子・相関行列」(図8.10)もあわせて検討する必要がある。

　パターン行列には,因子1の因子負荷量の絶対値→因子2の因子負荷量の絶対値の順で,観測変数が降順ソートで示される。因子負荷量の大きさの判断については,あくまでも経験則だが,因子負荷量の絶対値が大体0.40以上程度であれば「大きい」と見なしてよいだろう。この基準に照らすと,TQ7 に含まれる観測変数の因子負荷量は因子1に対してのみ大きく,一方でTQ5 に含まれる観測変数の因子負荷量は因子2に対してのみ大きいことがわかる。どちらにも小さな因子負荷量しかもたない観測変数や,両方の因子に大きな負荷量をもつ観測変数はなく,単純構造性を有する解だといえそうである。因子1が社会的領域の,因子2が個人的領域の,それぞれウェルビーイングをあらわしていると解釈することは容易だろう。因子相関行列には,両因子が中程度の正の相関(0.53)を有していることが示されている。

　ウェルビーイングの20項目尺度 IWI に関する因子分析はこれで終了である。試行錯誤をほとんど必要とせずに,前もって予想していた2つの意味的まとまりが明解に再現できるという,

研究者にとってたいへん好ましいなりゆきであった。

3.3 因子分析結果を用いた発展的分析

ここではさらに，抽出した因子を，他の変数との因果関係や相関関係を検討する発展的な分析に投入してみよう。因子分析の結果にもとづいて発展的な分析を行う際に，潜在変数をモデルに含めることができる共分散構造分析以外の手法を用いる場合は，因子に含まれている情報を再び観測変数レベルに「落とす」必要がある。こうした手続きは不要な誤差を増やすことにつながるので，なるべく共分散構造分析を用いるのが望ましいのだが，それが難しいケースもあるので，ここでは敢えて因子を観測変数レベルに戻す処理を行ったうえで分析に適用する事例を紹介する。

因子の情報をもつ観測変数を作成する方法には大別して次の2つがある。因子得点を用いる方法と，尺度得点を用いる方法である。因子得点とは，データに含まれているそれぞれのケース（対象者）について，その回答パターンによって，各因子に対してどれくらいの重みをもつかを計算したものである。

調査対象者のデータにおいて，観測変数について得られた値（観測値）と因子得点の関係は，式（2）のように表される。

$$\text{観測値} = \text{観測値と因子得点の関連の強さ} \times \text{因子得点} + \text{誤差} \quad (2)$$

観測値から因子得点を求める際は，因子分析の結果にもとづいて，すべての観測変数について因子得点係数を求めたうえで，式（3）のように，変数ごとに標準化した観測値との積の和を算出する。これが因子得点である。つまり因子得点係数とは，標準化した観測値に対する重み付けの係数である。

$$\text{因子得点} = \Sigma(\text{変数ごとに標準化した観測値} \times \text{因子得点係数}) \quad (3)$$

SRDQにおいては，再びページの最初の青字「因子分析へ戻る」をクリックして図8.3に戻り，「因子得点」の「変数として保存」にチェックを入れることにより，当該因子分析の結果にもとづいて推定される，すべてのケース（対象者）の各因子に対する因子得点を新たに分析変数として加えることができる。因子得点係数を求める方法にもさまざまなものが提案されていて，それぞれにより異なる推定値が得られるが，特に優先して使用すべき方法があるというわけではない。よって，特に必要がなければ初期設定の「回帰法」のままでかまわない。最下段の「因子分析」ボタンをクリックして，因子分析の結果を見た後（結果は変わらない），因子分析のウィンドウを閉じて，第8章の分析メニューに戻り，たとえば「06．一元配置の分散分析」を選択すると，「項目の選択」にリストアップされた変数群の最後尾に「fac1_1」「fac2_1」という2つの変数が新たに加わっていることがわかる（図8.11）。ただし，新しく作成された因子得点の変数がリストアップされるのは，これを利用する可能性のある分析メニューのみである。また「因子得点係数行列を表示」にチェックを入れて分析を実行すると，出力に「因子得点係数行列」が加わり，因子得点係数を知ることができる。

これに対して，尺度得点とは，ある因子に対して大きな因子負荷量をもつ観測変数について

06. 一元配置の分散分析

[ケース選択 ： 全ケース]

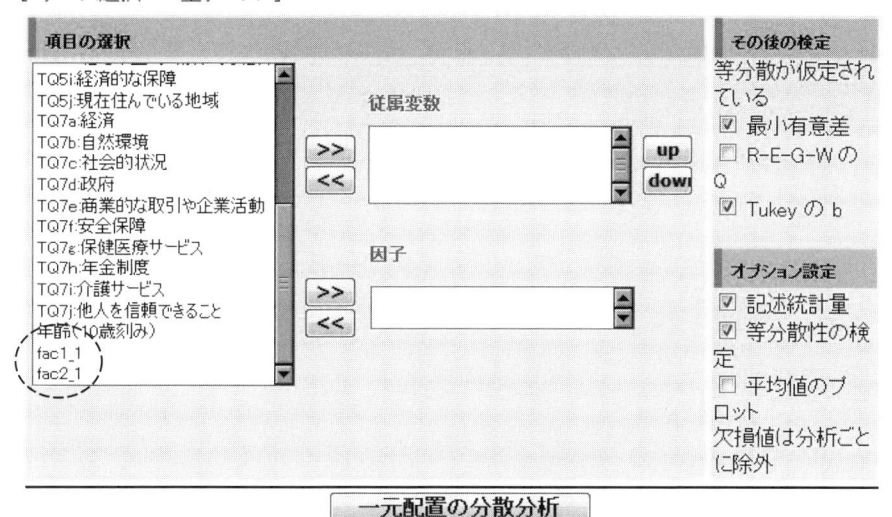

図8.11 新たに負荷された「因子得点」変数

得られた値を合計して求める得点である（さらに合計した項目の数で割って平均値を求める場合もある）。

　因子得点と尺度得点のもっとも大きな違いは，因子得点が因子分析の結果にもとづいてそのなかに含まれる変数すべての情報を用いた推定値であるのに対し，尺度得点は観測値から直接計算するものであると同時に「大きな因子負荷量をもつ」項目が限定的に用いられるところにある。つまり，尺度得点は因子負荷量など因子分析で得られた結果に依存せずに記述される統計量であるから，同じ尺度を用いてさえいれば，先行研究との比較や追試研究を行うことが可能である。ただし計算に含めない項目の情報は含まれない。一方で因子得点は，当該因子分析の結果をより厳密に反映させているとはいえるが，推定量であるからそれに際する誤差を含んでしまうし，因子パターンの異なる因子分析を行ったデータ間での比較は不可能である。どちらにも善し悪しがあろう。分析者は，これらの特性をよく理解したうえでどちらを用いるかを判断すべきで，どのような場面で用いるにせよ，どちらが正しくどちらが誤りだと断ずることはできないが，おおむね，尺度得点の方が利用可能範囲が広いとはいえそうである。

　ここでは，因子2「個人的領域」に高い因子負荷量をもつ TQ5a から TQ5j までの10項目の観測変数を用いて尺度得点（TQ5Score：「個人的領域得点尺度」）を求めてみることにしよう。尺度得点を求める際は，「分析メニュー」の「変数の計算」を用いて，図8.12のように各因子に高い負荷量をもつ10項目に対する観測値の和を求める式 SUM（TQ5a to TQ5j）を書いて，新しい変数を作成すればよい（具体的な方法は第1章の図1.16を参照のこと）。作成された変数は，以降の分析で用いる変数として選択可能になる。

　たとえば，年代によるウェルビーイングに対する満足度の違いを見たいなら，作成した各尺

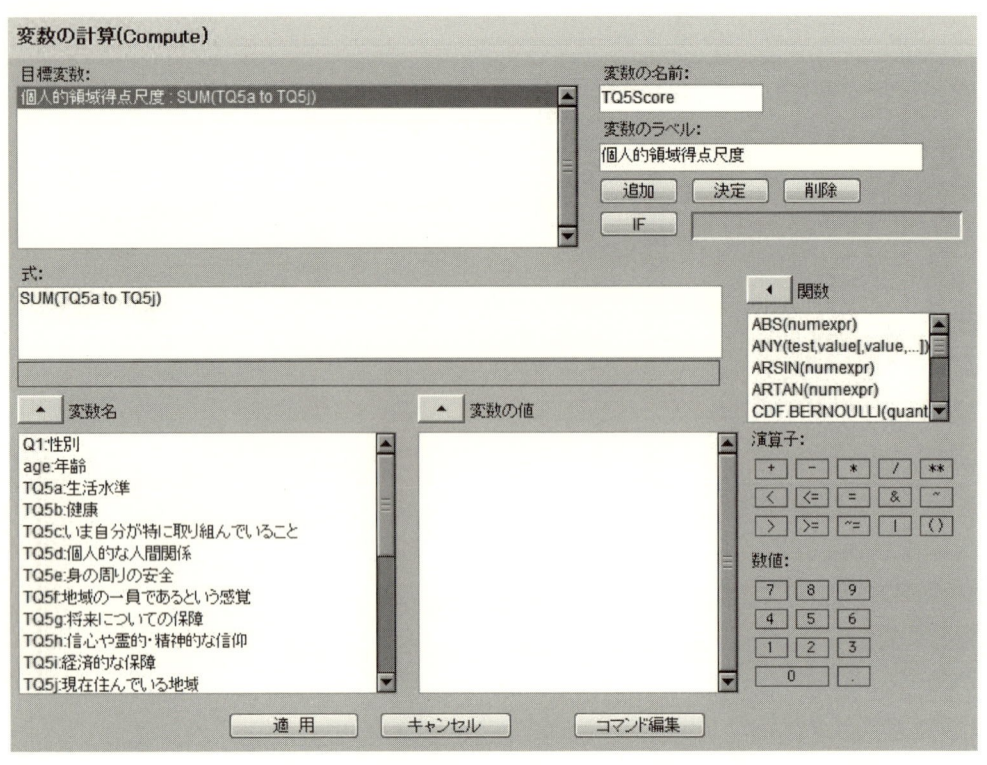

図 8.12 「変数の計算」による尺度得点の算出

図 8.13 因子 2 「個人的領域」尺度得点の年代間多重比較

度得点の変数を従属変数とし，年代（変数リストでは「年齢10年ごと」）を独立変数とする一元配置の分散分析を行ってみるとよい。「06. 一元配置の分散分析」で，従属変数に個人的領域尺度得点，因子に「年齢10歳刻み」を投入し，分散分析および平均値の多重比較を行うと，年代の効果は有意であることがわかる（$F(5, 1286) = 4.783$, $p < .001$）。さらに，図 8.13 に示したのは，Tukey 法による多重比較の結果である。おおむね高齢者においてウェルビーイン

グの個人的領域に関する満足度が高く，若年層が中間的，もっとも満足度が低いのは働き盛りの30代や40代であることがわかる。

このように，因子分析は，ある事象の背後に潜む意味的まとまりをグルーピングし，その構造を把握することを可能にさせる。さらにそれだけではなく，尺度得点や因子得点といった新しい変数を用いて，その事象と他の事象との相関関係や因果関係について，より縮約された（つまり明確で解釈しやすい可能性が高い）次元にもとづく比較を可能にさせる。さまざまな意味で利便性の高い分析なので，内容をよく理解したうえで，適切に利用していただきたい。

4 課　題

1. 「個人的領域」尺度得点を求めたときと同じようにして，TQ7a から TQ7j までの10項目の観測変数を用いて「社会的領域」尺度得点（TQ7Score：「社会的領域尺度得点」）を求めてみよう。また，「年齢10歳刻み」を用いて，一元配置の分散分析を行ってみよう。年代による違いは，同じだろうか。
2. 一元配置の分散分析の「オプション設定」で「「平均値のプロット」にチェックを入れることで，各年代の平均値の折れ線グラフが表示される。「個人的領域」尺度得点のグラフと「社会的領域」尺度得点のグラフを比較してみよう。ウェルビーイングの領域間で年代差のパターンは，同じであるか，あるいはやや異なるだろうか。

【付記】　本章執筆に際しては，狩野裕氏（大阪大学大学院基礎工学研究科）より多くの貴重なアドバイスを頂戴しました。また例の一部を氏の講義資料から引用させていただきました。記して心より謝意を表します。

参考文献

Cummins, R A., Eckersley, R. Pallant, J., Van Vugt, J., and Misajon, R., 2003, "Developing a national index of subjective wellbeing: The Australian unity wellbeing index", *Social Indicators Research*, 64：159-190.

市川雅教，1999，「Question62 因子分析を行う場合に，標本の大きさはどの程度あればよいのですか。」繁桝算男・柳井晴夫・森敏昭編著『Q&A で知る統計データ解析　DOs and DON'Ts』サイエンス社，125。

岩崎学，2002，『不完全データの統計解析』エコノミスト社。

柳井晴夫・岩坪秀一・石塚智一，1992，『人間行動の計量分析：多変量解析の理論と応用』東京大学出版会。

（三浦　麻子）

第9章
主成分分析

> 【研究事例】
> 今田高俊，1998，「社会階層の新次元―ポスト物質社会における地位変数」
> 『社会学評論』48(4)，31-49。

1 研究事例の紹介

1.1 所有から存在へ

　社会階層研究は，職業・所得・学歴などから構成される社会的地位を中心とするものであった。第3章で触れられた親子の世代間職業移動は，地位を職業で代表させるものであり，同じようにして学歴における世代間移動の分析も数多く行われてきた。また，地位達成過程の研究も多く，それは現在の職業に至る過程での，親の職業，本人の学歴などの影響を見たものである。親がよい職業に就いていると，子どもも同じようなよい職業に就けるのか，すなわち，親の七光りは本当に存在するのか，あるいは高い学歴を得ると，よい職業に就けるのか，などを，社会全体の傾向として把握しようという研究である。その典型例は本書では扱われていないが，中流意識への応用が第6章であり，第7章においても地位達成過程を部分的に応用しているといえる。所得の規定要因を明らかにするために，職業，学歴に年齢を加えたものが第5章であるし，職業・所得・学歴から地位の一貫性を探究した第11章など，階層研究の蓄積の多くは，職業・所得・学歴からなる地位をめぐる研究といえるだろう。

　人びとは高い学歴を求め，学歴によって親よりもよい職業に就き，高い所得を得る。確かに今でも多くの人は，特に教育熱心といわれる人びとは，これらを求めているように思える。しかし，一昔前に比べれば，学歴→職業→所得という地位達成過程の一連の流れは，豊かな生活を保障しなくなっている。終身雇用制の崩壊，非正規雇用の問題，高学歴ワーキングプアなど，地位達成過程研究にそぐわない現象がある。これらの現象が顕在化して以降，階層研究は新しい局面に入ったといえるだろう。

　この章で取り上げる今田論文は，職業・所得・学歴などから構成される地位とは異なる，地位の新しい次元を計量分析によって示した先駆的な論文である。その根源的な関心は現在問題となっているような格差社会論と共通し，社会の不平等構造の問題にあるが，直接的に前提とされているのは，ポストモダン論である。

　1970年代半ばより，イングルハートの脱物質主義やベルの脱工業社会など，新しい社会の到来が唱えられ，日本でも1980年代には人々に意識されるようになり始めた。それまでの職業，所得・学歴などを主とする階層研究では，新しい社会のリアリティをつかみきれなくなった。

つまり，階層的地位（所有）が文化や生活様式といわれる「生き方」（存在）を規定するとは言い難くなったのである。近代の物質主義的な社会からポスト物質社会への移行にともなって，人びとは，富を所有することを第一義的に，あるいは専らそれに，関心を寄せるのではなく，「生き方」そのものへの関心が重要となってくるのである。

1.2 独立した2つの生活様式

この論文では，1995年SSM調査のB調査票のデータが分析されている。主成分分析によって，価値志向に焦点をあてた「生活様式」が抽出される。ここでは生活様式は，「諸個人の生活体系を組織化する価値志向であり，かつこの価値志向により秩序づけられた生活諸資源・諸関係の選好パターン」（p.34）と定義され，ウェーバーらの概念に由来する考えに基づいて，人間生活を基本的に方向づけるものとしている。これは，階層研究としては生活様式概念に従来よりも非常に重要な位置づけを与えており，職業・所得・学歴などの地位変数と同等の重要性を与えているものである。

職業，収入，学歴，財産の重要性についての4つの質問項目に，家族からの信頼と尊敬，ボランティア活動や町内会活動，趣味やレジャーなどの3つの質問項目加えた7つの項目に対する重要性を尋ね，主成分分析を行ったところ（バリマックス回転：今田論文では「ヴァリマックス回転」と表記されている），2つの生活様式因子（主成分）が得られた。それは，職業，収入，学歴，財産の従来からの社会経済的地位を重要視する質問項目に因子負荷量が高い「達成的地位指向因子」と家族からの信頼と尊敬，ボランティア活動や町内会活動，趣味やレジャーを重視する質問項目に因子負荷量が高い「関係的地位指向因子」である。男性のみでも女性のみでも男女を統合した全体でも，バリマックス回転で同じようなきれいな単純構造が示されている（表9.1参照）。因子は互いに独立で，相関が0であるとするバリマックス回転でこの2つの因子が抽出されたことから，この2つの因子は，互いに独立であり，伝統的に階層研究

表9.1　生活様式における達成的地位指向と関係的地位指向の因子負荷量

重要度	全体		男性		女性	
	達成的地位指向	関係的地位指向	達成的地位指向	関係的地位指向	達成的地位指向	関係的地位指向
高い職業的地位	.746	.140	.703	.183	.780	.112
高い収入	.748	.084	.772	−.025	.728	.186
高い学歴	.760	.138	.706	.200	.803	.094
多くの財産	.702	.071	.719	.076	.692	.058
家族からの信頼と尊敬	.146	.637	.157	.658	.133	.625
社会活動参加	.040	.844	.061	.837	.022	.843
余暇サークル活動	.120	.699	.080	.678	.155	.717
固有値	2.54	1.34	2.47	1.34	2.62	1.36
分散寄与率（％）	36.3	19.1	35.3	19.2	37.5	19.4
サンプル数	2,472		1,131		1,337	

【出典：今田（1998, p.37），表1】

で重視されてきた達成的な地位に対する指向性とは独立に，関係的地位指向があり，職業・所得・学歴などを地位とするならば，関係的地位も独立の地位次元として認めるべきであると主張されている。

つぎにこの2つの生活様式変数を従属変数とし，父職業，父学歴，本人学歴，本人現職，年齢を独立変数とした重回帰分析が男女別に行われる。その結果，決定係数（R^2）は0.02にも満たない小さな値であり，標準化偏回帰係数（今田論文ではパス係数と表記されている）はいずれも1％水準で有意ではない。つまり，「価値指向としての生活様式は，社会的地位や年齢に関係なく，また男女の別に関係なく，本人の生活史の中で独自に形成されたものである。」(p. 39)

1.3 あくなき地位の追究と心のゆたかさ

達成的地位指向と関係的地位指向の2つの生活様式変数は，伝統的な地位変数に規定されるものでもなく，伝統的な地位変数と同じように独立変数に並べることができる。そしてこれらを独立変数とし，「地位競争不安」，「現状維持」，「ポスト物質指向」を従属変数として，男女別に重回帰分析した結果が表9.2である。

注目すべき点は，「まごまごしていると，他人に追い越されそうな不安を感じる」という「地位競争不安」と，「もっと多くを手にするよりも，これまでに獲得したものを維持することの方が重要であると思う」という「現状維持」は，達成的地位指向が有意な効果をもち，「これからは物質的な豊かさよりも，心の豊かさやゆとりのある生活をすることに重きをおきたいと思う」という「ポスト物質指向」は関係的地位指向が有意な正の効果をもつことである。豊かな生活を目指す物質社会に特徴的な達成的地位指向の生活様式は，より上の地位を目指した競争不安に陥ったり，現在の地位を維持しようと現状維持の傾向を強化する。一方で，ポスト

表9.2 地位競争不安，現状維持指向，およびポスト物質指向のパス解析

地位変数	地位競争不安		現状維持		ポスト物質指向	
	女性	男性	女性	男性	女性	男性
父職業	−.078	.016	.001	.045	.023	.071
父学歴	−.002	−.043	.032	.008	−.029	−.047
本人学歴	.073	−.045	−.138*	−.182**	.020	.018
本人現職	.007	.027	.031	−.085	.016	.073
達成的地位指向	.288**	.265**	.170**	.109*	−.065	−.103*
関係的地位指向	.123*	.072	.135**	.080	.255**	.238**
地位競争不安	—	—	—	—	.049	−.029
現状維持指向	—	—	—	—	.161**	.268**
年齢	−.103	−.050	.157**	.214**	.162**	.169**
R^2	.110	.080	.105	.120	.142	.197
N	626	817	623	813	620	812

（注）＊および＊＊印の付いたパス係数は，それぞれ.01および.001未満の水準で有意。

【出典：今田（1998, p. 42），表4】

物質社会に特徴的な関係的地位指向の生活様式は，心の豊かさ，生活のゆとりを求めるポスト物質指向を強めるのである。

そして関係的地位指向に対応する政治の在り方は，物質社会，地位社会の地位政治ではなく，生活政治である。

> もはや民意の分岐点は，保守対革新や地位不安にあるのではなく，生活リアリズム，生活の充実にいかに敏感であるかどうかにある。これからの政治の在り方は，こうした考え方を汲みあげ支援する政策をどう打ち出せるかに大きく依存している。そういう政治でなければ，国民からの支持の調達は困難だろう。 (p. 47)

政治においても，階層研究においても，これからの新しい社会に対応し，それを分析できる，新しい枠組み，概念につねにチャレンジしていくことが必要だろう。

1.4 因子分析を用いた研究における2因子の活用の仕方

この今田論文は，主成分分析によって2つの主成分を抽出し，その2つの主成分を対比的に使って論を進めている。後述するように，主成分分析は第8章の因子分析とは考え方，計算方法が異なる別の分析法であるが，今田論文でも「主成分」という言葉を使わずに「因子」と書かれているように，慣用的に「主成分」のことを「因子」と表現することが多いので，ここからは「主成分」ではなく，「因子」という言葉を使って，論文としての2因子（主成分）の使い方を説明していく。

ある学問分野で1つの主要な概念がある場合，そこから，1つの概念を多元化して測定する方向に進むことがある。たとえば宗教性の測定に関しては，「神様を信じるかどうか」という1つの概念で測られていたのが，その後，宗教的信念，宗教的知識，宗教経験など，多元的に測定されるようになっていく。一方，主要な概念と独立したもう一つ別の概念を考え，その2つ目の概念を測定しようとする場合もある。前者の場合は因子間の相関が前提とされる。宗教的信念がある人は，宗教的知識もあり，深い宗教経験も多くあると予想されるので，因子間に相関を仮定するのは自然であろう。この場合，因子分析の回転としては，斜交解が適切である。後者の場合には，元々の概念とは独立した別の因子を求めるので，直交回転であるバリマックス解を求めることとなる。本章の今田の研究は，もちろん，後者のケースである。

2つ目の因子を作り出すことは，極端にいえば，質問票の作成にある程度慣れてくれば，さほど難しいことではない。質問票のなかに1つ目の因子とは異なるが，お互いは似た質問項目を新たに5つくらいいれてやると，2つ目の別の因子ができやすい。しかし，この2番目の因子が，意味ある有効な因子かどうかが問題であり，意味ある有効な因子を作り出すことは，実は非常に難しいのである。

もとからある概念「因子Ⅰ」と「意識A」との関連を「関連Ⅰ-A」とし，新たに抽出した「因子Ⅱ」と「意識A」との関連を「関連Ⅱ-A」としよう（図9.1）。「関連Ⅰ-A」と「関連Ⅱ-A」のどちらも関連がない場合，新たに「因子Ⅱ」を作った意味はあまりない。同じく「関

```
          ┌─────┐  関連Ⅰ-A   ┌──────┐
          │因子Ⅰ │◄─────────►│意識A  │
          └─────┘            └──────┘
                              ▲
                      関連Ⅱ-A │
          ┌─────┐             │
          │因子Ⅱ │◄────────────┘
          └─────┘
```

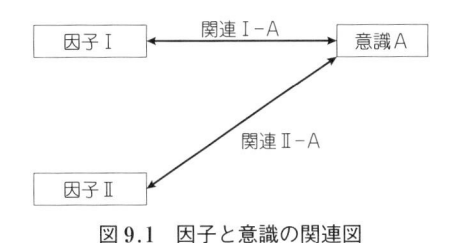

図9.1　因子と意識の関連図

連Ⅰ-A」と「関連Ⅱ-A」のどちらも正の関連がある場合も，どちらも負の関連がある場合も，新たに「因子Ⅱ」を作る意味はあまり大きくはないだろう。つまり，新たな因子と意識との関連（「関連Ⅱ-A」）が，従来からわかっている「関連Ⅰ-A」と同じ場合には，わざわざ因子Ⅱを作った意味がない。それに比べて，「関連Ⅰ-A」は関連が見られないが，「関連Ⅱ-A」は正の関連がある場合など，つまり，「関連Ⅱ-A」が「関連Ⅰ-A」と異なる場合には，この「因子Ⅱ」は新たに作って有効であったといえる。

　この論文では，いうまでもなく「因子Ⅰ」が「達成的地位指向」に，「因子Ⅱ」が「関係的地位指向」にあたる。そして，従来の階層論的な因子Ⅰとは別の新たな因子Ⅱを抽出し，それを社会階層の新次元として取り上げようとする論文である。したがって，仮説1と仮説2は以下のように対照的になるのである。

　　仮説1．達成的地位指向の生活様式は，上位の地位をめざして地位競争不安に陥る傾向
　　を強化するか，あるいはすでに獲得した地位を維持しようとする傾向を強化するため，ポ
　　スト物質指向を高めることはない。

　　仮説2．関係的地位指向の生活様式は，地位競争不安に陥る傾向をもたらさず，現状維
　　持の傾向を強化するか，あるいはそれ以上にポスト物質指向を強化する。　　(p. 41)

「意識A」を「地位競争不安」として，仮説をみてみよう。「因子Ⅰ」（達成的地位指向）は「意識A」を強める，すなわち「関連Ⅰ-A」は正の関連であり，新たな「因子Ⅱ」は「意識A」と関連しない，すなわち「関連Ⅱ-A」は無相関という結果になれば望ましい。この仮説が成り立てば，「関連Ⅰ-A」と「関連Ⅱ-A」は異なるので，従来の階層論的な因子Ⅰとは別の新たな因子Ⅱを抽出できた意義が大きいといえるだろう。

　このような観点から再び表9.2を見てみると，男性においては，「関連Ⅰ-A」は0.265とこの表のなかではかなり強い正の関連がみられ，「関連Ⅱ-A」は0.072と値も小さく，1％水準で有意な＊印が付いていないことから関連がないと判断されている。つまり，仮説が男性の地位競争不安について成り立っており，それは因子Ⅱである「関係的地位指向」因子を抽出したがゆえに，見出された発見なのである。一方，女性の「地位競争不安」をみてみると，「関連Ⅰ-A」は0.288とかなり強い正の関連が見られるが，「関連Ⅱ-A」も0.123と1％水準で有意な正の関連が見られる。したがって仮説（特に仮説2.）が成り立っていない。つまり女性の地位競争不安の部分については，新たな因子Ⅱを作り出した意義が明確ではないのである。それに対しては，「女性の場合，男性よりも地位概念が広く考えられている可能性が強い」(p. 42) と

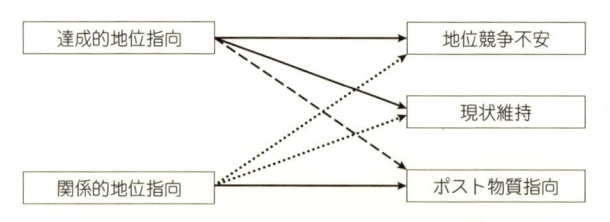

図 9.2 男性の2因子と3つの意識の関連図

解釈されているのであり，この女性に地位競争不安については，特別な理由があって分析結果が仮説通りではないと述べることは，新たな因子を作り出して新次元であると主張する本論文では不可欠なのである。

「現状維持」については，「地位競争不安」と同じ関連のパターンである。すなわち男性においては，「関連Ⅰ-A」は，正の関連がみられ，「関連Ⅱ-A」は相関がなく，一方，女性は，「関連Ⅰ-A」も「関連Ⅱ-A」も有意な正の関連が見られる。

それに対してポスト物質指向では，仮説の関連は逆になっており，達成的地位指向では正の関連がなく，（すなわち「関連Ⅰ-A」は無関連か負の関連），関係的地位指向では正の関連がある（すなわち「関連Ⅱ-A」は正の関連）となっている。女性は「関連Ⅰ-A」が無関連（-0.065）であり，男性は「関連Ⅰ-A」が負の関連（-0.103）であり，「関連Ⅱ-A」は男女とも正の関連（女性は0.255，男性は0.238）で，仮説は成り立っている。

また，表9.2の見方を変えて，男性のみに注目すると（図9.2），達成的地位指向の地位競争不安，現状維持への関連は正（実線矢印）であり，ポスト物質指向との関連は負（破線矢印）である。新たな因子である関係的地位指向は地位競争不安と現状維持との間には関連がなく（点線矢印），ポスト物質志向との関連は正である。このように従来からの階層的な地位の指向性である達成的地位指向と関係的地位指向は対照的になっており，関係的地位指向が新たな次元（新たな因子）として有効であることが明瞭に示された分析結果であるといえよう。

2　分析技法の説明

2.1　主成分分析とは

この章で取り上げた今田論文で主として用いられた主成分分析について説明する。主成分分析とは，たくさんの変数を少数にまとめる場合に役立つ手法であり，第8章で解説された「因子分析」と手順も結果もよく似ている。分析の結果得られた主成分得点（因子得点）をその後の分析に用いるという点でも共通している。しかし因子分析は観測変数群の奥に潜む潜在変数を仮定してグルーピングを行うのに対し，主成分分析は，潜在変数を仮定せず，複数の観測変数から少数の合成変数を作ることが目的である。

2つの分析手法の相違点は①潜在変数を仮定するかしないか，②観測変数から少数の変数を合成するか，潜在変数から合成変数を説明するのか，③誤差を考えるか考えないか，という点があげられる。簡単に図示すれば，図9.3のようになる。

第9章 主成分分析

図9.3 因子分析と主成分分析の違い

　ここで変量 X_1, X_2, X_3……は「高い職業的地位の重要度」「高い収入の重要度」「高い学歴の重要度」……などにあたる。e_1, e_2, e_3 は誤差をあらわす。そして主成分分析は、変量 X_1, X_2, X_3……があるとき、$U = aX_1 + bX_2 + cX_3 + ……$（$a, b, c$ …は $a^2 + b^2 + c^2 + … = 1$ を満たす定数）を考え、U の分散を最大にする係数 a, b, c …を計算し、そこで得られた主成分 U を利用してさらに分析を行っていくことを目的とするものである。a, b, c の係数は因子負荷量と呼ばれる。「U の分散を最大にする」とは、ややわかりにくい表現であるが、「個体の散らばりがよく見えるように方向を定め、各個体を表す点の相違が明瞭になることを目指す」（足立 2006）ともいいかえられる。

　ここでの第1主成分は「高い職業的地位の重要度」「高い収入の重要度」「高い学歴の重要度」「多くの財産の重要度」によって説明される割合の大きい「達成的地位指向」であり、第2主成分は「家族からの信頼と尊敬の重要度」「社会参加活動の重要度」「余暇サークル活動の重要度」によって説明される割合の高い「関係的地位指向」である。この「説明される割合」が主成分の寄与率とよばれるものであり、第1主成分の説明する割合が低いとき、つまり寄与率が0に近い場合には、第1主成分はデータの情報をとりこぼしていると考えられる。その場合にはとりこぼされて残った情報から新たな第2主成分が作られる。第1主成分を計算する式のなかで第2主成分、第3主成分…も計算されるが、この分析では第2主成分までとなっている。なお、合成された主成分の間に相関はない。

　主成分得点を計算する方法には「相関行列」によるものと「分散共分散行列」によるものがある。「相関行列」による計算は、標準化されたデータ（標準得点）をもとに相関行列の固有値分解に基づいて計算され、「分散共分散行列」によるものは、素データまたは平均偏差得点をもとに分散共分散行列の固有値分解という演算によって計算される。両者によって得られる主成分得点は異なる。「相関行列」によって得られた主成分得点を標準化した解は、「もとの変数も主成分得点もともに標準化された解」であり、得られた結果は探索的因子分析の解と似たものになる（ただし、回転前の初期解）。

　主成分得点は以下の①、②の方程式を解くことによって得られる解である。係数の組 (a, b, c) は行列の固有ベクトルであり、γ はこの行列の固有値である。ここでは複雑な計算が必要となるが、SRDQ 上で統計ソフトが計算してくれる。

$$\begin{bmatrix}相関\\行列\end{bmatrix}\begin{bmatrix}a\\b\\c\end{bmatrix}=\gamma\begin{bmatrix}a\\b\\c\end{bmatrix} \cdots\cdots ①\qquad\begin{bmatrix}分散\\共分散\\行列\end{bmatrix}\begin{bmatrix}a\\b\\c\end{bmatrix}=\gamma\begin{bmatrix}a\\b\\c\end{bmatrix} \cdots\cdots ②$$

また，主成分分析では基本的に回転を行わないとする解説書もあるが，この分析では得られた負荷量を解釈しやすいように，座標軸を回転している。回転の説明についての詳細は第8章を参照してほしい。

3　分析シミュレーション

ここでは，今田（1998）の行った，生活様式における「達成的地位指向」および「関係的地位指向」因子の抽出や，地位競争不安，現状維持指向およびポスト物質指向の重回帰分析を行ってみよう。ここで使用するデータは「社会階層と社会移動」全国調査（SSM95B）の一部である。

3.1　値の再割り当て（recode）

仮説に対応する質問項目を選択して主成分分析を行う。今回用いるのは，従来の社会階層研究で地位変数として扱われてきた職業的地位，所得，学歴，財産の重要度を尋ねる質問項目に加えて，家庭生活における信頼と尊敬の重要度，ボランティア活動などの社会参加活動の重要度，趣味やレジャーなどの余暇活動での役割の重要度に関する質問項目に対する回答である。具体的な質問内容は以下のとおりである。

表9.3　質問内容

質問：次にあげることがらは，あなたにとってどのくらい重要ですか。
Q27a　社会的評価の高い職業につくこと
Q27b　高い収入を得ること
Q27c　高い学歴を得ること
Q27g　多くの財産を所有すること
Q27d　家族から信頼と尊敬を得ること
Q27e　ボランティア活動・町内会活動など社会活動で力を発揮すること
Q27f　趣味やレジャーなどのサークルで中心的役割を担うこと

この質問に対する選択肢は(1)重要である，(2)やや重要である，(3)あまり重要でない，(4)重要でない，(5)わからない，であるが，重要であると答えた人の得点が高くなり，重要でない人の得点が低い方が，どのような分析をした場合でも結果が解釈しやすくなるので，このような場合には，各質問項目で「重要である」から「重要でない」までの回答にそれぞれ4点から1点のスコアを与え，得点が高いほど重要であると答えていることを示すように変換（recode）しておいた方がよい。(5)わからないと回答したものについては，欠損値とし，分析から除外する。本来は分析に先立って，用いる変数すべてについてこのような操作が必要であるが，サポート

ページの本章で示されている変数については，すでに変換（recode）されているので，上のようなrecodeの操作は不要である。

また後の分析のために，表9.3の変数だけではなくq28aの「地位競争不安」，q28bの「現状維持」，q28dの「ポスト物質指向」の3つの変数についても，選択肢は，(1)よくあてはまる，(2)ややあてはまる，(3)どちらともいえない，(4)あまりあてはまらない，(5)まったくあてはまらない，(6)わからない，であるが，サポートページのデータでは「とくあてはまる」から「まったくあてはまらない」までの回答にそれぞれ5点から1点を与えるように変換してある。

まず，これらの分析に使用する変数を確認しておこう。SRDQのトップページ左下の「Support Page」をクリックして，さらに「第9章 主成分分析」というリンクをたどる。すると「『社会階層と社会移動』全国調査（SSM95B）」という調査データの「分析メニュー」が表示される。

きちんとrecodeされた変数となっているかを確認するために，まず「分析メニュー」の下の方にある「値の再割り当て」をクリックしてみよう。そして「入力変数の選択」にあらわれる変数のなかから「高い職業的地位」をクリックする。すると，すぐ下の「入力変数情報」に「高い職業的地位」とラベルをつけた変数のデータ上の値が示される。それをみると，「重要ではない」が「1.0」，「あまり重要ではない」が「2.0」，「やや重要である」が「3.0」，「重要である」が「4.0」という適切な値に変換されていることがわかる。また，ここでは「高い職業的地位」というラベルの付いた変数の，データ上の名前が「q27_a」（これを変数名という）であることも示されている。因子分析ではこの「q27_a」という変数名が分析結果に表示されることはないが，いくつかの分析手法ではその結果が示される際に「高い職業的地位」というラベルではなく，「q27_a」の変数名しか表示されない場合もある。このように変数名や値を確認するときは，「値の再割り当て」を使うとよい（ケースの選択でも同じように確認できる）。このようにして，他の「高い収入」から「ポスト物質指向」までの変数についても値が変換されているかを確認しておこう。確認をしたら，「キャンセル」をクリックし，「分析メニュー」に戻る。

3.2 女性データのみの選択

今田論文では，男性，女性，全体の3つのパターンに分けて分析を行っている。ここでは女性データのみを分析する場合の操作方法を示しておく。男女を含めた全体の分析を行うときはこの項目はとばして次の「3.3 主成分分析」に進む。

もし，度数分布表の結果が画面に出ているようであれば，そのウィンドウを閉じて，「分析メニュー」の画面に戻ろう。「分析メニュー」の画面で，「ケースの選択」をクリックする。「IF条件の定義」画面で女性のみを選択する。図9.4の処理を行えば，分析において女性データだけが使用される。

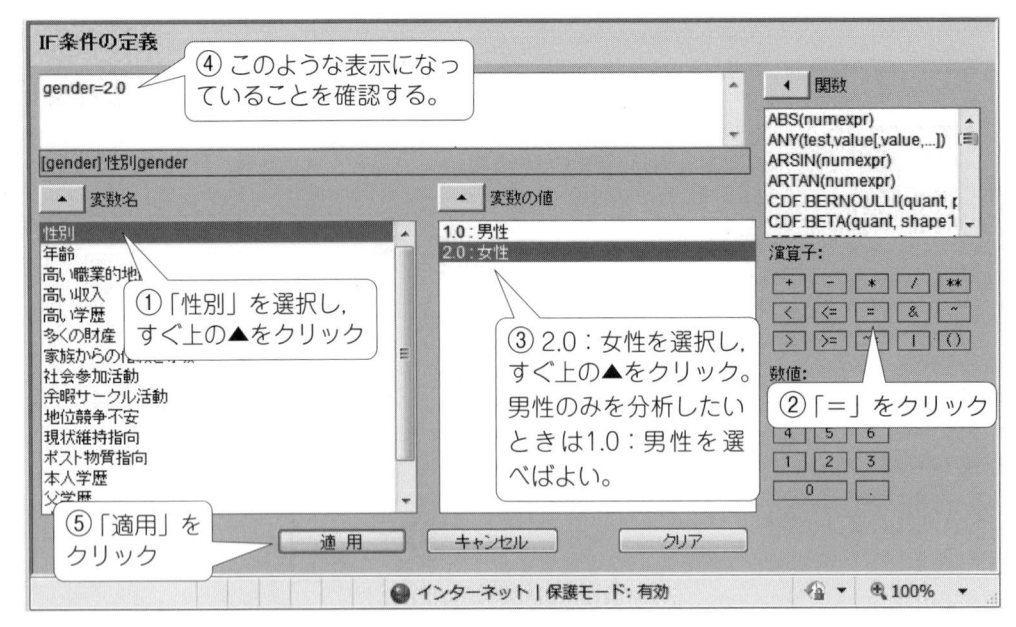

図 9.4 IF 条件の定義

3.3 主成分分析

いよいよ主成分分析を行っていく。「分析メニュー」の「09：因子分析」をクリックし，分析画面を開く。左側の変数が並んでいるボックスに変数が並んでいるので，今回使用する「高い職業的地位」「高い収入」「高い学歴」「多くの財産」「家族からの信頼と尊敬」「社会参加活動」「余暇サークル活動」を選択して「＞＞」をクリックして右側に移動させ，さらに必要な項目にチェックを入れ，下方の「因子分析」ボタンをクリックすれば結果が表示される。（図9.5 参照）

ここでは，バリマックス回転を用いて，相関行列による主成分分析を行っている。なお，SRDQ 上で抽出した主成分得点は，平均が 0，標準偏差が 1 の標準化された値をとるように設定されている。

分析結果は以下のように表示される。順を追ってみていこう。図 9.5 ⑥をチェックすることにより，結果画面に図 9.6 の記述統計量が表示される。ここで使われたサンプル数は N の列をみると 1,352 である。

図 9.7 の で囲まれた数字が共通性である。共通性とは各観測変数（ここでは各質問項目）が主成分を説明する分散の割合を示すものであり，高い方が望ましい。図 9.8 は固有値，分散寄与率を示す。

図 9.9 は，主成分の軸を回転する前の負荷量であり，図 9.10 はバリマックス回転後の負荷量である。バリマックス回転とは図 9.11 のように軸を回転させて主成分の意味をよみとりやすくしようとするものである。軸を回転する方法は，直交回転と斜交回転に大別されるが，バリマックス回転は直交回転のなかの 1 つの方法である。斜交回転の代表的なものにプロマックス回転がある（第 8 章参照）。

09. 因子分析

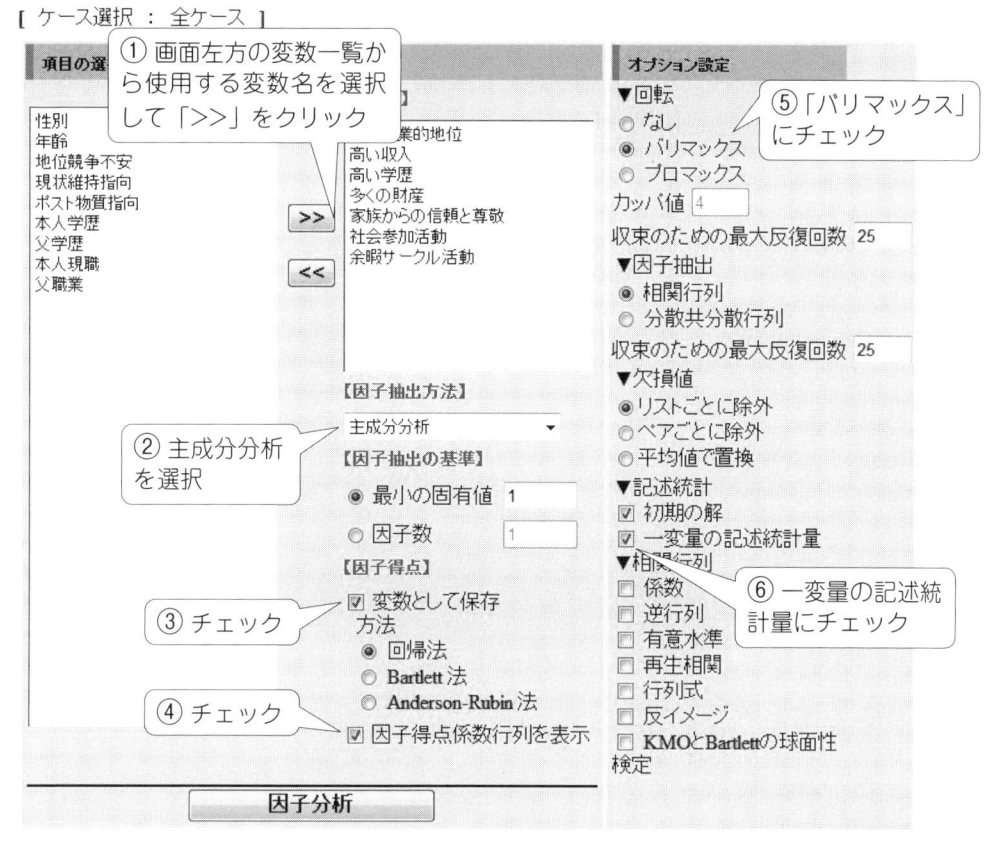

[ケース選択 ： 全ケース]

図9.5 主成分分析の手順

　主成分分析の結果は，図9.6のサンプル数，図9.8の合計から固有値，分散の%から分散寄与率，図9.10から因子負荷量をまとめ，表示する。表9.4は結果をまとめたものである。図9.10の値は成分1の数値が大きい順に並んでいるが，表9.4は今田論文に合わせた形にしている。今田論文の表9.1と比べると，サンプル数が若干異なり，因子負荷量もわずかに数値が

記述統計量

	平均値	標準偏差	分析 N
高い職業的地位	2.36	.864	1352
高い収入	2.92	.809	1352
高い学歴	2.42	.864	1352
多くの財産	2.32	.808	1352
家族からの信頼と尊敬	3.64	.609	1352
社会参加活動	2.97	.789	1352
余暇サークル活動	2.31	.805	1352

図9.6　記述統計量

共通性

	初期	因子抽出後
高い職業的地位	1.000	.619
高い収入	1.000	.565
高い学歴	1.000	.655
多くの財産	1.000	.484
家族からの信頼と尊敬	1.000	.417
社会参加活動	1.000	.713
余暇サークル活動	1.000	.539

因子抽出法：主成分分析

図9.7　共通性

説明された分散の合計

成分	初期の固有値			抽出後の負荷量平方和			回転後の負荷量平方和		
	合計	分散の %	累積 %	合計	分散の %	累積 %	合計	分散の %	累積 %
1	2.647	37.809	37.809	2.647	37.809	37.809	2.305	32.932	32.932
2	1.345	19.220	57.029	1.345	19.220	57.029	1.687	24.097	57.029
3	.854	12.203	69.232						
4	.700	9.994	79.227						
5	.539	7.703	86.930						
6	.494	7.059	93.989						
7	.421	6.011	100.000						

因子抽出法: 主成分分析

（固有値）（分散寄与率）

図 9.8　固有値と分散寄与率

成分行列 [a]

	成分	
	1	2
高い学歴	.740	−.328
高い職業的地位	.727	−.302
高い収入	.722	−.208
多くの財産	.628	−.300
社会参加活動	.456	.710
余暇サークル活動	.503	.535
家族からの信頼と尊敬	.440	.472

因子抽出法: 主成分分析
[a] 2個の成分が抽出されました

図 9.9　回転前負荷量

回転後の成分行列 [a]

	成分	
	1	2
高い学歴	.804	9.714E-02
高い職業的地位	.779	.113
高い収入	.727	.192
多くの財産	.693	6.374E-02
社会参加活動	2.820E-02	.844
余暇サークル活動	.158	.717
家族からの信頼と尊敬	.136	.631

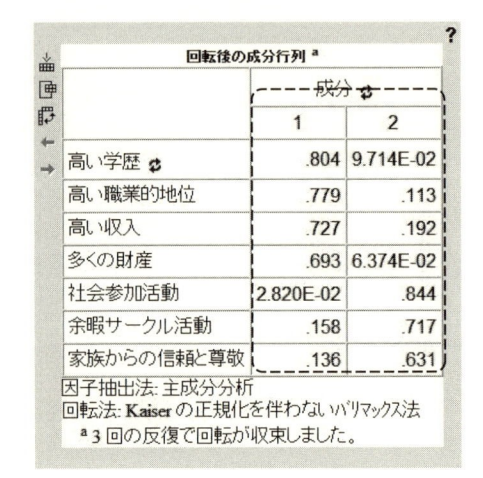

因子抽出法: 主成分分析
回転法: Kaiser の正規化を伴わないバリマックス法
[a] 3回の反復で回転が収束しました。

図 9.10　回転後負荷量

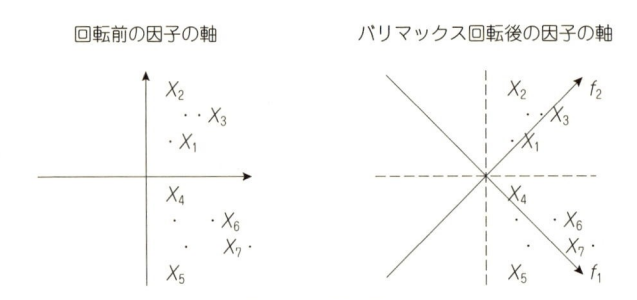

図 9.11　軸の回転

異なるが，ほぼ同じ結果が得られたとみなせるだろう。

　図 9.8 より，「成分 1」と「成分 2」の累積寄与率は57％（32.932＋24.097≒57）であることがわかる。つまり，本章の表 9.3 に掲載した 7 つの質問への回答の情報の分散全体のうち，57％を「成分 1」と「成分 2」で説明できるということである。

表9.4 達成的地位指向と関係的地位指向の負荷量（女性のみ）

	達成的地位指向	関係的地位指向
高い職業的地位	**0.779**	0.113
高収入	**0.727**	0.192
高学歴	**0.804**	0.097
多くの財産	**0.693**	0.064
家族からの信頼と尊敬	0.136	**0.631**
社会活動参加	0.028	**0.844**
余暇サークル活動	0.158	**0.717**
固有値	2.305	1.687
分散寄与率（％）	32.9	24.1
サンプル数	1352	

　今田論文では「成分1」「成分2」をそれぞれ「達成的地位指向因子」「関係的地位指向因子」と名づけている。この成分に対する名称は，分析者が自由につけることができる。しかし，自由といっても，分析結果をよりよく示すように，また研究上適切であるようにつけるものである。表9.4の成分ごとに因子負荷量の大きさをみてみると，「達成的地位指向因子」の負荷量は，高い職業的地位，高い収入，高い学歴，多くの財産の各項目が大きく，これらはいわゆる伝統的な社会経済的地位を重視する主成分であり，もう一方の「関係的地位指向因子」の負荷量は，家族から信頼と尊敬を得ること，社会参加活動で力を発揮すること，余暇のサークルで中心的役割を担うことの各項目が大きく，これらは地位達成というよりは人間関係での評価を重視する主成分であるので，この「達成的地位指向因子」と「関係的地位指向因子」という名称は適切であろう。名づける因子の名称によって，分析や研究の印象が大きく異なることもあるので，成分や因子の名称は，よく考えてつけることが必要である。

3.4　重回帰分析

　つぎに主成分分析で作成した2つの主成分を用いて重回帰分析を行ってみよう。ここでも女性データのみを分析していく。まず，主成分分析の結果が画面に出ているようであれば，ウィンドウを閉じて，分析メニューの画面に戻る。そして「10：線型回帰」を選択し，必要な変数を「従属変数」および「独立変数」の枠へ移動させる（図9.12）。従属変数は「ポスト物質指向」とする。独立変数は「父職業」，「父学歴」，「本人学歴」，「本人現職」，「fac1_1」,「fac2_1」，「地位競争不安」，「現状維持指向」，「年齢」を用いる。職業は威信スコア，学歴は教育年数である。主成分分析の際，「変数を保存」にチェックをしていれば，新変数「fac1_1」と「fac2_1」の2つができているはずである。なお，fac1_1は，達成的地位指向，fac2_1は，関係的地位指向である。

　図9.13は分析に使用された変数の記述統計である。サンプル数は623であるということがわかる。

　図9.13〜9.15より結果をまとめると表9.5のとおりになる。今田論文ではパス解析の一貫

[ケース選択 : gender=2.0]

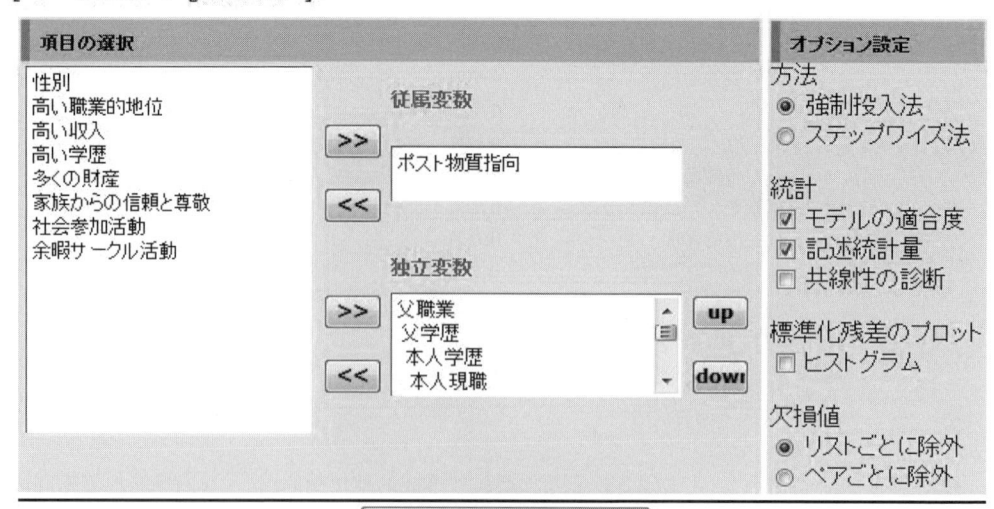

図 9.12 線型回帰の変数指定画面

として重回帰分析を行っているので，標準化係数ベータの数値を用いている（第6章参照）。有意確率が0.001未満の数値に「**」をつけてある。この結果から，女性では，関係的地位指向が強いほど，現状維持指向が強いほど，そして年齢が高いほどポスト物質指向が高いということが読み取れ，他の変数については統計的に有意な効果がないということがわかる。

	平均値	標準偏差	N
ポスト物質指向	4.36	.783	623
父職業	51.050	9.0563	623
父学歴	9.50	3.317	623
本人学歴	12.00	2.011	623
本人現職	49.101	6.7517	623
REGR factor score 1 for analysis 1	.0525116	.93922559	623
REGR factor score 2 for analysis 1	.0429704	.96260126	623
地位競争不安	2.57	1.153	623
現状維持指向	3.64	1.086	623
年齢	44.47	12.296	623

図 9.13 記述統計量

モデル	R	R2乗	調整済み R2乗	推定値の標準誤差
1	.380[a]	.145	.132	.729

[a] 予測値: (定数), 年齢, REGR factor score 2 for analysis 1 , REGR factor score 1 for analysis

図 9.14 モデルの適合度

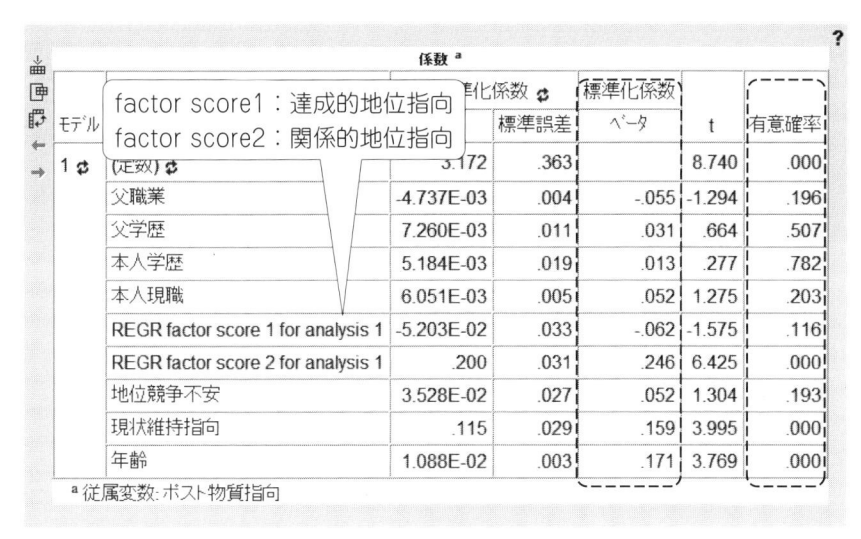

図9.15 「係数」結果

表9.5 ポスト物質指向を従属変数とする
重回帰分析の結果（女性のみ）

地位変数	標準化係数
父親職業威信	−0.055
父親教育年数	0.031
本人教育年数	0.013
本人職業威信	0.052
達成的地位指向	−0.062
関係的地位指向	0.246**
地位競争不安	0.052
現状維持指向	0.159**
年　齢	0.171**
調整済み R2乗	0.132
N	623

（注）　**印のついた係数は0.1％未満の水準で有意。

4　課　題

1. 分析シミュレーションでは，女性のみのデータを使って主成分分析を行ったが，同様の主成分分析を「データ全体」および「男性のみ」で行ってみよう。
2. 分析シミュレーションと同様の重回帰分析を「男性のみ」で行ってみよう。

参考文献

足立浩平, 2006, 『多変量データ解析法 心理・教育・社会系のための入門』ナカニシヤ出版。
今田高俊, 2000, 「ポストモダン時代の社会階層」今田高俊編『日本の階層システム 5 社会階層のポストモダン』東京大学出版会, 3-53。
石黒格, 2006, 「都市度 複数の変数を重みづけて新たな合成変数を作る——主成分分析」数理社会学会監修, 与謝野有紀ほか編『社会の見方, 測り方 計量社会学への招待』勁草書房, 328-334。
室淳子・石村貞夫, 2003, 『SPSSでやさしく学ぶ多変量解析［第2版］』東京図書株式会社。
涌井良幸・涌井貞美, 2002, 『図解でわかる多変量解析』日本実業出版社。

（川端　亮・乾　順子）

第10章
検証的因子分析

1 検証的因子分析の考え方

　因子分析とは，第8章でも触れたとおり，観測変数間の相関関係を潜在変数（因子）からの因果関係によって説明しようとする多変量解析の1手法である。因子分析には，探索的（exploratory）因子分析と検証的（confirmatory）因子分析がある。両者の使い分けは，事前に検証したいモデルが存在するかどうかで行う。検証的因子分析の目的のひとつは，観測変数とその背後に想定される潜在変数との因果関係があらかじめわかっている，もしくは，予測できる場合に，その因果関係が正しいかどうかを検討することにある。実際の研究場面では，先行研究の内容や研究計画の段階で，検証すべき因子分析モデルが明確になっている場合に有効である。

　このように，検証的因子分析の特徴は，分析者が事前に因子分析モデルを指定するところにある。したがって，重回帰分析と同様に，モデルがデータに対して十分適合しているかどうかの吟味が重要となる。検証的因子分析を実際に実行すると，モデルの適合に関してさまざまな情報が提示される。モデルの適合が悪い場合は，因子分析モデルや仮説そのものの再考が必要となる。

　本章では，検証的因子分析の具体的分析手順と分析時に問題となる点について述べる。ただし，SRDQ上で検証的因子分析を行うことはできないので，分析ソフトウェアとして"Amos"を紹介する。詳細な利用方法については触れず，検証的因子分析を行ううえで必要な内容のみとする。

2 検証的因子分析の事例

　では，検証的因子分析について，簡単な事例を用いて説明する。
　用いるのは，表10.1のような7科目（日本史・世界史・地理・公民・物理・化学・生物）の試験成績（100点満点）に関するデータ（N=100）である。Amosでは，表10.1のような粗データ（row data）を読み込んで分析することが多い。Amosで読み込むことのできるファイル形式は，"SPSS"や"Microsoft Excel"などがある。Excelでデータを作成する場合は，1行目に観測変数の変数名を入力し，2行目以降にデータを入力すればよい。空白セルは欠損値として扱われる。ただし，Amosでは，データに欠損値がある場合，分析手順が複雑になるので，用いるデータは欠損値のないものにするのが望ましい。

表10.1 検証的因子分析に用いる粗データ

	日本史	世界史	地理	公民	物理	化学	生物
1	71	63	50	52	58	35	49
2	59	31	44	50	37	52	47
3	62	56	49	49	56	47	55
4	59	60	63	72	58	52	80
5	74	45	58	55	41	51	52
6	61	48	67	46	45	57	51
⋮	⋮	⋮	⋮	⋮	⋮	⋮	⋮
100	59	54	72	56	59	57	59

表10.2 検証的因子分析に用いる相関行列データ

ROWTYPE_	VARNAME_	日本史	世界史	地理	公民	物理	化学	生物
CORR	日本史	1.000	0.583	0.519	0.433	0.456	0.284	0.374
CORR	世界史	0.583	1.000	0.516	0.471	0.376	0.320	0.284
CORR	地理	0.519	0.516	1.000	0.270	0.441	0.410	0.309
CORR	公民	0.433	0.471	0.270	1.000	0.416	0.320	0.266
CORR	物理	0.456	0.376	0.441	0.416	1.000	0.456	0.417
CORR	化学	0.284	0.320	0.410	0.320	0.456	1.000	0.379
CORR	生物	0.374	0.284	0.309	0.266	0.417	0.379	1.000
N		100	100	100	100	100	100	100
MEAN		0	0	0	0	0	0	0
STDDEV		1	1	1	1	1	1	1

また，検証的因子分析は観測変数間の相関係数に関する分析である．したがって，分析に用いるデータは必ずしも粗データである必要はなく，相関行列から分析を行うことが可能である．Amosにおいて，相関行列を読み込んで分析を行う場合は，表10.2のようなデータをExcelなどで作成する必要がある．"ROWTYPE_"の列には，各行がどのようなデータであるかをあらわす文字列を入力する．また，"VARNAME_"の列には，相関行列の変数名を入力する．"ROWTYPE_"の列において，相関係数を入力する行には"CORR"と入力し，サンプル数，平均，標準偏差を入力する行には，それぞれ"N"，"MEAN"，"STDDEV"と入力する．相関行列の場合，各変数の平均は"0"，標準偏差は"1"と入力しておく．

2.1 検証するモデル

表10.2の相関行列を説明するモデルとして，潜在変数「社会科能力」「理科能力」を想定するような因子分析モデルを考えることとする．実際の研究では，先行研究や潜在変数を仮定することの内容的妥当性を考慮しながらモデルを考える必要がある．表10.2のデータの場合，「日本史」「世界史」「地理」「公民」は社会科科目であり，「物理」「化学」「生物」は理科科目

第10章 検証的因子分析

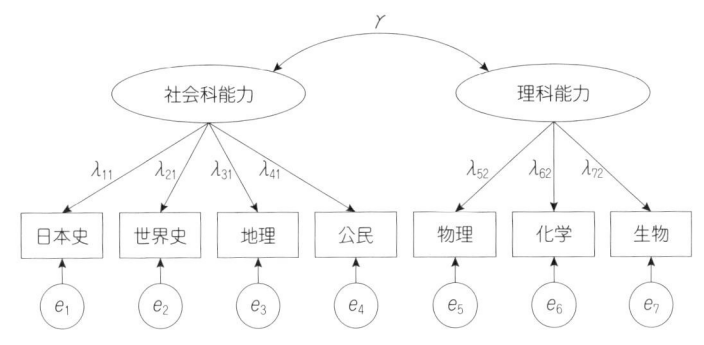

図10.1　7科目の成績データに対する2因子モデル

であることから，これらの成績に影響を与えていると思われる潜在変数として，「社会科能力」「理科能力」を仮定するのは内容的に妥当性があると思われる。また，このことから潜在変数「社会科能力」は「日本史」「世界史」「地理」「公民」の成績に影響を与え，「理科能力」は「物理」「化学」「生物」の成績に影響を与えるというモデルを考えるのが妥当である。

このモデルを図であらわしたものが図10.1である。この図は，構造方程式モデルを用いた分析などで利用されるパス図の決まりにしたがって表現したものである。潜在変数は楕円，観測変数は長方形，誤差変数は円で表現されており，変数の関係を矢印であらわしている。矢印の始点が因果関係の原因になる変数，終点が結果になる変数であり，双方向の矢印は両者の間に相関関係があることを示している。因果や相関の大きさは矢印に付随する数値として表現される。

図10.1において，因子負荷量をあらわすものが，λ_{11} から λ_{41} および λ_{52} から λ_{72} であらわされる数値であり，γ が因子間相関の値となる。

検証的因子分析では，通常，想定した因子間に相関を設定する。内容的に独立と考えられる因子であっても，その間には何らかの相関関係があると考える方が現象的に自然である場合が多い。したがって，因子間に相関を仮定するモデルの方が内容的にも自然であると考えられる。探索的因子分析において，斜交回転が主流になっている理由もこれと同じである。

また，各観測変数には因子からの影響だけではなく，それぞれ異なる誤差変数からの影響を受けているという仮定がなされている。これは，各観測変数について，因子以外からの影響をあらわすもので，モデルでは想定されていないさまざまな要因の影響を包括的にあらわしている。一般に，因子分析モデルでは，モデルの性質上，誤差変数間および誤差変数と因子間には相関を仮定しない。

2.2　パス図の作成

表10.2の相関行列に対して，図10.1のような因子分析モデルを適用するような検証的因子分析を Amos 上で行うには，第一にパス図の作成が必要である。ここでは，Amos を用いてパス図を作成する方法について説明する。

まず，データファイルを用意し，"Amos Graphics"を起動する。次に，以下の手順で，分析に用いるデータファイルを指定する。

1．メニューから，［ファイル(F)］-［データファイル(D)］を選択
2．「データファイル」というダイアログボックスが表示されるので，そのなかにある［ファイル名(N)］ボタンをクリック
3．ファイルを選択するダイアログボックスが表示されるので，それを操作して，データファイルを選択。この際，ダイアログボックス中の「ファイルの種類(T)」を"Excel 8.0 (.xls)"に変更すると，Excelで作成したファイルを読み込むことができる。ただし，データファイルをExcelで開いた状態にしたままであると，ファイル共有違反のエラーとなる。そこで，データファイルを閉じておく必要がある。また，読み込んだデータファイルが複数のワークシートから構成されている場合は，どのワークシートから読み込むかを尋ねるダイアログが表示されるので，データを入力したワークシートを指定すること。
4．「データファイル」のダイアログボックスに戻るので，［OK］ボタンをクリック

データファイルの読み込みができたら，因子分析モデルのパス図を作成する。パス図の作成は，ウィンドウ左側のツールバーから必要なものを選択し，ウィンドウ右側の描画領域に，潜在変数や観測変数を描くことによって行う。因子分析モデルを作成するには，まず，ツールバーの をクリックで選択し，描画領域でマウスをドラッグして潜在変数を描く。次に，潜在変数の上でクリックし，観測変数と誤差変数を描く。潜在変数の上でクリックすると，観測変数と誤差変数の対がひとつ描かれる。クリックするごとに1つずつ観測変数が増えていくので，必要な数だけ描く。

また，潜在変数についている観測変数の位置を変更したい場合は，ツールバーの をクリックで選択し，潜在変数の上でクリックする。クリックするごとに，観測変数の位置が90度変わるので，適切な位置に合わせる。そして，因子間相関はツールバーの をクリックで選択し，2つの潜在変数をつなぐようにマウスをドラッグする。

パス図の作成ができたら，出来上がったパス図に変数名を入力する。観測変数については，メニューから［表示］-［データセットに含まれる変数］を選択し，表示されたダイアログボックスの一覧から，変数名を観測変数にドラッグ＆ドロップすることで入力できる。潜在変数については，入力したい変数上で右クリックをし，メニューから［オブジェクトのプロパティ］を選択する。表示されるダイアログボックスの［テキスト］タブを選択し，「変数名」の欄に適切な文字を入力する。誤差変数の名前の入力についても同様に可能である。

なお，オブジェクトのプロパティで表示されるダイアログボックスは，一度表示しておくと，パス図でクリックした場所に応じて表示が変更される。これによって，設定したい変数を次々

とクリックすることで，変数名の設定が可能である。

さらに，分析結果をパス図上に表示するために，タイトルテキストを挿入する。ツールバーの Title をクリックし，パス図の表示したい位置をクリックする。表示されたダイアログボックスの「キャプション」欄に，以下のような文字を入力し，[OK] ボタンをクリックする。

> カイ2乗値：¥cmin （df=¥df, p=¥p)
> GFI=¥gfi, CFI=¥cfi, RMSEA=¥rmsea

この入力例は一般的なもので，必要に応じて用いる指標を変更することができる。また，日本語以外の部分は，必ず半角文字で入力しなければならない。

以上の操作を行って，図10.1の因子分析モデルを Amos で作成したものが，図10.2である。

2.3 制約と分析の設定

図10.2を見ると，潜在変数「社会科能力」から観測変数「国語」へのパスと潜在変数「理科能力」から観測変数「生物」へのパス上に"1"と表示されているのがわかる。これは，この部分の因子負荷量を"1"に固定して分析を始めるということをあらわしている。因子分析モデルでは，因子の分散が"1"という条件があり，因子負荷量は自由に推定される必要がある。そこで，潜在変数の分散を"1"に固定し，パス係数の"1"を削除するようにする必要がある。

Amos において，潜在変数の分散の指定は，まず，変数上で右クリックをし，メニューから

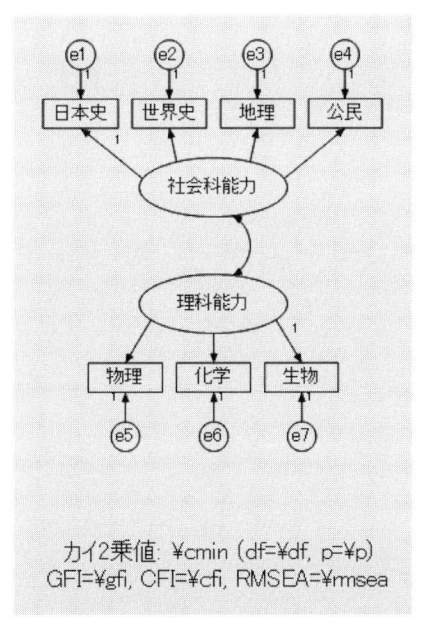

図10.2 Amos で作成した図10.1の因子分析モデル

［オブジェクトのプロパティ］を選択する。次に，表示されたダイアログボックスから［パラメータ］タブを選択し，分散を入力する欄に，"1"と入力する。また，パス上に固定されている値を削除するには，潜在変数と同じ手順でダイアログボックスを表示し，係数が入力されている欄に設定されている"1"を削除する。

以上の制約が設定できたら，最後に，分析の設定を行う。まず，メニューから［表示］-［分析のプロパティ］を選択する。ダイアログボックスが表示されるので，［推定］タブを選択し，「最小化乖離度」を「最尤法」にする。次に，［出力］タブを選択し，「最小化履歴」，「標準化推定値」にチェックを入れる。また，因子分析モデルの当てはまりを検討するために，「標本の積率」，「モデルの積率」，「修正指数」にもチェックを入れておくとよい。

なお，「最小化乖離度」は因子負荷量の推定法である。通常は，「最尤法」を用いるようにすればよい。

2.4 分析の実行

パス図の作成，制約，分析の設定が完了したら，パス図を保存する。メニューから［ファイル］-［上書き保存］もしくは［名前を付けて保存］を選択することで行う。パス図を保存したら，メニューから［分析］-［推定値を計算］を選択し，分析を実行する。すると，画面上に分析の過程が表示され，分析が成功した場合は

```
最小値に達しました。
出力の書き込み
カイ2乗 =xx. x，自由度 =xx
```

のように表示される。ただし，"xx. x"と"xx"の部分は何らかの数値が表示される。

分析が成功した場合には，［出力パス図の表示］ボタン をクリックし，ボタンの下に表示されている「標準化推定値」をクリックすることで，分析結果がパス図上に表示される。その際，何も表示されない場合は，「分析のプロパティ」において，「標準化推定値」のチェックが行われているかどうかを確認する。

図10.3は，図10.1の因子分析モデルを分析した結果である。なお，この図は見やすくなるように，フォントの変更や因子負荷量の表示位置を調整したものである。

2.5 分析結果の読み取り

検証的因子分析の結果を読み取る際，まず第一に，因子分析モデルがデータに適合したかどうかについて検討することが必要である。この判断は，適合度検定の結果と，適合度指標の値を読み取ることで行う。サンプル数が少ない場合やモデルが単純な場合は，適合度検定の結果が重要となる。逆に，サンプル数が200を超えるような場合や，モデルが複雑な場合（因子数が多い，1因子辺りの観測変数が多いなど）は，適合度検定よりも適合度指標の値の方が重要

第10章　検証的因子分析

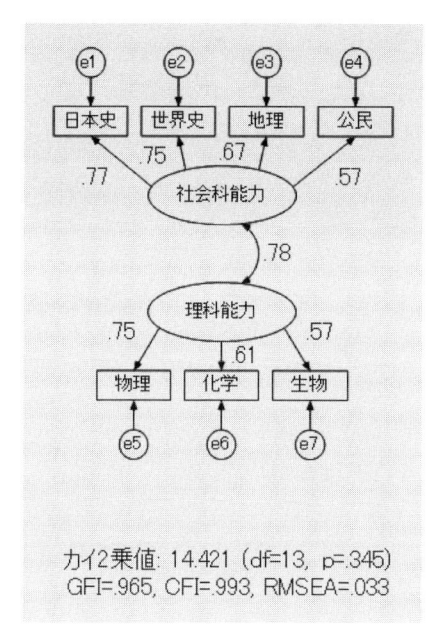

図10.3　図10.1の分析結果

となる。

　適合度検定は，帰無仮説「モデルはデータに適合している」のもとで行われる検定であり，棄却された場合モデルはデータに適合しなかったことをあらわす。したがって，帰無仮説が採択されることが望ましい。しかし，統計的検定の一般的な問題として，帰無仮説を積極的に採択することに関しては問題がある。そこで，有意確率が十分大きな値になることが望ましい。

　適合度指標は，モデルの適合をさまざまな角度から評価した値である。代表的な指標として，GFI, CFI, RMSEAがある。GFIとCFIは1に近づくほど，RMSEAは0に近づくほど適合がよいと判断される。目安として，GFIとCFIは0.90以上，RMSEAは0.05以下であることがよいとされる。また，RMSEAが0.10以上の場合は適合が悪いと考えてよい。個々の指標がどのような観点で考えられたものかについては，後述する。

　そこで，図10.3の結果を読み取ることにしよう。表10.2から，このデータのサンプル数は100であることがわかる。したがって，適合度検定の結果が重要となる。そこで，カイ2乗値とその有意確率を見ると，"$\chi^2(13) = 14.421$, $p = 0.345$"であることから，危険率を5％と考えると，適合度検定の帰無仮説は採択される。したがって，モデルがデータに適合しないとはいえなかった。さらに，有意確率が十分高いことからモデルはデータに適合していると考えてよさそうである。また，このデータの場合は検討する必要がないが，適合度指標を見てみると，GFI, CFI, RMSEAともに十分適合がよいことをあらわす値になっている。

　以上のことから，この因子分析モデルは，データに適合していると思われる。

　次に，因子負荷量の検定結果を見る。これは，探索的因子分析にはないもので，帰無仮説は「因子負荷量が0」である。したがって，帰無仮説が棄却された場合，因子負荷量が有意であ

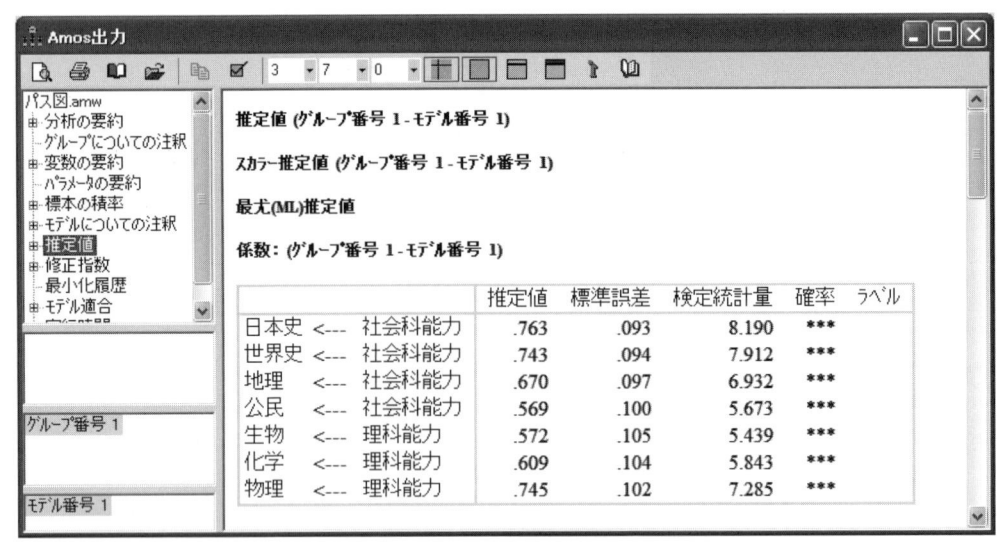

図10.4　図10.3の検定結果

ると解釈することができる。

　Amos では，メニューから［表示］-［テキスト出力の表示］を選択し，表示されたウィンドウで，「推定値」を選択することで見ることができる。図10.4は，図10.3の検定結果である。"<---"がパスをあらわしており，その因子負荷量の検定結果が「検定統計量」と「確率」の列に表示されている。確率が0.001より小さいときには，表記が"***"となる。したがって，図10.3の因子負荷量はすべて有意であると考えられる。

　最後に，結果の解釈を行う。これは，研究で取り扱っている事象の性質によってさまざまな方向性が考えられるが，内容的な観点から因子負荷量や因子間相関が適切な値になっているということを検討しておくことが望ましい。ある観測変数の因子負荷量が他の観測変数と比べて小さいとか，因子間相関の絶対値がきわめて大きいといったことがないかどうか，また，因子負荷量や因子間相関の正負が内容的な解釈と同じであるかといった内容について検討する必要がある。

　因子負荷量が低い観測変数については，モデルに含めることが妥当であったかどうかの内容的な検討が必要である。また，因子間相関が0.90以上になるような場合，2つの因子をモデルのなかに設定したことが妥当であったかどうかについて検討する必要がある。

　図10.3の結果を見ると，2つの因子「社会科能力」，「理科能力」からそれぞれの観測変数への因子負荷量はいずれも0.50を超えており，十分高い値であると解釈できる。また，因子負荷量の符号はすべて正の値になっており，内容的にも問題ないと思われる。さらに，因子間相関0.78は高い値であると解釈できるが，0.90を超えるような著しく高い値ではない。しかも，モデルで設定した2つの因子は内容的妥当性から考えて，2つの独立した因子であると考えられる。したがって，2つの因子に分けることは意味があると解釈できるだろう。

3 検証的因子分析の注意点

3.1 分析の進め方

1因子に多くの観測変数を伴うようなモデルや，因子数が多いモデルを検証的因子分析で検討する場合，より小さいモデルから検討を始めることが望ましい。一般的に，多くの変数を扱うモデルほど適合は困難になる。また，適合していないモデルについて検討するのは，誤っている可能性のあるものを扱うことになり行うべきではない。したがって，適合していないモデルから不必要と思われる変数を除去する作業は危険である。

たとえば，多因子モデルを検討する際には，1因子ごとに適合を検討してから，全体の検討に入る方がよい。ただし，適合度や適合度指標について検討するには，1因子に対して4つ以上の観測変数が必要である。なお，3つの観測変数で1因子を構成するようなモデルを「飽和モデル」と呼ぶ。飽和モデルでは，適合度と自由度が0となり，検定不能になってしまう。図10.1では，因子「理科能力」の部分が飽和モデルとなっている。したがって，この部分だけで分析を行うと，適合度と自由度が0となり，GFI, CFIが1.000, P値とRMSEAが算出されないという結果となる。

3.2 因子負荷量と相関係数の関係

何度も述べた通り，検証的因子分析は分析者が指定した因子分析モデルがデータに当てはまるかどうかについて検討する分析法である。この場合，よいモデルとは，データの相関行列をよく説明できるモデルということになる。一般に，観測変数 X_i と X_j が因子 F からそれぞれ因子負荷量 λ_i, λ_j をもつとき，観測変数 X_i と X_j の相関係数をモデルから求めた値 ρ_{ij} は

$$\rho_{ij} = \lambda_i \lambda_j$$

となる。また，観測変数 X_i が因子 F_k から因子負荷量 λ_{ik}, 観測変数 X_j が因子 F_l から因子負荷量 λ_{jl}, 因子 F_k と F_l の因子間相関が r_{kl} をもつとき，観測変数 X_i と X_j の相関係数をモデルから求めた値 ρ_{ij} は

$$\rho_{ij} = \lambda_{ik} r_{kl} \lambda_{jl}$$

となる。

よいモデルでは，モデルから求められる相関係数の予測値とデータから求められる実測値が近い値になっている。逆に，適合の良くないモデルでは，予測値と実測値のずれが大きくなっているところがある。

これを先にあげた事例で確認してみることにしよう。図10.3において，観測変数「日本史」と「世界史」の相関係数をモデルから求めると

$$0.77 \times 0.75 = 0.578$$

となる。表10.2から，相関係数の実測値を読み取ると，値は0.583となっており，モデルから求めた値は実測値に近い値になっていることがわかる。また，観測変数「日本史」と「物理」

の相関係数をモデルから求めると

$$0.77 \times 0.78 \times 0.75 = 0.450$$

となる。この値も実測値と十分近い値になっている。

　分析したモデルの適合がよくなかった場合，後述するモデルの修正を行うことで適合の改善を試みることがある。その際に，相関行列のどの部分の説明がうまくできていないかということを把握しておくことが重要であり，しばしばモデルから算出できる相関行列とデータの相関行列を比較することがある。

　Amosでは，「分析のプロパティ」の「出力」タブにおいて，「モデルの積率」にチェックを入れておくと，モデルから算出される相関行列をテキスト出力に表示してくれる機能がある。「テキスト出力の表示」を行い，「推定値」のところを見ると，モデルから求めた相関行列の値を調べることができる。

3.3　適合度と適合度指標

　モデルがデータに適合しているかどうかについて検討するための指標として適合度と適合度指標がある。

　まず，モデルが適合しているかどうかの統計的検定の手法として，適合度検定がある。ただし，この方法には先に述べたとおりいくつかの問題がある。ひとつは統計的検定に関する第Ⅰ種，第Ⅱ種の過誤に関する問題で，帰無仮説を積極的に採択することができないというものである。

　今，仮説として検証したモデルが棄却されなかったからといって，必ずしもそのモデルが適合していると判断してもよいわけではない。また，仮に，適合していると判断できたとしても，今検証したモデルが最適のモデルであるという保証はない。すなわち，今検証したモデルよりももっとよくデータに適合するモデルが存在する可能性がある。したがって，モデルがデータに適合すると判断できた場合でも，研究者の態度としてその解釈は謙虚に行うべきである。

　適合度検定のもうひとつの問題は，適合度検定の結果がサンプル数の影響を受けやすいということである。サンプル数が大きくなると，適合度検定の帰無仮説は棄却されやすくなる。サンプル数が500を超えるようなデータになると，適合度検定によってモデルの適合を判断することはできなくなる。たとえば，表10.2において，サンプル数（N）の値を変更して分析を繰り返してみれば容易に理解できるだろう。

　ただし，この問題は，検証的因子分析を行う場合にデータ数は少ない方がよいということを意味するのではない。実際の研究では，仮説を作成する段階で検証したいモデルに対して適切なサンプル数を検討することが必要である。目安としては，モデルに含める観測変数の5倍から10倍程度であると思われる。

　次に，適合度指標と呼ばれる数値がある。これは，適合度検定だけではモデルの適合を判断できない場合に用いられるもので，さまざまなものが開発されている。よく用いられる指標として，"GFI (goodness of fit index)"，"CFI (comparative fit index)"，"RMSEA (root mean square error of approximation)"がある。モデルがデータに適合しているかどうかについて，GFIとCFIは0.90以上，RMSEAは0.05以下であることが望ましいとされている。また，RMSEAについては，0.10以上になると当てはまりが悪いと判断される。

GFIは，重回帰分析の決定係数に相当するもので，自由度調整済みの決定係数に相当するものとして，"AGFI（adjusted goodness of fit index）"もある。モデルがデータの相関係数をよく説明していれば1に近づく。CFIは，独立モデル（観測変数間にまったく相関がないと仮定したモデル）と現在モデルを比較してどの程度よいモデルになっているかをあらわす指標で，1に近づくほどよい。RMSEAは，真の相関行列とモデルから得られる相関行列との距離に関する指標で，よいモデルほど，0に近づく。

適合度指標は，モデルの適合に関してさまざまな側面から検討するものであり，すべての指標がよい値を示すことが望ましい。たとえば，GFIとCFIは0.90を超えていても，RMSEAが0.08であったなら，モデルには何らかの問題が潜んでいると考えるべきであろう。ただし，適合がよいと考えられている基準に特別な意味があるわけではない。したがって，観測変数が多数含まれるようなモデルでは，GFIが0.90よりも少し小さくなるような場合でも適合していると判断できるような場合もある。

3.4 モデルの修正

検証的因子分析において，分析したモデルが適合しているとは判断できなかった場合，仮説が間違っていたと考えてモデルを再検討しなければならない。しかし，簡単な修正によって，モデルを適合させることができる場合がある。Amosには，モデルを修正するための情報として，「修正指数」がある。修正指数は，現在のモデルに，指定されたパスもしくは相関（正確には共分散）を追加すると，適合度がどれだけ減少するかを示したものである。修正指数の値が大きいほど，モデルがよく改善されることをあらわしている。また，修正指数の値は減少量の下限値になっており，状況によっては，修正指数が示す値より減少量が増えることもある。

修正指数は，メニューから［表示］-［分析のプロパティ］を選択した際に表示されるダイアログボックスにおいて，「出力」タブを選択し，「修正指数」のところにチェックを入れておくことで，利用することができる。修正指数の値を見るには，まず，一度分析を実行し，メニューから［表示］-［テキスト出力の表示］を表示する。次に，表示された出力ウィンドウにおいて，「修正指数」の行をクリックすればよい。

たとえば，図10.1の分析を実行した後，修正指数を見ると，表10.3に示した一点について，修正指数が表示される。修正指数とともに表示される改善度は，そのパスもしくは相関を追加したときのパス係数もしくは相関係数の値の予測値である。表10.3では，誤差変数であるe_3とe_4の間に相関を指定すると，適合度が4.491だけ減少し，相関係数の値が，−0.143になるということがわかる。

なお，このモデルは，修正しなくても十分適合していると判断できるので，修正指数を用いてモデルの修正を行う必要はない。

表10.3　図10.1の分析で得られる修正指数

	修正指数	改善度
e_3 <--> e_4	4.491	$-.143$

さて，修正指数を用いてモデルを修正する際には次のような点に注意すべきである。まず，一回の修正で追加するのはひとつのパスもしくは相関にする。修正指数の値を見て，ひとつのパスや相関を追加したら，もう一度分析を実行し，適合の具合を確認する。次に，修正指数の高いパスや相関を入れるべきであるが，モデル的に追加することのできないパスや相関は入れてはいけない。たとえば，因子分析モデルの場合，ある観測変数から別の観測変数へパスや相関を追加することはできない。また，潜在変数と誤差変数の間に相関をいれることもできない。さらに，パスや相関を追加するときには，内容的妥当性のある理由が必要である。

修正指数を使う例として，表10.4に対して，1因子モデルを当てはめる場合を考えてみる。Amosで分析を行うと，モデルは適合しない。そこで，修正指数を見ると，観測変数X_1とX_2の誤差に相関を追加するとモデルが改善することがわかるはずである。そこで，この誤差相関を追加すると，モデルは適合する。

表10.4の相関行列を見ると，明らかに，観測変数X_1とX_2の相関係数が他のものよりも低いことがわかる。誤差相関はこの部分をうまく説明するために必要なものである。したがって，この2変数間の相関係数だけがなぜ低くなるのかを内容的に説明できるなら，誤差相関を導入することも可能である。

また，因子を跨ぐような誤差相関はできれば避けた方がよい。因子分析モデルを再検討して，両方の因子から影響を受けるような観測変数が存在するモデルに変更することを考える方がよい。いずれにせよ，修正指数を用いたモデルの修正は簡単であるが，追加するパスや相関に内容的妥当性があるかどうかを常に考えることが必要である。

表10.4　モデルの修正のための相関行列の例

ROWTYPE_	VARNAME_	X_1	X_2	X_3	X_4	X_5
CORR	X_1	1.00	0.36	0.64	0.64	0.64
CORR	X_2	0.36	1.00	0.64	0.64	0.64
CORR	X_3	0.64	0.64	1.00	0.64	0.64
CORR	X_4	0.64	0.64	0.64	1.00	0.64
CORR	X_5	0.64	0.64	0.64	0.64	1.00
N		100	100	100	100	100
MEAN		0	0	0	0	0
STDDEV		1	1	1	1	1

参考文献

狩野裕・三浦麻子，2002，『グラフィカル多変量解析——AMOS, EQS, CALIS による目で見る共分散構造分析』現代数学社。

Arbuckle, L. J., 2006, 『Amos 7.0J ユーザーズガイド』Amos Development Corporation。

（原田　章）

第11章

クラスター分析

> 【研究事例】
> 富永健一・友枝敏雄,1986,「日本社会における地位非一貫性の趨勢1955-1975とその意味」『社会学評論』37(2):152-174。

1 研究事例の紹介

1.1 社会階層における地位の多元性

「格差社会」という言葉が,21世紀初頭の日本社会を的確に表現する言葉として登場して何年になるであろうか。この言葉から,地位の高い人と低い人,上流階級と下流階級といったことがすぐに連想されるように,「格差社会」では,地位を一次元的なものとして捉えて,社会階層の上層に位置する人,中層に位置する人,下層に位置する人を発見しようとしている。

元来,社会階層研究では,階層の原語である stratification が「成層」を意味していることから明らかなように,社会階層を一次元からなるものとして概念化していた。マルクス主義思想に依拠する社会階級(social class)研究では,資本主義社会における「資本家階級」と「労働者階級」,封建社会における「封建領主」と「農奴」という言葉に示されているように,社会階層研究よりも一段と明瞭に,階級を一次元からなるものとして捉えていた。しかも,社会は支配階級と被支配階級とのコンフリクトによって成立しているとしていた。

これに対して,地位の多元性を前提にして,階層構造をいわば1つのシステム——複数の地位変数が相互に連関するシステム——として捉えようとしたのが,社会階層研究における「地位の一貫性・非一貫性」という研究テーマであった。

1.2 地位の非一貫性

「地位の一貫性・非一貫性」というテーマの計量分析は,レンスキー(Lenski 1954, 1956)を嚆矢とする。レンスキーは,学歴,所得,職業,エスニシティという4つの地位指標を用いて,個人の社会的地位が結晶化しているか否かを明らかにしている。地位の結晶化(status crystallization)のことを地位の一貫性(status consistency)とも呼んでいる[1]。

レンスキーの研究の重要な点は,「地位の一貫性・非一貫性」問題と政治的態度との関連を分析していることである。レンスキーによると,非一貫的地位をもつ人々は,自分が有する複数の地位変数(具体的には学歴,所得,職業威信など)のなかで最高のものに準拠して,自分の階層的地位を判断するから,他の地位変数の低さに欲求不満を抱く。それゆえ,政治的ラディカリズムや極端主義に走りやすいというものであった。具体的には,地位結晶化の度合の低

い（low crystallization）人々は，共和党ではなく民主党を支持する傾向が強くなり，リベラルな政治的態度を有するというものである。

　思うに，地位の非一貫性というテーマをレンスキーが思いついた遠因は，第二次世界大戦後の西側先進諸国の経済成長にあったのではないだろうか。特に「黄金の50年代」ともいわれるアメリカでは，高度大衆消費社会が到来し，「アメリカンドリーム」の体現者としてさまざまな富裕層があらわれた。学歴は高くないが，ハリウッドスターになって巨額の富を得た人，あるいはプロボクサーやメジャーリーグの一流選手になって億万長者になった人たち，これらの人たちの多くは，地位非一貫的な人々であった。またアメリカ社会において，学歴が高いにもかかわらず，WASP[2]に地位上昇を阻まれて，出世できないユダヤ人の存在も，地位の非一貫性という考え方を，リアリティあるものにしたのではないだろうか。

　地位の非一貫性が心理的ストレーンや認知的不協和（cognitive dissonance）を生み出すという考え方は，ドイツにおける社会階層研究にも受容されている。たとえばシュトラッサー（Strasser 1985）によると，第一次世界大戦後に没落したドイツの中産階級は，地位非一貫的な状態になり，現状に強い不満を抱いていた。そのことが，あのヴァイマール・ドイツにおいて，政治的極端主義としてのナチスドイツへの熱狂的な支持を生み出したという分析をしている。

1.3　日本社会における地位の非一貫性

　このような理論的背景をふまえて，戦後日本社会おける地位非一貫性の趨勢を明らかにしたのが，これから紹介する富永・友枝（1986）論文である。しかしながら，富永・友枝論文では，地位の非一貫性について，前述したレンスキーおよびシュトラッサーの理論的インプリケーションとはまったく逆の立場に立っている。つまり，地位の非一貫性は，当該個人に欲求不満ではなくて，「自分の地位を構成する複数の指標の中に，少なくとも1つは高いものがある」から，むしろ満足感を与えるという前提に立っている。これは，個人の心理に働くのは，認知的不協和のメカニズムではなくて，補償（compensation）メカニズムではないかという立場である。

　この補償メカニズムを採用した理由は，すでに1975年 SSM 調査データにもとづいて「地位の非一貫性」を問題にした今田・原（1979）が，補償メカニズムを前提にして，地位の非一貫性は，結果として社会的資源配分の分配の平等度を高め，人々に満足感をもたらすという優れた分析を行っていたからであった。

1.4　「地位の非一貫性」研究にクラスター分析を用いることのメリット

　クラスター分析を用いることのメリットを，レンスキーが用いた分析手法と比較しながら明らかにしてみよう。レンスキーは，すでに述べたように個人の社会的地位を測定する指標として，学歴，所得，職業，エスニシティを用いている[3]。この4つの指標に関する各個人の算術平均を求め，この算術平均と各地位指標値との偏差値自乗和を計算し，偏差値自乗和の平方根を地位非一貫性の指標としている。そして100からこの偏差値自乗和の平方根をひいたものを，

地位一貫性の指標としている。

$$100 - \sqrt{\sum_{k=1}^{4}(X_{ik} - \overline{X_i})^2}$$

ただし，$\overline{X_i} = \dfrac{\sum_{k=1}^{4} X_{ik}}{4}$（個体 i における4つの地位変数 k の平均）

これに対して，クラスター分析は，個人間の地位パターンの類似性にもとづいて，もっとも類似性の高い個人同士を，1つのクラスターにまとめ上げる方法である。多くの場合，全サンプルからいくつかのクラスターが抽出されることが多い。

原著論文では，3つの地位変数 k によって個人間の地位パターンの類似度を求めた。個体 i と個体 j との距離は，以下のように定義される。

$$\sqrt{\sum_{k=1}^{3}(X_{ik} - X_{jk})^2} \quad (\text{ユークリッド距離})$$

レンスキーが採用した方法とクラスター分析との最大の違いは，レンスキーの場合には，地位非一貫性の度合が同じであれば，同じ数値をとるため非一貫性の多様性が明らかにならないのに対して，クラスター分析では，この多様性を明らかにできることである。このことを単純な例で，具体的に示しておこう。たとえば「高い学歴－低い所得」という地位非一貫性のパターンと，「低い学歴－高い所得」という地位非一貫性のパターンとが，レンスキーの方法では，同じ地位非一貫性として位置づけられるのに対して，クラスター分析では，地位非一貫性の異なるパターンとして明瞭に区別されるのである。この差異を，違った側面から述べるならば，レンスキーはもっぱらミクロレベルにおける個人の地位の一貫性・非一貫性の度合を問題にしているのに対して，クラスター分析はマクロな階層構造（地位一貫的なクラスターに属する人々と地位非一貫的なクラスターに属する人々の割合）を明らかにできるということになる。

クラスター分析を用いた地位の非一貫性の研究は，チェコの社会学者マホニン（Machonin 1970, 1977）によって先駆的になされた。そしてこのマホニンの一連の研究を受け継いだのが，我が国の1975年 SSM 調査研究グループだった。

1975年 SSM 調査のみならず，1955年 SSM 調査および1965年 SSM 調査にもクラスター分析を試み，3時点20年間における地位非一貫性の趨勢を明らかにしたのが，富永・友枝論文である。3時点20年間の趨勢をながめてみよう。

1.5 一貫クラスターと非一貫クラスター

クラスター分析に用いた地位変数は，教育，所得，職業威信の3つである。クラスター分析をするためには，これら3つの地位変数を共通の尺度値に変換しなければならない。表11.1に示すように，3つの地位変数を，それぞれ5カテゴリーに区分して用いた。この方法は，今田・原（1979）がクラスター分析をした場合の方法とほぼ同じである。

3時点いずれについても，2つの一貫クラスターと4つの非一貫クラスターが抽出された。

表11.1 クラスター分析のための地位3変数のカテゴリー区分

		教 育		所 得		職業威信	
1955	旧制小	21	10万円未満	13.8	0～36.7未満	17.0
	旧制高小 新制中学	49	10～20万円未満	35.9	36.7～40.0	45.2
	旧制中学 新制高校	18	20～30万円未満	21.5	40.1～50.4	18.2
	旧制高専 新制短大	5.9	30～50万円未満	18.4	50.5～60.3	11.0
	大 学	6.0	50万円以上	10.4	60.4以上	8.6
	合 計	100.0	合 計	100.0	合 計	100.0
	事例数	2014	事例数	1894	事例数	1910
1965	旧制小	8.6	40万円未満	17.5	0～36.7未満	18.9
	旧制高小 新制中学	50.2	40～60万円未満	22.1	36.7～40.0	28.0
	旧制中学 新制高校	27.2	60～80万円未満	19.6	40.1～50.4	28.0
	旧制高専 新制短大	4.0	80～120万円未満	20.9	50.5～60.3	13.2
	大 学	10.0	120万円以上	19.9	60.4以上	11.9
	合 計	100.0	合 計	100.0	合 計	100.0
	事例数	2070	事例数	1912	事例数	1965
1975	旧制小	7.2	125万円未満	8.8	0～36.7未満	15.7
	旧制高小 新制中学	37.3	125～225万円未満	32.6	36.7～40.0	24.6
	旧制中学 新制高校	36.5	225～325万円未満	28.8	40.1～50.4	29.4
	旧制高専 新制短大	4.6	325～425万円未満	15.1	50.5～60.3	14.7
	大 学	14.4	425万円以上	14.7	60.4以上	15.6
	合 計	100.0	合 計	100.0	合 計	100.0
	事例数	2714	事例数	2565	事例数	2532

【出典:富永・友枝 (1986, p. 161), 表6】

以下6つのクラスターの説明については,富永・友枝論文から引用しておこう[5]。

　　2つの一貫クラスターのうち一方は,3つの社会階層地位のクラスター平均がいずれも高いクラスターで,これを上層一貫クラスターと呼ぶことができる。もう一方の一貫クラスターは,3つの社会階層地位のクラスター平均がいずれも低いクラスターで,これを下層一貫クラスターと呼ぶことができる。上層一貫クラスターをクラスターI,下層一貫クラスターをクラスターIIと名づけることにする。クラスターIは日本社会の高い階層を,

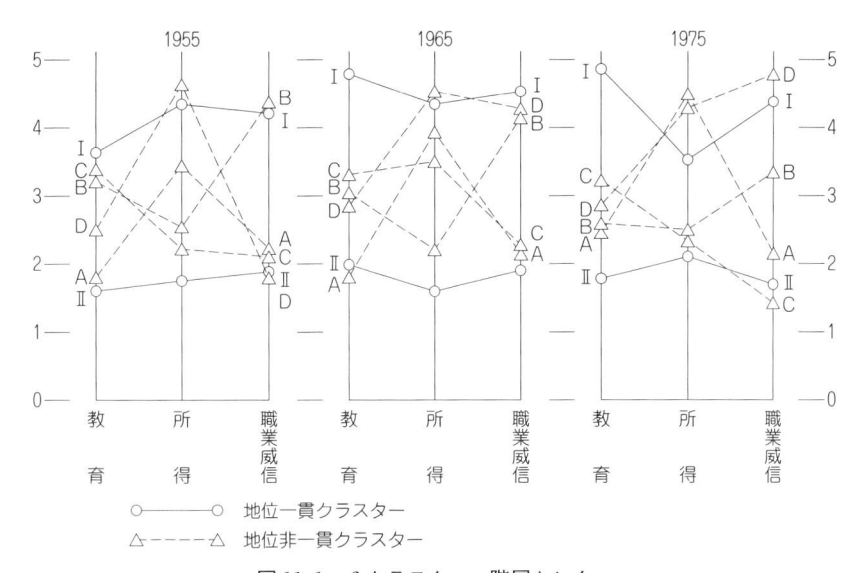

図11.1　6クラスター：階層センター

【出典：富永・友枝（1986, p. 163），図1】

クラスターIIは日本社会の低い階層を形成していることになる。これら2つの一貫クラスターは，図11.1に○と実線を用いて表示される。

4つの非一貫クラスターは，3つの社会階層地位のクラスター平均が高低さまざまで不揃いのクラスターである。図11.1に△と点線を用いて表示されているものがこれである。非一貫クラスターのパターンは図11.1に見られるように多様であって，3時点間でそれぞれのパターンが厳密に対応しあっているとはいえない。しかしそれらのあいだにおおよその対応関係をつけることは不可能ではない。1955年の非一貫クラスターのうち，大きいクラスターから順に，A，B，C，Dと名づけることにしよう。クラスターAは，所得は高いが教育および職業威信は低いという特徴をもったクラスターである。クラスターBは，教育は中程度であり，所得に比して職業威信は高いという特徴をもったクラスターである。クラスターCは，教育は高いが職業威信は低いといった特徴をもったクラスターである。クラスターDは，教育は中程度の高さであるが所得が高いという特徴をもったクラスターである。

以上6クラスターの3時点ごとの構成比は，表11.2の最右列に記されている。それによれば，一貫クラスターIとIIを合わせた比率は，1955年の51.8％から1965年の40.5％を経て1975年の34.8％まで減少トレンドを示した。その結果，日本社会全体の一貫クラスターと非一貫クラスターの構成比は，1955年の52：48から1965年の41：59を経て1975年の35：65へと，非一貫の度合を強める方向に動いた。すなわち，1955年以後20年間の高度経済成長を通じて，日本社会の階層構造は，地位非一貫パターンの優位する方向に動いたのである。

なぜ日本の高度経済成長は，日本社会の階層構造を，地位非一貫性を強める方向に動か

表11.2　6クラスター：階層センター

		階層センター						事例数	構成比
		教　育		所　得		職業威信			
		平均値	標準偏差	平均値	標準偏差	平均値	標準偏差		
1955	I	3.54	1.014	4.37	0.484	4.30	0.734	214	11.8
	II	1.65	0.476	1.70	0.458	1.94	0.604	723	40.0
	A	1.71	0.453	3.41	0.540	2.17	0.670	408	22.6
	B	3.21	1.005	2.51	0.463	4.35	0.734	165	9.1
	C	3.23	0.521	2.30	0.699	2.13	0.706	152	8.4
	D	2.46	0.796	4.69	0.462	1.76	0.734	147	8.1
								1809	100.0
1965	I	4.73	0.447	4.36	0.717	4.53	0.662	150	8.3
	II	2.01	0.505	1.52	0.500	1.98	0.746	584	32.2
	A	1.93	0.440	3.93	0.801	2.15	0.750	494	27.3
	B	2.99	0.938	2.22	0.643	4.07	0.628	209	11.5
	C	3.30	0.641	3.51	0.598	2.19	0.877	171	9.4
	D	2.79	0.476	4.64	0.482	4.19	0.754	204	11.3
								1812	100.0
1975	I	4.88	0.327	3.47	1.075	4.35	0.696	306	12.6
	II	1.79	0.409	2.11	0.703	1.70	0.536	538	22.2
	A	2.49	0.706	4.46	0.499	2.22	0.784	357	14.7
	B	2.52	0.578	2.33	0.637	3.31	0.552	667	27.5
	C	3.26	0.643	2.29	0.663	1.55	0.521	265	10.9
	D	2.90	0.582	4.21	0.790	4.69	0.465	293	12.1
								2426	100.0

【出典：富永・友枝（1986, p. 163), 表7】

したのであろうか。表11.2によってただちに明らかなように，この20年間における一貫クラスターの減少は，もっぱらクラスターIIの大幅な減少によってもたらされたものであって，クラスターIはこの間ほとんど変化していない。すなわち，高度経済成長は，日本人の所得を高め，威信地位の高い職業をふやし，また中等および高等教育の普及を高めたので，下層一貫クラスターは縮小した。しかしこの地位改善によって上層一貫クラスターはほとんど増加していない。これは，下層一貫クラスターの人々は高度経済成長によって部分的な地位上昇を経験し非一貫クラスターの仲間入りをしたことを意味する。すなわち，この20年間における階層構造の非一貫化は，高度経済成長が下層一貫の人々の地位を部分的に改善したことによって起こった，と説明することができる。　　(pp. 160-162)

1.6　6クラスターと主観的階層帰属意識

6クラスターと主観的階層帰属意識とのクロス表を求めたものが，表11.3である。上層一貫クラスターであるクラスターIでは，「中の下」帰属が最頻値であるが，他のクラスターに比べて「中の上」帰属が多いという特色を示している。しかもその比率は1955年の18.9％から

表11.3　6クラスターと主観的階層帰属意識

階層クラスター		主観的階層帰属意識						事例数
		上	中の上	中の下	下の上	下の下	計	
1955	I	0.9	18.9	52.4	23.1	4.7	100.0	212
	II	0.3	3.5	23.0	42.4	30.8	100.0	712
	A	—	7.2	37.3	41.6	13.9	100.0	402
	B	0.6	5.4	50.9	36.4	6.7	100.0	165
	C	—	4.6	38.4	42.4	14.6	100.0	151
	D	—	13.2	49.3	32.6	4.9	100.0	144
	全体	0.3	7.2	35.7	38.6	18.2	100.0	1786
1965	I	0.7	21.6	64.2	11.5	2.0	100.0	1486
	II	0.2	7.5	31.8	42.2	18.3	100.0	559
	A	0.2	13.3	44.1	35.2	7.2	100.0	493
	B	—	6.4	43.1	47.6	2.9	100.0	204
	C	—	9.5	54.2	29.8	6.5	100.0	168
	D	1.5	19.3	56.9	20.8	1.5	100.0	197
	全体	0.3	11.7	44.2	34.7	9.1	100.0	1759
1975	I	0.7	37.0	52.5	8.2	1.6	100.0	303
	II	2.1	19.0	49.8	22.7	6.4	100.0	528
	A	0.8	29.1	55.8	12.0	2.3	100.0	351
	B	0.3	18.3	57.4	20.0	4.0	100.0	655
	C	1.9	16.3	54.9	22.3	4.6	100.0	264
	D	2.1	30.4	52.9	12.5	2.1	100.0	289
	全体	1.2	23.6	54.1	17.3	3.8	100.0	2390

【出典：富永・友枝（1986, p. 166），表12】

1965年の21.6％を経て1975年の37.0％まで増加しているのである。

　クラスターIIは日本社会の下層一貫階層であり，階層帰属の最頻値は，1955年，1965年では「下の上」帰属であり，それぞれ42.4％，42.2％であった。ところが1975年には「下の上」帰属は22.7％に減少し，「中の下」帰属が49.8％まで上昇し，最頻値になっている。これは客観的分類としては，同じ下層一貫であっても，高度経済成長によって人々の生活実感が大きく改善されたことを示している。またこれに伴って，「下の下」帰属が1955年の30.8％から1965年の18.3％を経て1975年の6.4％まで激減していることも注目される。

　非一貫クラスターであるクラスター A, B, C, D は，多様な中流を構成する階層である。1955年では，「下の上」帰属も多いが，1965年を経て1975年に至ると，「中の上」帰属と「中の下」帰属との合計が，すべて70％を超えている（クラスター A 84.9％，クラスター B 75.7％，クラスター C 71.2％，クラスター D 83.3％）。あの高度経済成長がもたらした中流社会は，多様な地位非一貫的な階層によって構成されていたのである。

1.7　原著論文をどのように評価するか

　映画「Always 三丁目の夕日」を持ち出すまでもなく，今や，高度経済成長は昭和の物語と

して「昔話」になっている。富永・友枝論文が執筆されて20年以上経った現在，この論文をどのように評価したらよいであろうか。執筆者の1人として，あらためて考えてみると，この論文の意義として3点を，問題点として1点を指摘することができる。

評価すべき第1の点は，高度経済成長によって，1955年から1975年へと至る20年間に平等社会が実現されたことを，地位の非一貫性の増大として明らかにしたことである。すなわち，20年間における平等化のプロセスを，階層論の立場から，地位の非一貫性の増大として説明したことである。

第2の点は，地位の非一貫性が欲求不満やストレスをつくり出し革新的な政治的意識を生み出すというレンスキーの仮説が日本社会にあてはまらないことを明らかにしたことである。すなわち，1955年から1975年へと至る20年間に地位の非一貫性の度合は高まっているから，レンスキーの仮説が日本社会にあてはまるならば，この間に革新政党支持がふえるはずである。しかるにこの20年間に起こったことは，「革新」政党支持が減り続け，「中間」および「支持政党なし」がふえたことであった。もちろん政党支持を規定する要因に階層的要因以外のものがあることは事実だが，レンスキーの仮説が日本社会にあてはまらないことを指摘した点は，評価さるべきであろう。なお，この地位非一貫性と政党支持との関連についての分析は，第3節「分析シミュレーション」で詳しく取り上げるので，そこを参照されたい。

第3点は，マクロな階層構造を明らかにするうえで，クラスター分析の有効性を示したことである。ただこの第3の点は，富永・友枝論文の専売特許ではないことを言っておかねばならない。前述したように，マホニンによるチェコ社会の階層構造の研究および1975年SSM調査における今田・原論文がすでに先行研究としてあったわけであるから，富永・友枝論文は，これらの先行研究の意義をあらためて確認したものだといえる。

評価すべき3つの点のうち，第1，第2の点が階層論における意義だとするならば，第3の点はクラスター分析の有効性を示しているから，社会調査データの計量分析における技法上の意義を明らかにしたものである。

この論文の問題点としては，SSM調査のデータ上の制約もあり，当時は分析できなかったのであるが，地位の非一貫性を考えるうえで，性別やエスニシティといった要因を取り上げていないことである。すでに述べたように，レンスキー自身は，地位の非一貫性スコアを，学歴，所得，職業，エスニシティの4つの変数から求めており，エスニシティという要因を考慮しているのである。産業社会が，それ以前の社会に比べて業績主義的な原理を称揚する社会であることは事実である。しかし近代産業社会においても属性主義的な原理が完全に払拭されたわけではない。とりわけグローバリゼーションの進行する21世紀の社会では，性別，エスニシティといった要因を，社会の仕組み（社会構造もしくは社会制度）のなかにどのように組み込んでいくか，平等性をいかに担保していくかということが重要な課題になっている。このことは，「共生社会」という言葉が陳腐化してしまい，社会構想の手だてになっていないという皮肉な現実を見ても明らかである。さらにいえば，性別，エスニシティという属性的要因の考察は，[6] 社会階層論のブレイクスルーをめざすうえでも避けて通れない課題であろう。

ともあれ評価すべき3つの点が，論文の内在的理解にもとづいているのに対して，問題点は，論文の外在的理解にもとづいているのであり，この外在的理解が，執筆されて20年以上経った現在の日本および世界の状況から導出されたもの——「現在からのまなざし」が照射するもの——であることはいうまでもない。

2 分析技法の説明

2.1 クラスター分析（大規模ファイルのクラスタ分析）[7]

クラスター分析とは，対象となるケースや変数を対象間の類似・非類似にもとづき，いくつかのかたまり（クラスター）に分類する分析技法をいう。原著論文では，SSM調査3時点（1955年・1965年・1975年）の各ケースを，それぞれの時点で3つの社会的地位変数の類似・非類似，すなわち地位一貫性・地位非一貫性にもとづいて6つのクラスターに分類する際に，このクラスター分析が用いられている。

クラスター分析は，「階層的クラスター分析」と「非階層的クラスター分析」に分かれる。前者の「階層的クラスター分析」は，段階的にクラスターを形成する分析法である。すなわち，n個の個体それぞれが1つのクラスターを形成していると考えることからスタートし，もっとも類似度の大きい対をもとめて新たに1つのクラスターとして融合を段階的に繰り返していく。このとき，クラスター同士を結びつける類似度や非類似度（あるいは距離）の定義の方法には多様性があり，どの方法を使用するかによって分析結果が異なることも珍しくない[8]。しかし，どの方法を採用すべきかの客観的基準はなく，研究者の主観で判断して好ましい結果を採用するしかない。一方，後者の「非階層的クラスター分析」は，クラスターの数をあらかじめ研究者が指定し，適当な基準にもとづきクラスターを形成する分析法である。原著論文では，クラスター数が6個とあらかじめ定められているため，以下ではこの非階層的クラスター分析についてくわしく説明してゆく。SPSSやSRDQでは，非階層的クラスター分析は，「大規模ファイルのクラスタ分析」と呼ばれる。階層的クラスター分析を行う場合は，「階層クラスタ」を選択すればよい。けれども階層的クラスター分析は，ケース対ごとの計算を必要とするため計算量が多い。よって階層的クラスター分析は，ケース数が多い調査データ（例えば1000以上）を用いるには不向きである。SSMデータのような大規模な調査データにおけるケースの分類には，以下に説明する非階層的クラスター分析を行うことが推奨される。

非階層的クラスター分析では，研究者があらかじめクラスター数を指定しなければならない。しかし，対象が分類されるべきクラスター数が事前にわかっていることは稀である。そこではじめにクラスター数の決定方法から説明しよう。いまかりに対象の数をnとすれば，考えられうるクラスター数mは，$1 \leq m \leq n$である。しかしこの範囲すべてにおいてクラスター分析を行うのは非現実的だし，確証的に1つのmについてのみ分析を行うことも危険である。このため最良のクラスター決定方法は，ある程度の幅で複数個のクラスターを想定し，その範囲でそれぞれのクラスター数を前提とした非階層的クラスター分析を行うことであろう。そし

て得られた複数の結果のなかから,もっとも適当であると判断できるものを選択するとよい。原著論文でも,クラスター数の決定の際には同様の手続きがとられている。

つぎに,非階層的クラスター分析の代表的な分析法であるK平均法(K-means法)について説明する。かりに分類の基準となる変数をv個としよう。そしてこのv次元空間内で対象個人の座標値が点として与えられていると仮定する。段階的にK平均法の手順を以下に示す。

① 座標空間において,あらかじめ指定された数のクラスター中心の初期値を設定する。
② 座標空間において,対象とクラスター中心との非類似性にもとづき,各対象が各クラスターに分類される。類似度の指標である距離には,ユークリッド距離がよく用いられる。
③ 各クラスター中心(各クラスターにおける対象平均の座標値の点)が再計算される。
④ 各対象の点と各クラスター中心との平方距離が最小になるまで②③が繰り返される。

おおむね以上の手順で行われるK平均法による分類は,結局,「各対象が所属するクラスターの平均から距離が離れていない(=類似性がある)」という点で適切な分類方法であることが担保されている。ただし上記の①から③は方法にさまざまな選択肢があり,その選択によってクラスター分析の結果は大きく異なる(齋藤・宿久 2006)。そのためK平均法による非階層的クラスター分析は,SPSSやSASなどのソフトウェア間,または同一ソフトウェアのヴァージョン間で分析結果が異なることがあるので,注意を要する。

3 分析シミュレーション

3.1 非階層的クラスター分析の実行と結果の出力

それでは1975年SSM調査データを用いて,実際にクラスター分析を行ってみよう。SRDQの教科書用サポートページから,「第11章 クラスター分析」をクリックする。すると,「分析メニュー」の画面に移動する。非階層的クラスター分析において,対象ケースを分類するための基準となる変数は,間隔尺度または比例尺度の量的変数でなければならない。クラスター分析に入る前に,教育,所得,職業威信の3つの地位変数を,間隔尺度をもった変数にリコードしておく必要がある。原著論文では,世帯収入と職業威信スコアを,5点尺度であらわすことが可能な学歴の分布に近似させることによって,同じ間隔をもつ変数にリコードしている。クラスター分析を行う前にあらかじめ3つの地位変数を5点尺度にリコードしなければならないのだが,本章のシミュレーションではすでにリコードされた変数を使う。使用する地位変数の「出力変数のラベル」は,「学歴(5段階)」「世帯収入(5段階)」「現職職業威信スコア(5段階)」である。

まず,分析メニューから「大規模ファイルのクラスタ分析」を選択しよう。図11.2のような入力画面があらわれる。つぎに「項目の選択」から,すでにリコードされた3つの地位変数を選択し「変数」ボックスへ移動させよう(図11.2①)。つぎに「クラスタの個数」を6個にあらかじめ設定しておく(図11.2②)。最後に「変数の保存」のなかの「所属クラスタ」にチ

13. 大規模ファイルのクラスタ分析

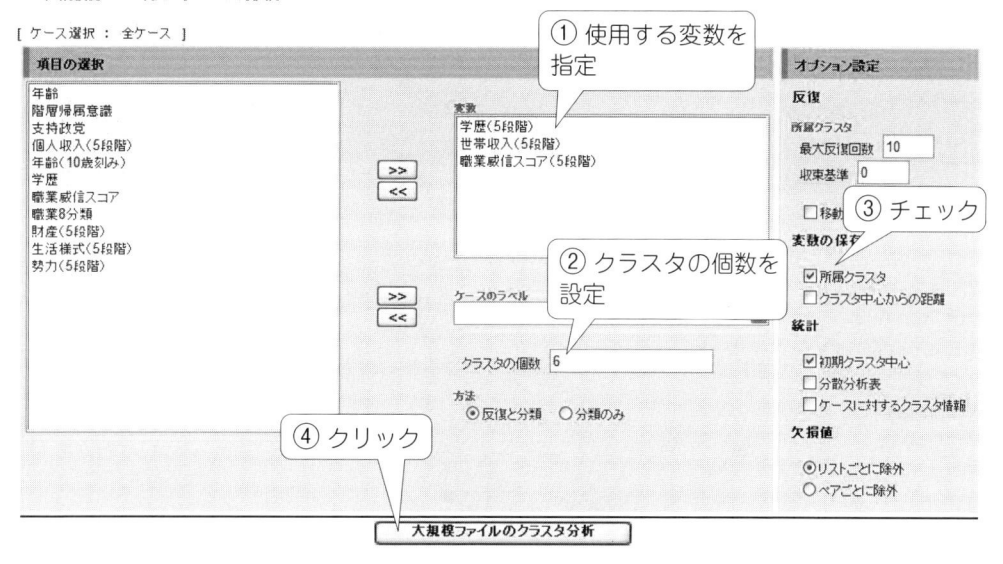

図11.2 大規模ファイルのクラスタ分析の入力画面

ェックを入れ，「欠損値」のなかの「リストごとに除外」にチェックが入っているかを確認しよう（図11.2③）。3つの地位変数のうち1つでも欠損があるケースは分析から除外される。以上を確認してから画面下の「大規模ファイルのクラスタ分析」をクリックすると，K平均法による非階層的クラスター分析が行われ，出力画面（図11.3 はその一部）があらわれる。

非階層的クラスター分析の出力画面には，「初期クラスタ中心」，「反復の記述」，「最終クラスタ中心」，「各クラスタのケース数」が表示される。そのなかでも特に「最終クラスタ中心」と「各クラスタのケース数」の2つの表に注目しよう。

「最終クラスタ中心」には，クラスターごとの各地位変数（5点尺度）の平均が示されている。各クラスターに属したケースの特徴から，それぞれのクラスターを解釈していく。原著論文（図11.1）をまねて各クラスターの階層センターを示したのが図11.4である。この図は，エクセルを用いて作図している（作り方は，第2章参照）。図11.4の実線は2つの地位一貫クラスターを，点線は4つの非一貫クラスターをあらわしている。原著論文（図1-1975）の各クラスターの階層センターとくらべてみよう。SRDQによる地位一貫・非一貫クラスターへの分類結果と，視覚的にも類似していることが確認できるだろう。

クラスターごとの地位変数の平均値から，6つの地位一貫・非一貫クラスターを解釈しておこう。まず「クラスタ1」は，学歴は高いが職業威信が低いことから非一貫クラスターCであることがわかる。「クラスタ2」は，3つの地位変数の平均がそれぞれもっとも小さいことから下層一貫クラスターIIのようだ。「クラスタ3」は，学歴は中くらいで職業威信とくらべて世帯収入が低いことから非一貫クラスターBである。「クラスタ4」は，世帯収入が高く学歴と職業威信が低いことから非一貫クラスターAのようだ。そして「クラスタ5」は，学歴は中くらいで世帯収入が高いことから非一貫クラスターDだと判断される。最後に「クラス

図11.3　大規模ファイルのクラスタ分析の出力画面（一部）

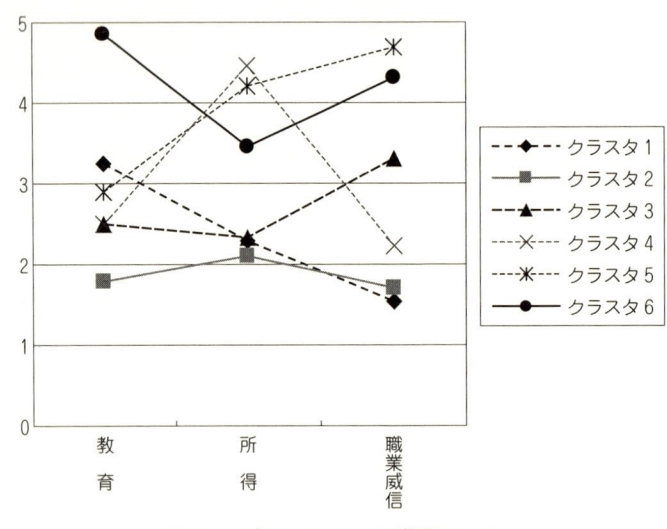

図11.4　各クラスターの階層センター
（図11.3「最終クラスタ中心」をもとに作成）

タ6」は，おおむね3つの地位変数の平均が高いことから上層一貫クラスターIである。

つづいて，出力画面（図11.3）の「各クラスタのケース数」から，6つのクラスターに所属するケースの割合（構成比）を計算しよう。前述したとおり，クラスター分析を行ったソフトウェアが異なるのでまったく同じ分析結果にはならない。けれども，各クラスタに所属するケースの割合は，原著論文（表7）の各クラスターの構成比とおおむね近似している。

3.2　保存した各所属クラスターと政党支持のクロス表

最後に，非階層的クラスター分析を実行した際に変数として保存しておいた，「所属クラスタ」を使って，各クラスターとほかの変数との関連を調べてみよう。原著論文では各地位一貫・非一貫クラスターと，学歴・所得・現職・年齢コーホート・主観的階層帰属意識・政党支持とのクロス表分析が行われている（それぞれ表8〜表13）。ここでは，変数として保存された各クラスターと政党支持との関連を見るクロス表を，SRDQでつくってみよう。

第11章 クラスター分析

表11.4 支持政党:今までの値と新しい値

今までの値	新しい値	値ラベル
値:1	1	保守
範囲:2から3	3	革新
範囲:4から5	2	中間
値:7	4	支持なし

(注) 今までの値の「6」は指定なし(欠損値とする)

　戦後日本社会は徐々に階層的地位が一貫していない人びとの割合が高まっていった。研究事例の紹介でも述べられているように,レンスキーによると,地位が一貫していない人びとは現状への不満から革新的な政治意識を生み,革新政党を支持するようになるという。日本社会の場合,原著論文において否定されたこの仮説を,SRDQ を用いて再度確認してみよう。

　はじめに原著論文の表5の注記にしたがい,あらかじめ支持政党を4分類(保守,中間,革新,支持なし)にリコードしておこう。「分析メニュー」の下にある「値の再割り当て」をクリックして,操作を行う。入力変数として「支持政党」を選択し,出力変数の名前には「seito4」,ラベルには「支持政党4分類」と入力し,「決定」をクリックする。「今までの値」と「新しい値」の設定は,表11.4にしたがって行う。

　値の再割り当てが済んだら,分析メニューの「03.クロス集計」をクリックすると図11.5のような入力画面があらわれる。「行」ボックスには変数として保存した所属クラスター(自動的に QCL_1 という名前がつけられる)を,「列」ボックスにはリコードした支持政党4分類をそれぞれ選択し,「クロス集計」をクリックしよう。出力画面(図11.6)があらわれる。

　原著論文(表13)と,合計有効回答数($n = 2348$)が完全に一致していることを確認しよう。

03. クロス集計

[ケース選択 : 全ケース]

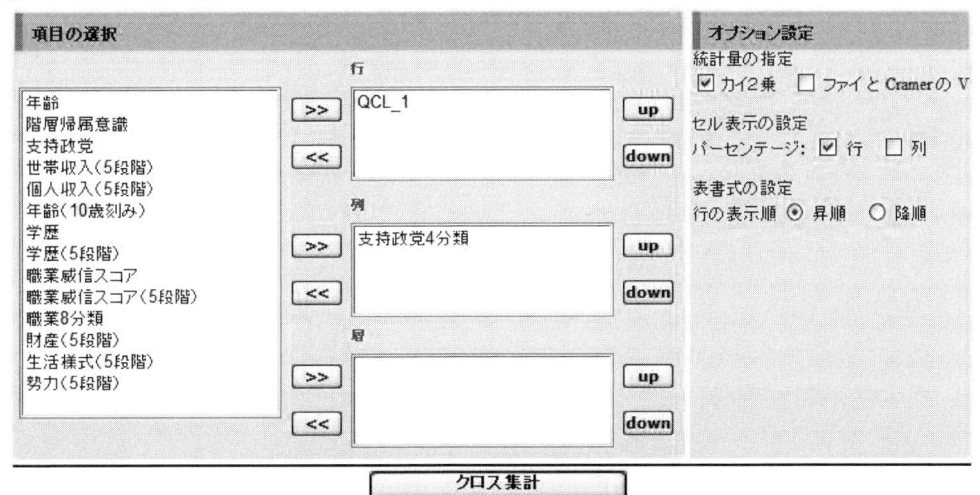

図11.5 クロス集計の入力画面

		支持政党4分類				合計
		保守	中間	革新	支持なし	
ケースのクラスタ数 C	度数	93	17	53	89	252
	ケースのクラスタ数 の %	36.9%	6.7%	21.0%	35.3%	100.0%
II	度数	257	33	111	122	523
	ケースのクラスタ数 の %	49.1%	6.3%	21.2%	23.3%	100.0%
B	度数	216	50	167	213	646
	ケースのクラスタ数 の %	33.4%	7.7%	25.9%	33.0%	100.0%
A	度数	171	19	72	85	347
	ケースのクラスタ数 の %	49.3%	5.5%	20.7%	24.5%	100.0%
D	度数	143	27	46	70	286
	ケースのクラスタ数 の %	50.0%	9.4%	16.1%	24.5%	100.0%
I	度数	93	23	70	108	294
	ケースのクラスタ数 の %	31.6%	7.8%	23.8%	36.7%	100.0%
合計	度数	973	169	519	687	2348
	ケースのクラスタ数 の %	41.4%	7.2%	22.1%	29.3%	100.0%

図11.6 地位一貫・地位非一貫クラスターと政党支持のクロス集計表（出力画面）

また，各セル度数がほぼ同じであることを確認しよう。図11.6から，いずれのクラスターも革新政党支持の割合は，20%前後と大差ない。ゆえに階層的地位が一貫していようなかろうと，そのことと革新政党の支持は関連がないといえる。また，おおむねどのクラスターも保守層とならんで支持なし層が残り2つの層よりも顕著に多い。これは1955年・1965年をへて1975年にはじめて明らかになった傾向でもある。高度経済成長にともなう日本社会における地位の非一貫性の増大は，革新政党支持の政治意識ではなく，脱政党化を生みだしたと言ってよいであろう。

まとめると，社会的地位の非一貫性が高まるにつれ現状への不満から革新的な政治意識を生みだすというレンスキーの仮説は，社会的地位一貫・地位非一貫クラスターと政党支持との関連を見るかぎり，高度経済成長直後の日本社会では，原著論文どおり支持されないといえる。

4 課　題

1. 地位の非一貫性が，欲求不満を生み出すのか，それとも補償メカニズムの結果として満足感をもたらすのかについて，先行研究を参考にしながら考えなさい。
2. 1975年SSM調査データにもとづいて「地位の非一貫性」を問題にした今田・原（1979）では，学歴・所得・職業威信に加え，財産・生活様式・勢力という3変数を地位変数として投入しクラスター分析が行われている。SRDQの1975年SSM調査データに含まれる「財産（5段階）」「生活様式（5段階）」「勢力（5段階）」を新たに加え，あらかじめクラ

スター数を 6 と指定した非階層的クラスター分析を行い，結果（各クラスターの特徴など）を解釈しなさい。ただし，今田・原（1979）では所得には個人所得が用いられているが，課題を行うにあたっては，原著論文同様，所得には「世帯収入（5段階）」を用いなさい。

注

(1) レンスキーの1954年の論文では，そのタイトルが「Status Crystallization: Non-Vertical Dimension of Social Status」であるように，地位の結晶化という言葉が中心的に用いられており，論文の後半で，地位の結晶化が低いことは地位非一貫的であることだと述べて，地位の結晶化が地位の一貫性と同義であることを示している。
(2) WASP とは，白人（white）でアングロサクソン（Anglo-Saxon）系でプロテスタント（Protestant）の人々という意味で，アメリカ社会の中核をなす人々をさす。
(3) 具体的には，パーセンタイルスコアを用いている。
(4) マホニンのエピソードを紹介しておく。マホニンは，1960年代のチェコ社会の階層状況を「地位の一貫性・非一貫性」の観点から明らかにした。データ分析からチェコ社会は，社会主義イデオロギーが前提とする「労働者階級」「農民」「インテリゲンチャ」から構成されておらず，多様な階層が存在することを明らかにしたため，彼の著作は発禁処分になり，研究の自由を奪われたのであった。マホニンの研究が，「プラハの春」（1968年）というチェコ社会の激動に翻弄されたと解釈することは，歴史の再構成としてゆるされるであろう。その後の東欧の民主化に伴い，マホニンは名誉を回復され，チェコ科学アカデミー社会学研究所で研究を続け，2008年病死した。東欧民主化以後のマホニンの身辺については，マホニンと親交のあった中央大学名誉教授石川晃弘先生にご教示頂いた。ここに記して謝意を表したい。
(5) 文章は，原文のままであるが，仮名づかいや表記については若干変更している。また，本章では原著論文の図表の一部を収録したため，図表番号も変更されている。
(6) 9.11アメリカ同時多発テロに象徴的に示されたように，「文明の衝突」があらわになった現在，日本社会ではそれほど考慮しなくてもよいかもしれないが，グローバル化した世界では，属性的要因としての「宗教」を無視することはできなくなっている。
(7) SPSS や SRDQ 上では，「クラスター」ではなく「クラスタ」と表現されている。ただし書籍や論文では，前者で表記されることが多いので，本章でも，SPSS や SRDQ の操作画面上を指示する箇所以外は「クラスター」と表記している。
(8) たとえば，最短距離法，最長距離法，メディアン法，群平均法，重み付き平均法，ウォード法，重心法などがある。

参考文献

今田高俊・原純輔，1979，「社会的地位の一貫性と非一貫性」，富永健一編『日本の階層構造』東京大学出版会：161-197。

Lenski, G. E., 1954, Status Crystallization: Non-Vertical Dimension of Social Stratification, *American Sociological Review*, 19：405-413.

Lenski, G. E., 1956, Social Participation and Status Crystallization, *American SociologicalReview*, 21：458-464.

Machonin, P., 1970, Social Stratification in Contemporary Czechoslovakia, *American Journal of Sociology*, 75:725-741.

Machonin, P., 1977,「チェコスロヴァキア社会の階層分化——社会的地位の一貫性 - 非一貫性の分析結果」(石川晃弘訳),『現代社会学』4 (2):157-182。

齋藤堯之・宿久洋, 2006,『関連性データの解析法——多次元尺度構成法とクラスター分析法』共立出版。

Strasser, H., 1985, *Status Inconsistency and the Rise of National Socialism,* Conference Paper.

(友枝 敏雄・吉岡 洋介)

索　引

A-Z

AGFI　153
AIC（赤池情報量規準）　107
Amos　143
BIC（ベイジアン情報量規準）　107
CFI　149, 152
CnSF モデル　→　社会流動性不変モデル
Cramer の V　11
Erikson, R. and Goldthorpe, J. H.　32, 40
Exp(B)　104
F 検定　65, 74
F 値　49
GFI　149, 152
Hosmer-Lemeshow　103
IF 条件の定義　→　ケースの選択
LEM　43
MISSING 関数　87
OLS　49
SSM 調査　64, 83, 159
RMSEA　149, 152
Unidiff モデル　→　一様差異モデル
Y 係数　→　開放性係数

ア

値の再割り当て　9, 58, 134, 135
一億総中流　79
一次変換　51
一様差異モデル　40
逸脱度　103
一般化線形モデル　60
一般線形モデル　49, 60
移動指標　32
移動表　32
移動表分析　31, 38
入れ子　84, 107
イングルハート, R.　127
因子　48, 101, 109
――回転　114, 116
――間相関　114, 145, 150
――寄与率　112, 118
――抽出　112, 116
――得点　122, 132
――負荷量　109, 121, 151
――分析　109, 130, 132, 143
エスニシティ　164
エラーバー　52
エラボレーション　22
オッズ　100, 104
オッズ比　36
帯グラフ　26

カ

カイ 2 乗検定　11
回帰分析　64
階層帰属意識　79, 162
階層的クラスター分析　165
開放性係数　35, 36, 41
学歴社会　95
学校歴　95
ガットマンルール　113, 116
カッパ値　116
カテゴリ変数　→　離散変数
間隔尺度　49
完全移動　35, 37, 38
完全逐次モデル　84
観測度数　37, 39
観測変数　109, 111, 132
関連パターン　38
疑似 R2 乗　103
　　Cox-Snell の――　103
　　McFadden の――　103
　　Nagelkerke の――　103
疑似相関　21
疑似対称性　38
疑似独立性　38
基準値　67
基準変数　67
期待度数　35, 37
帰無仮説　11, 38, 49, 103, 120, 149
強制移動率　→　構造移動率
共通性　112, 117, 136

共分散構造分析　122
共変量　49, 101
クラスター分析　158, 165
繰り返し推定　100
クロス集計　8
ケースの選択　5, 75, 87, 135
ケースの要約　13
欠損値　116
欠損値処理　87
決定係数　49, 65, 80
検証的因子分析　109, 143
検定力　49
交換移動率　→　循環移動率
交互作用　37, 39, 48, 69, 70
構造移動率　34
構造行列　120
誤差　111, 132
コマンド編集　15
固有値　113
コントロール　22, 51, 118

サ

最小二乗法　49, 84, 100
最尤推定値　49
最尤推定法　100
最尤法　112
最良線形不偏推定量　49
残差　49
残差分散　52
3 重クロス集計　17
散布図　52
サンプル分割による重回帰分析　69, 70
事実移動率　→　粗移動率
質問項目リスト　1
社会移動　31
社会階層　62, 63, 157
社会階層と社会移動全国調査　→　SSM 調査
社会流動性不変モデル　40
尺度化　115
尺度得点　122
斜交解　114, 130
斜交回転　114, 136

重回帰分析　64, 84, 139
修正指数　153
従属変数　48, 64, 67, 129
自由度　39
周辺度数　33, 36, 38
主成分　129, 130
　——得点　132, 136
　——分析　116, 130, 132, 136
出移動率　33
循環移動率　34
順序尺度　49
順序ロジスティック回帰分析　99
情報化社会に関する全国調査（JIS2004）　115
所得の決定構造　62
所得の不平等　61
趨勢分析　39
スクリープロット　113, 118
スクリー法　113
正規分布　49
政党支持　164, 168
世襲率　33
世代間移動　31, 127
切片　66, 68
説明変数　→　独立変数
線形加法モデル　60
線形の関係性　64
潜在特性モデル　49
潜在変数　110, 111, 132
粗移動率　33
相関行列　133
相対的移動　37
双対尺度法　49

タ
対数オッズ　99, 104
対数オッズ比　37
対数線形モデル　→　ログリニア・モデル
対立仮説　49, 120
多項ロジスティック回帰分析　100
脱工業社会　127
脱物質主義　127
ダミー変数　51, 67
探索的因子分析　109, 133

単純構造　115
地位達成過程　83, 127
地位達成モデル　97
地位の一貫性・非一貫性　157
地位の結晶化　157
地位変数　157, 159
中心化　66, 68
調査概要　1
直交回転　114, 130, 136
適合度　39, 41, 103, 152
　——検定　120, 149
　——指標　149, 152
統計的有意性　65
同職率　33
等分散性の検定　57
同類婚指標　41
トービット分析　60
独自性　112
独立性の検定　11
独立変数　64
度数分布表　4

ナ・ハ
2項ロジスティック回帰分析　99
2値変数　100
入移動率　33
認知的不協和　158
媒介　66, 107
パス解析　66, 84
パス図　91, 148
パターン行列　120
バリマックス回転　114, 128, 136
非階層的クラスター分析　165
ヒストグラム　52
被説明変数　→　従属変数
非標準偏回帰係数　65, 66
標準化　133
標準誤差　49
標準得点　66
標準偏回帰係数　65, 78
標準偏差　52
比率尺度　49
非類似性指数　34, 39
不適解　112, 118

プロビットモデル　100
プロマックス回転　114, 136
分散共分散行列　133
分散分析　48, 60
分散分析表　52, 53
分析メニュー　4
ヘイウッドケース　112, 118
平均値の差の検定　48
ベル, D.　127
偏回帰係数　65
変数選択　114
変数の計算　14
変数の保存　15
飽和モデル　37
母集団　1, 10, 48
ポストモダン論　127

マ
−2対数尤度　103
マホニン, P.　159, 164
銘柄大学　101
名義尺度　49
モデル適合情報　103
モデルの改善　67
モデルの説明力　65, 67
モデルの比較　106

ヤ・ラ
安田係数　→　開放性係数
安田三郎　34, 35, 36
有意確率　11
尤度比検定　106
尤度比統計量　39
ユークリッド距離　159, 166
ランダムサンプリング　1, 10, 49
リコード（recode）　→　値の再割り当て
離散変数　67, 100
理論度数　37, 39
累積寄与率　138
レンスキー, G. E.　157, 158, 164
連続変数　48, 67, 100
ログリニア・モデル　36, 38
ロジスティック回帰分析　49, 60, 99
ロジット　100

執筆者紹介 （執筆順，執筆担当，★：編者）

★川端　亮（かわばた・あきら／はじめに，第9章）
　　大阪大学大学院人間科学研究科教授

　樋口耕一（ひぐち・こういち／第1章，第2章）
　　立命館大学産業社会学部准教授

　吉田　崇（よしだ・たかし／第3章）
　　東京大学社会科学研究所附属社会調査・データアーカイブ研究センター助教

　近藤博之（こんどう・ひろゆき／第3章）
　　大阪大学大学院人間科学研究科教授

　太郎丸博（たろうまる・ひろし／第4章）
　　京都大学文学研究科准教授

　長松奈美江（ながまつ・なみえ／第5章）
　　関西学院大学社会学部助教

　吉川　徹（きっかわ・とおる／第6章）
　　大阪大学大学院人間科学研究科准教授

　髙松里江（たかまつ・りえ／第6章）
　　大阪大学大学院人間科学研究科博士後期課程・日本学術振興会特別研究員

　中村高康（なかむら・たかやす／第7章）
　　大阪大学大学院人間科学研究科准教授

　藤原　翔（ふじはら・しょう／第7章）
　　イェール大学CIQLEポストドクトラルフェロー・日本学術振興会特別研究員

　三浦麻子（みうら・あさこ／第8章）
　　関西学院大学文学部教授

　乾　順子（いぬい・じゅんこ／第9章）
　　大阪大学大学院人間科学研究科博士後期課程

　原田　章（はらだ・あきら／第10章）
　　追手門学院大学経営学部准教授

　友枝敏雄（ともえだ・としお／第11章）
　　大阪大学大学院人間科学研究科教授

　吉岡洋介（よしおか・ようすけ／第11章）
　　大阪大学大学院人間科学研究科博士後期課程

データアーカイブSRDQで学ぶ
社会調査の計量分析

2010年4月20日　初版第1刷発行　　　　〈検印省略〉

定価はカバーに
表示しています

編著者　川　端　　　亮
発行者　杉　田　啓　三
印刷者　江　戸　宏　介

発行所　株式会社　ミネルヴァ書房
607-8494 京都市山科区日ノ岡堤谷町1
電話代表（075）581-5191
振替口座 01020-0-8076

©川端亮ほか, 2010　　　共同印刷工業・藤沢製本

ISBN978-4-623-05730-6

Printed in Japan

■社会調査へのアプローチ［第2版］──理論と方法
――大谷信介・木下栄二・後藤範章・小松 洋・永野 武編著　Ａ５判 380頁 定価2625円

1999年刊行以来，ロングセラーを続ける，定評あるわかりやすい社会調査テキスト。社会調査士資格も射程に入れ，最新の調査二乗に即した内容に改訂。より詳しく，よりわかりやすくなった第2版。

■よくわかる質的社会調査　技法編
――――――――――――――――谷 富夫・芦田徹郎編著　Ｂ５判 240頁 定価2625円

質的調査のスタンダードなテキスト。調査方法の紹介とその技法，そして調査で収集したデータの分析技法をわかりやすく解説する。

■確率と統計の基礎　Ⅰ
――――――――景山三平監修，宿久 洋・村上 享・原 恭彦著　Ａ５判 350頁 定価3675円

数理統計や統計解析の基礎，基盤となる知識を網羅して整理した2分冊の上巻。記述統計の内容を数理的に解説，確率，確率変数，確率分布など統計学の基礎となる諸概念を丁寧な記述でまとめた。

■確率と統計の基礎　Ⅱ
――――――――景山三平監修，宿久 洋・村上 享・原 恭彦著　Ａ５判 350頁 定価3675円

数理統計や統計解析の基礎，基盤となる知識を網羅して整理した2分冊の下巻。上巻にあたる「Ⅰ」の知識にもとづき，推測統計の各種基礎概念と，具体的統計解析法として，回帰分析，分散分析，相関分析について丁寧な記述でまとめた。

■新・よくわかる統計学の考え方
―――――――――――――――――――井上勝雄著　Ａ５判 280頁 定価2625円

なぜ，そういう計算や推論をするのか――。あらゆる統計分析のかなめとなる，統計的なものの見方や考え方を，例をあげながらわかりやすく解説する。

■よくわかる統計学　Ⅰ　基礎編
――――――――――――金子治平・上藤一郎編　Ｂ５判 180頁 定価2520円

記述統計から数理統計までていねいに解説する。原則見開き2頁，または4頁で1つの単元になるよう構成し，直観的に理解できるよう図表も豊富。

■よくわかる統計学　Ⅱ　経済統計編
――――――――――――御園謙吉・良永康平編　Ｂ５判 230頁 定価2940円

主要な経済統計の収集と吟味，その読み方と，収集したデータの分析方法，コンピュータ（エクセル）による処理・加工の方法を，図解を交えてわかりやすく解説する。

――――――ミネルヴァ書房――――――

http://www.minervashobo.co.jp/